SV

Jurek Becker
Ende des Größenwahns

Aufsätze,
Vorträge

Suhrkamp

Erste Auflage 1996
© Suhrkamp Verlag
Frankfurt am Main 1996
Drucknachweise am Ende dieses Bandes
Alle Rechte vorbehalten
Druck: Wagner, Nördlingen
Printed in Germany

Inhalt

Mein Judentum	9
Das ist ja der Poeten Amt	22
Ansprache vor dem Kongreß der Unbedingt Zukunftsfrohen	28
In Kafkas Verliesen	37
Über den Kulturverfall in unserer Zeit	38
Bücherverbrennung	47
Vorstellung	50
Die Ernüchterung	52
Auf- und Abrüstung	54
Ein Bild von Picasso und mir	56
Verhaltensstörung	59
Das olympische Elend	63
Gedächtnis verloren – Verstand verloren	78
Das Bleiberecht der Bücher	85
Antwort auf eine Umfrage	108
Lebenslänglich Manfred Krug	110
Die unsichtbare Stadt	114
Die Wiedervereinigung der deutschen Literatur	118
Zum Bespitzeln gehören zwei	136
Mit den Ohren sehen	146
Vom Handwerkszeug des Schriftstellers	147
Die wünschenswerte Schule	156
Eine alte Geschichte	158
Eine Art Einheit	163
Für ein Schriftsteller-Treffen in Dublin	167
Mein Vater, die Deutschen und ich	177
Das Verschwinden der Wörter	203

Der Tausendfüßler 216
Ist es Resignation, wenn man aufhört, größenwahnsinnig zu sein? 231

Drucknachweise 245

Ende des Größenwahns

Mein Judentum

Sooft ich in der Vergangenheit nach Herkunft und Abstammung gefragt worden bin, habe ich geantwortet: »Meine Eltern waren Juden.« Ich benutzte diesen Satz wie eine feststehende Formel, die in nicht zu überbietender Klarheit Auskunft gibt. Wenn der Frager mitunter dann konstatierte: »Sie sind also Jude«, berichtigte ich ihn jedesmal, indem ich noch einmal meine Formel sagte: »Meine Eltern waren Juden.« Der Unterschied schien mir irgendwie wichtig zu sein, ohne daß ich ihn jemals zum Gegenstand von Gesprächen gemacht hätte; ja nicht einmal zum Gegenstand von Überlegungen, die gründlich genannt zu werden verdienten.

Dabei hat der Umstand, daß ich in eine jüdische Familie hineingeboren wurde, für meinen bisherigen Lebenslauf nicht eben kleine Folgen gehabt. Als ich zwei Jahre alt war, wurden die Eltern und ich Bewohner des Ghettos von Lodz, meiner Geburtsstadt, die kurz zuvor auf den Namen Litzmannstadt getauft worden war. Es folgten Aufenthalte in den Konzentrationslagern Ravensbrück und Sachsenhausen. Als der Krieg zu Ende war, hatte sich meine Familie, eine ehedem fast unübersehbare Personenschar, wie ich höre, auf drei Überlebende reduziert: auf meinen Vater, auf eine Tante, an die ich mich nicht erinnern kann, denn ihr gelang unmittelbar nach dem deutschen Einmarsch in Polen die Flucht, vielleicht nach Amerika, und auf mich.

Mein Vater, der sich bei Kriegsende in einem anderen KZ als ich aufhielt, suchte und fand mich mit Hilfe einer amerikanischen Hilfsorganisation. Im Grunde existieren für mich erst seit dieser Zeit deutliche und abrufbare Erinnerungen. Immerhin war ich da schon sieben Jahre alt, fast acht.

Von anderen Leuten weiß ich, daß deren Kindheitserinnerungen sehr viel weiter zurückreichen als meine. Und weil ich mich nicht damit abfinden wollte, daß es bei den anderen eben so und bei mir anders ist, und schon gar nicht, daß in meinem Kopf irgend etwas nicht richtig funktioniert, habe ich viel Zeit dafür verbraucht, den Grund für diesen Unterschied zu finden. Mein Erfolg war bescheiden, doch muß ich das Resultat für zutreffend halten, solange mir niemand eine plausiblere Erklärung sagt. Ich habe mir errechnet:

Zum ersten muß der eigenartig späte Beginn meiner Erinnerungen natürlich etwas mit Verdrängung zu tun haben. Ein Schutzmechanismus, dessen Vorhandensein wohl ein Glück ist, könnte mich von einer schlimmen Zeit trennen und so in gewisser Weise vor ihr bewahren. Zum zweiten, denke ich mir, wird es auch kaum etwas zum Erinnern gegeben haben. Die Tage im Lager werden in grauer Ereignislosigkeit vergangen sein, begleitet von Begebenheiten, die nur für Erwachsene aufregend gewesen sein mögen – weil nur sie die Lebensbedrohung hinter allem erkannt haben –, für Kinder aber öde und ununterscheidbar. Zum dritten schließlich, so vermute ich, wird das, was ich damals geführt habe, kaum Leben genannt werden dürfen; gerade so verdiente es den Namen Existieren. Ein Zustand der Dumpfheit und Stumpfheit, in dem Lebensfunktionen auf ein Minimum reduziert waren, in dem jede Tätigkeit nur von ihrem Nutzen fürs Überleben bestimmt wurde, in dem kein Raum war für Beobachtungen und für Neugier und für intellektuelles Hin und Her.

Vermutlich wird alles, was geschah, von einer Art gewesen sein, daß derjenige, der ich damals war, es nicht für wert hielt, daß es in der Erinnerung bewahrt werde. Und diese drei Umstände, so lautet endlich meine Schlußfolgerung, haben die Zeit bis zur Befreiung aus meinem Gedächtnis gelöscht. Sicher nicht ganz und gar, sicher nicht so vollständig, daß man sagen könnte, da sei absolut nichts mehr. Aber doch so gründlich, daß das bißchen, was übriggeblieben ist, kaum Erinnerung genannt werden darf.

Nach dem Krieg blieb mein Vater mit mir in Berlin, aus Gründen, hinter die ich wieder nur mit Vermutungen kommen kann. Denn er wollte nie mit mir darüber sprechen. Aber nicht etwa wie jemand, der ein Geheimnis nicht ausplaudern möchte, sondern eher wie jemand, der nur deswegen einer Frage ausweicht, weil er die Antwort selbst nicht weiß. Ich denke mir, daß er im Krieg insofern die Heimat verloren hatte, als Heimat in erster Linie ja aus Menschen besteht und nicht aus Landschaft; aus Verwandten, Freunden, Vertrauten. Die waren nicht mehr da, die waren tot, im glücklichsten Fall spurlos verschwunden. So hat mein Vater nach dem Grundsatz gehandelt, daß einer, der sich nirgendwo hingezogen fühlt, am bequemsten gleich da bleiben kann, wo er gerade ist.

Nur über ein einziges seiner Motive zum Hierbleiben hat er gelegentlich Andeutungen gemacht, wenn auch nicht klipp und klar; aber doch so, daß ich mir nach und nach einen Reim darauf machen konnte. Er hat gemeint, in seiner alten Umgebung, in Polen, sei der Antisemitismus ja nicht erst mit dem Auftauchen der Deutschen entstanden. Und je weniger Juden es dort gäbe, desto größer sei die Wahrscheinlichkeit, daß man ihnen das Leben sauer machte. Einmal hat er gesagt: »Schließlich sind es ja nicht

die polnischen Antisemiten, die den Krieg verloren haben.« Er hat gehofft, daß die Diskriminierung von Juden gerade an dem Ort, an dem sie ihre schrecklichsten Formen angenommen hatte, am gründlichsten beseitigt werden würde. Und als er starb, im Jahr 1972, war er der guten Überzeugung, sich wenigstens in diesem Punkt nicht geirrt zu haben.
Einmal hat er gesagt: »Wenn es keinen Antisemitismus geben würde – denkst du, ich hätte mich auch nur eine Sekunde als Jude gefühlt?«
Jedenfalls hatte ich in Berlin zu bleiben, so gut wie ohne ein deutsches Wort. Der Umstand, daß ich erst mit acht Jahren Deutsch zu lernen anfing, könnte verantwortlich dafür sein, daß mein Verhältnis zu dieser Sprache ein ziemlich exaltiertes wurde. So wie andere Kinder meines Alters sich für Maikäfer oder Rennautos interessierten und sie von allen Seiten betrachteten, so drehte und wendete ich Wörter und Sätze. In einer extrem intensiven Beschäftigung mit der Sprache sah ich das einzige Mittel, dem Spott und den Nachteilen zu entkommen, die sich daraus ergaben, daß ich als einziger Achtjähriger weit und breit nicht *richtig* sprechen konnte. Und noch heute glaube ich, daß es tatsächlich kein anderes Mittel für mich gegeben hätte.
Mein Vater vermied es von Anfang an und sehr konsequent, das Gespräch mit mir auf die Vergangenheit zu bringen. Niemals habe ich erfahren, welche Absicht er mit dieser Verschwiegenheit verfolgte: ob er selbst Ruhe vor den vergangenen Jahren finden wollte, ob seine Gründe also persönliche waren, oder ob er diese Zeit von mir fernhalten wollte. Doch welches der beiden Ziele er sich auch gestellt haben mag – er hat es nicht erreicht.
In die Synagoge ist mein Vater nur selten gegangen, und

immer nur, um dort ein paar Bekannte zu treffen. Bekannte, das waren zwar keine Bekannten von früher, aber solche Personen, die einen vergleichbaren Lageraufenthalt hinter sich hatten und mit denen daher ein gewissermaßen natürlicher Konsensus vorhanden war. Mich hat er nie mitgenommen, auch dann nicht, wenn ich ihn sehr darum bat. Als sei in die Synagoge zu gehen ausschließlich eine Sache der Erwachsenen. Dennoch weiß ich, daß er dort ungeduldig auf das Ende der Gebete gewartet hat, um sich ungestört mit den von ihm gesuchten Leuten unterhalten zu können.

Auf diese Weise hat es sich ergeben, daß ich nie in einer Synagoge gewesen bin. Das heißt, einmal nur war ich dort, viele Jahre später, zusammen mit einem Regisseur, mit dem ich einen Film vorbereitet habe, mit dem gemeinsam ich sehen wollte, wie es in einer Synagoge zugeht, um zumindest die groben Fehler bei der Darstellung ritueller jüdischer Handlungen zu vermeiden. Aber niemals davor und danach.

Ich bin mir darüber im klaren, daß dieser Sachverhalt nicht eben von einer unverkrampften Beziehung zeugt, nicht von einem gelösten Verhältnis. Und da es sich bei den Vorgängen in einer Synagoge um ein Etwas handelt, bei mir aber um einen Jemand, sind die Gründe wohl bei mir zu suchen.

Die Gesellschaft oder Bekanntschaft von Juden habe ich nie gesucht und nie gemieden. Ob einer, mit dem ich es zu tun bekam, Jude war oder nicht, erfuhr ich, wenn überhaupt, nur zufällig. Wenn jemand mich ausdrücklich darauf aufmerksam machte, ging mir immer die Frage durch den Kopf: Wozu sagt der mir das? Vielleicht war ich sogar ein wenig befremdet. Weil mir schien, als erwarte der betreffende Mensch von mir, daß ich mich nach der Preisgabe seines Judentums anders zu ihm verhalte, als ich es normalerweise getan hätte.

Ich verstehe gut, daß so nur einer empfinden kann, für den die Zugehörigkeit zu einer Gruppe von Menschen, die »die Juden« heißt, eine freiwillige Angelegenheit bedeutet; eine Entscheidung, die man so oder so treffen kann, letztlich also einen intellektuellen Entschluß. Oft schon bin ich mit dieser Ansicht auf Widerspruch gestoßen, und manchmal habe ich Lust gespürt, sie so heftig wie möglich zu vertreten. Ohne daß ich damit mehr als den nächsten Satz sagen will, sage ich: Die Gegner solcher Ansicht kommen aus extrem unterschiedlichen Richtungen: aus der Gegend der Gläubigen wie der Zionisten, aber auch von den erbittertsten Antisemiten her, von den Autoren der Rassengesetzgebung zum Beispiel, die während des Dritten Reichs ja auch nicht der einzelnen Person die Wahl lassen wollte, ob sie jüdisch sei oder nicht.

Bis heute weiß ich nicht, welches die Merkmale sind, die einen Menschen jüdisch sein lassen. Ich weiß, daß andere meinen, solche Merkmale zu kennen. Ich höre, Jude ist, wer eine jüdische Mutter hat. Die so glauben, mögen dabei bleiben, doch ich kann mich daran nicht beteiligen. Ein Mensch ist, wer Menschen als Eltern hat, nicht mehr und nicht weniger.

Dieser mein Unglaube ist nicht dasselbe, als akzeptierte ich nicht die Gesetze, nach denen der Mond sich um die Erde bewegt oder das Elektron um den Atomkern. Denn die Merkmale, die einen Menschen der Gruppe der Juden zuordnen, scheinen mir ganz und gar willkürlich zu sein, bis auf eine Ausnahme: dieser Mensch *will* zu ihr gehören. Sie haben mit Überzeugungen zu tun, mit überlieferten oder neugewonnenen, auch mit Riten, auch mit

Glaubensbekenntnissen; doch in keinem Fall sind sie so beschaffen, daß ein Außenstehender, der von der ganzen Problematik nichts weiß, sie auch erkennen könnte. Wie zum Beispiel ein Geologe, der einen bestimmten Stein noch nie gesehen hat, über ihn sagen könnte: Dieser Stein gehört zur Gruppe der Halbedelsteine.
Ich kann Christ sein, und ich kann wieder aufhören, es zu sein. Ich kann auch, wenn ich es hartnäckig und lange genug betreibe, aufhören, Italiener oder Russe oder Amerikaner zu sein. Beim Verlassen des Judentums aber sollten dem Flüchtenden Schranken gesetzt sein, die wie Naturgewalt sind? Das kann ich nicht nur nicht glauben, sondern ich empfände solche Schranken als bedrohlich und ungeheuerlich. Wie eine Macht, die so gewaltig über mir wäre, daß jedes Aufbegehren sinnlos ist.
Ich gebe diesem Problem deswegen so viel Raum und werde aufgeregt und polemisch und am Ende gar ausfallend, weil schon so lästig oft über meinen Kopf hinweg entschieden wurde, was und wie ich bin: unter anderem eben Jude. Es kommt mir wie eine Okkupation vor oder wie die Mahnung, eine Schuld zu begleichen, die ich nie auf mich genommen habe. Und selbst wenn ich bereit wäre zu zahlen, wüßte ich nicht womit. Wie verhält man sich, wenn man Jude ist? Wenn man mir sagt: »Mach dir darum nur keine Sorgen, tu nichts anderes als das, was du für richtig hältst«, dann bin ich zwar beruhigt, aber nur fürs erste. Denn dann will mir scheinen, der zu den Juden einfach Dazugezählte soll vor allem dazu dienen, eine Summe, die ihm nichts bedeutet, zu vergrößern. Oder er soll ein Gewichtlein mehr auf einer Wiegeschale sein. Und das wäre mir auch wieder nicht recht.
Doch das ist nur die eine Sache. Ich weiß wohl, daß man nicht nur der ist, der zu sein einem vorschwebt, sondern

daß man wohl oder übel auch der zu sein hat, für den die anderen einen halten. Das ist ja das Unglück. Und so gesehen bin ich in drei Teufels Namen der, der ich nach dem Urteil vieler gefälligst zu sein habe: Jude. Ich spüre weder Lust, mich bis an den Rand meiner Kräfte dagegen aufzulehnen, noch sehe ich einen großen Sinn darin. Ich weiß nur jetzt schon, daß ich, wenn ich mich also zähneknirschend in mein Schicksal füge, die Hoffnungen der einen enttäuschen, die Befürchtungen der anderen bestätigen werde. Doch das wäre schließlich auch bei jeder anderen Zuordnung gegen meinen Willen geschehen.

Was demnach mein Judentum mir *nicht* bedeutet, könnte schon ein wenig deutlich geworden sein. Auf keinen Fall das Zugehörigkeitsgefühl zu einer Religionsgemeinschaft. Mir, der ich ein Atheist bin, kommt die jüdische Religion nicht einsichtiger vor als jede andere, und die Beschäftigung mit ihr – eine zugegeben nur oberflächliche – hat mich der Erleuchtung um keinen Schritt nähergebracht. Allerdings scheint sie mir von einem Standpunkt, den man einen literarischen nennen könnte, gelungener und überzeugender zu sein als zum Beispiel die christliche. (Für solches Lob werden sich die Betroffenen aber schön bedanken.)

Mein Judentum hat auch kein Glücksgefühl darüber zur Folge, daß ich, gewollt oder ungewollt, zu einer weitverzweigten Gruppe von Menschen gehöre, die, wie andere Gruppen vergleichbarer Größe auch, Leistungen vollbringt, bewundernswerte und miserable. Ich empfinde keinen Stolz darüber, daß Kafka Jude war, obgleich ich vermute, daß seine Literatur für mich von bestimmender Bedeutung gewesen ist. Ich ärgere mich nicht darüber, daß Max Frisch kein Jude ist, obgleich seine Bedeutung für mich eine ähnliche ist. Ich empfinde keine Scham dar-

über, daß es Juden sind, die sich im Nahen Osten als Herrenmenschen etablieren und Politik betreiben, für die mir kein originelleres Attribut einfällt als: räuberisch.*
Ich empfinde nur Zorn darüber, daß Menschen so mit Menschen umgehen.
Ich kann keine Auskunft darüber geben, wie viele Einflüsse und wie viele Anstöße Personen auf mich ausgeübt und mir gegeben haben, für die ihr Judentum eine greifbare Größe oder gar Zentrum ihres Lebens gewesen ist. Daß solche Einflüsse und Anstöße stattgefunden haben und weiterhin stattfinden, steht für mich außer Zweifel. Doch ich halte es für fruchtlos, sie messen und in ein Verhältnis zu anderen Einflüssen und Anstößen setzen zu wollen. Vielleicht wäre es sogar schlimmer als fruchtlos, vielleicht wäre es auf bestimmte Weise kriegerisch.
Einmal, erinnere ich mich, bekamen wir Besuch aus dem Ausland. Ich muß etwa elf Jahre alt gewesen sein. Mein Vater stellte mich einem bärtigen, glatzköpfigen alten Mann vor, der ein Käppchen auf dem Kopf trug, wie ich es bis dahin nicht gesehen hatte. Mein Vater nannte meinen Namen, und ich hielt dem Mann die Hand hin. Aber der rührte sich nicht, er sah mich lange an und schüttelte dabei kaum merklich den Kopf, als könne er etwas nicht verstehen. Dann griff er mich – eine kleine Sekunde nur spürte ich Angst und sträubte mich – und schloß mich in seine Arme. Ich drehte den Kopf zu meinem Vater, weil ich ratlos war und wissen wollte, wie ich mich zu verhalten hatte. Der Vater beruhigte mich, indem er beschwichtigend die Hand hob und mir zu verstehen gab, ich sollte nur mit mir geschehen lassen, es sei alles in Ordnung. Also hielt ich still und wartete darauf, wieder losgelassen

---

* Dieses Urteil halte ich heute für überzogen und falsch. – J. B.

zu werden. Dann merkte ich, daß der fremde Mann, während er mich immer fester an sich drückte, weinte. Ich sah nach oben, weil sein Körper so zitterte. Er hielt die Augen geschlossen, und Tränen verschwanden in seinem Bart. Ich mußte mir große Mühe geben, um nicht selbst zu weinen. Ich erinnere mich, daß ich den starken Wunsch hatte, den Mann zu trösten, wenn ich nur gewußt hätte, wofür. Wir standen eine Zeit, die mir endlos vorkam. Ich drehte mich nicht mehr um zu meinem Vater, ich hätte jetzt auch zwei Stunden stillgehalten. Dann ließ der fremde Mann mich los, murmelte irgend etwas und ging aus dem Zimmer. Mein Vater und ich schwiegen, bis er aus dem Badezimmer zurückkam. Er verabschiedete sich wie jemand, der es plötzlich sehr eilig hat, mich sah er nicht mehr an.
Als er draußen war, fragte ich meinen Vater, warum der Mann so geweint hatte. Mein Vater antwortete mir, ich würde das noch nicht verstehen. Ich glaubte, daß das eine Ausrede war, daß er es mir nur deshalb nicht erklärte, weil er es selbst nicht verstand. Aber das glaube ich heute nicht mehr.
Ich habe den Mann niemals wieder gesehen. Ich habe nie ein Wort mit ihm gesprochen und kann ihn nicht vergessen. So oft das Wort »Jude« fällt, nicht um eine bestimmte Person zu kennzeichnen, sondern als ein Begriff der Unterscheidung schlechthin, denke ich an diesen Mann. Er ist für mich eine Art Sinnbild geworden, wie albern oder unverständlich das auch für alle die klingen mag, die nie von ihm umarmt worden sind und die ihn nie haben weinen sehen. Irgendwie habe ich gespürt, daß seine Erschütterung nichts mit mir persönlich zu tun hatte, auch nichts mit ihm persönlich, daß sie von einer Beziehung herkam, die nichts Privates hat. Ich bekam eine Ahnung von der

Verbundenheit dieses Mannes zu etwas, das weit außer ihm lag und das ihm wichtiger als alles andere gewesen sein muß. Und auch wenn ich nicht in der Lage bin, ihm auf dem Weg dorthin ein Stückchen zu folgen, habe ich durch ihn doch so etwas wie eine Nachricht erhalten, daß es diesen Weg gibt und wieviel er manchen bedeutet.
Sicher ist richtig, daß das Zusammengehörigkeitsgefühl in einer Gruppe von Menschen sich dort besonders ausprägt, wo diese Gruppe Angriffen ausgesetzt ist. Jemand, der unter solchen Umständen erklärt, dieser Gruppe nicht mehr angehören zu wollen, gerät leicht in den Ruf eines Deserteurs oder eines Feiglings oder eines Egoisten. Wenn dagegen ringsum Ruhe herrscht, wenn die Existenz der Gruppe von niemandem angegriffen wird und also nicht gefährdet scheint, kann es schon geschehen, daß sie sich unmerklich und lautlos verkleinert. Die Dialektik arbeitet.
In der Umgebung, in der ich aufgewachsen bin, hat es keine Angriffe auf die Gruppe der Juden gegeben. Zumindest nicht solche, die ich bemerkt hätte. Und zumindest nicht solche, die das Jüdisch-Sein von Personen zum Ziel hatten, die natürlich auch noch etwas anderes waren als Juden. Man kennt diesen Mann, der jede Nennung seines Fehlverhaltens als antisemitisch zurückweist. Wie man diese Regierung kennt, die jede Nennung ihres Fehlverhaltens als antisozialistisch zurückweist. Man muß sich da wirklich hüten.
Ich will nur sagen: Es kann durchaus sein, daß ich, wären die Juden meiner Kindheit zum Zusammenrücken und zum Sich-Wehren gezwungen worden, auf eine ganz selbstverständliche Weise in ihre Gemeinschaft hineingewachsen wäre. Oder es kann sein, daß ich mich von ihnen losgemacht hätte. Das ist die andere Variante der Hypo-

these. Aber da war, wie gesagt, nichts, wovon ich mich hätte losmachen müssen. Da waren keine Bindungen zu durchtrennen und keine Sitten abzustreifen, und es waren keine Traditionen da, die mich vor die Wahl gestellt hätten, sie zu akzeptieren oder abzulehnen. Ich hätte mich also, um Jude zu werden, schon selbst bemühen müssen. Es gab niemanden, der mich auf einen solchen Weg geschickt hätte, und aus mir selbst heraus habe ich es nicht getan. Ob gut oder schlecht, ich habe es einfach nicht getan.
Überhaupt, vermute ich, bedeuten mir Traditionen wenig. Meistens, wenn ich bei der Pflege von Traditionen zugesehen habe, war da etwas, was mich störte. Auch dann, wenn ich sehr wohl etwas erkannte, das meines Erachtens bewahrt zu werden verdiente. Zu oft, will mir scheinen, gewinnt das Störende in der Traditionspflege die Oberhand, doch: überhandnehmen.
Als ganz junger Mann hatte ich eine Zeitlang Lust zu kegeln. Ich wurde in einen Kegelverein mitgenommen, und es machte mir großen Spaß. Bis sich nach dem Kegeln die Kegler ins Keglerheim setzten und Bier tranken und sangen, als gehöre diese Prozedur untrennbar mit zum Kegeln, und ich konnte mich, wollte ich als Kegler akzeptiert werden, nicht ausschließen. Manchem sah ich deutlich an, daß er nur um des Bieres und um des Singens willen Kegler geworden war.
Sich einer Tradition verpflichtet zu fühlen, ist natürlich nicht dasselbe, wie Einflüssen ausgesetzt zu sein, und nicht dasselbe, wie eine bestimmte Schule hinter sich zu haben. Über die Einflüsse, die mir bewußt sind, kann ich sprechen, über die, die ich nicht weiß, nicht. Es mag sie geben.
Als mein Buch »Jakob der Lügner« erschienen war,

schrieben einige Rezensenten, ich befände mich damit in der Erzählertradition Scholem Alejchems und Isaac Baschevi Singers. Tatsache ist, daß ich zum ersten Mal Scholem Alejchem las, nachdem ich das Musical »Der Fiedler auf dem Dach« gesehen hatte, eine Weile nach dem Buch. Und von Singer kenne ich bis heute keine Zeile. Nun kann ich mir vorstellen, daß irgendwer nach dieser Mitteilung ausruft: »Siehst du, da haben wir's! Das eben ist das Jüdische in dir, was die Kritiker zu Recht erkannt haben. Und ob du dir der Verwandtschaft bewußt bist oder nicht, ob du sie zugibst oder leugnest – sie ist da. Du kommst nicht gegen sie an, wie du nicht dagegen ankommst, daß unten unten ist und blau blau.«
Ich stelle mir vor, ich irrte mich in einer so wichtigen Frage, es wäre nicht das erstemal. Ich stelle mir vor, ich verkennte Einflüsse, die ganz gravierend sind, ich sähe Beziehungen nicht, die unübersehbar sein müßten, ich fühlte mich nicht als Jude, bin aber in hunderterlei Beziehungen einer. Na und? Wozu, frage ich mich, muß ich einem solchen Rätsel unbedingt auf den Grund kommen wollen? Wäre ich hinterher klüger? Ich fürchte: nein. Ich fürchte: ich würde nur vergeblich versuchen, ein Geheimnis aufzuklären, ohne das mein Leben ärmer wäre.

1977

Das ist ja der Poeten Amt

Gewöhnlich gelangt man bei Lektüre von Büchern irgendwann an einen Punkt, an dem man beschließt, die folgenden Seiten mit Sympathie zu lesen oder aber mit Skepsis. Dauert die Unentschiedenheit lange, bis tief in das Buch hinein, wandelt sie sich in den allermeisten Fällen zu Abneigung.
Das zu besprechende Buch besteht aus 25 Texten, deren erster mich zu der Meinung brachte, es sei außergewöhnlich. Ein früh gefälltes Urteil, das ich bis zum Schluß nicht zu bereuen brauchte. Schädlichs Prosa ist schön und auf erstaunliche Weise zutreffend, ich wage, das zu sagen, ich halte mich für einen Kenner der Zustände, die sie im Auge hat. Natürlich sind die Geschichten von unterschiedlicher Qualität, doch nicht von unterschiedlichster. Irgendwie scheint mir, das Buch würde zum Anfang hin immer besser.
Es durfte in der DDR, wo es unbedingt hätte erscheinen müssen, nicht erscheinen. Im Verlag hörte ich: es sei zu einseitig. Ganz abgesehen davon, daß einer der Vorzüge großer Literatur wohl in ihrer Einseitigkeit besteht, im Verzicht auf Ausgewogenheit, war die Auskunft, vermute ich, ungenau. Sie hätte lauten müssen: Das Buch ist zwar einseitig, doch auf die falsche Weise.
Schädlichs Versuch, seine Prosa im eigenen Land zu verlegen, ist daran gescheitert, daß er eine Fülle von Gewohnheiten außer acht ließ, auch die heimlichen Regeln, die nie laut verkündet wurden und doch unerbittlich gelten, und die von ihren Erfindern Verleumdung genannt

werden, sobald einer öffentlich über sie spricht. Nur: Wenn der Autor über etwas schreibt, worüber die Kollegen seines Landes lieber schweigen, so muß das nicht ihm angekreidet werden, sondern der Meute seiner Kollegen. (Ein wachsendes Problem: Die einen wissen, wie man sich zu benehmen hat, können aber nicht schreiben. Bei wenigen anderen ist es umgekehrt.) Schädlich mochte die Umschweife und Ausreden der Vielen nicht als verbindlich akzeptieren. Darum schreibt er über Zensur und Selbstzensur, über das Verlangen nach Bewegungsfreiheit, das ja nicht aufhört zu existieren, wenn es unterdrückt werden muß. Über den kleinen Lohn der Opportunisten. Über Einsamkeit inmitten angeblichen Lebens. Über Traditionen, die leben und doch besser tot wären. Und über Resignation, doch nicht mit der Stimme eines Resignierten. Und fast immer schreibt er über jemanden, dem ich so ähnlich schon begegnet bin, im Leben andauernd und in Büchern so selten.

Dann die Namensgebung. Schädlich unterzieht sich der großen Mühe, für alles zu Beschreibende sich eigene Namen zu suchen und nur solche zu verwenden, die den Maßstäben seiner Sprache standhalten. In der Regel sind das nicht dieselben Namen wie die amtlich verordneten, und aus dieser Differenz wachsen bei einem Leser wie mir Erstaunen und Abstand und Genuß und nicht selten das Begreifen von etwas, das als schon begriffen galt. Bei Schädlich heißt es: »Ein Kommando der städtischen Polizei.« Richtig wäre: Genossen der Volkspolizei. Bei Schädlich steht: »Wenige Zeit vor den großen Festspielen...«, wo es richtig heißen müßte: Wenige Zeit vor den Weltfestspielen der Jugend und Studenten. Bei Schädlich heißt es: »In kurzen Abständen ist hinter oder vor dem Seil Personal postiert, das zum Schutz dient und auch wie Schmuck ist. Die jungen Männer, uniformiert und leichtbewaffnet, werden für die Dauer des Vorbezuges nicht ausgetauscht.« (Vor der Ehrentribüne nämlich, zur Demonstration an einem 1. Mai.) Richtig müßten diese Sätze gestrichen werden, denn der Tatsache, daß auch in unserem Land die Notwendigkeit existiert, die Repräsentanten von Partei und Regierung zu schützen, wird öffentlich nicht Erwähnung getan, der Himmel weiß, welch eine Sorte Scham dahintersteckt. Bei Schädlich steht: »Die Tätigen«, es muß aber heißen: Die Werktätigen. Und nicht »die Kraft der Lehre« muß es heißen, sondern: die Kraft des Marxismus-Leninismus, und nicht »Mitglied in freiem deutschem Gewerkschaftsbund«, sondern: Mitglied im Freien Deutschen Gewerkschaftsbund.

Dann die vielen vernichtenden Sätze, die ein Dichter zwar nach Belieben benutzen dürfen müßte, sofern sie ihm bei der Hand sind, die aber in Schädlichs abstinenter Umgebung wie gotteslästerlich wirken oder wie unerlaubter Waffenbesitz. »Verstöße gegen behördlichen Schönheitssinn.« Über das Verhältnis eines Politikers zur Bühnenkunst: »Hauptsächlich zieht ihn an gesungenes Handeln oder handelnder Gesang. Denen zu lauschen, die dem Wort zweifachen Klang verleihen und also zweifache Kraft!« Über einen Herrscher: »Klarheit ging ihm vor Schönheit; ohne Scheu wiederholte er sich, wenn es die Sache erforderte.« Über das Unglück einer jungen Frau: »Muß für Weite gelten lassen die kleine Klarheit des Sees vor der Stadt, den Hügel ansehen für einen Berg.«

Vor kurzer Zeit, auf einer Versammlung des Schriftstellerverbandes in Berlin, erhob eine Person die Forderung, Schädlich möge als Kandidat des Verbandes gestrichen werden oder aber, was besser wäre, mit einem letzten Rest von Anstand seine Kandidatur selbst zurückziehen. Die

Anwesenden, sofern sie nicht eine ähnliche Meinung äußerten, schwiegen bedächtig.

Es muß unbedingt gefragt werden, welchen Sinn es hat, die Auswanderung von Schriftstellern aus der DDR zu beklagen, wenn nicht zuvor beklagt wird, daß ihre Bücher schon lange vor ihnen ins Exil getrieben werden. Falls es nicht eine bloße Schutzbehauptung ist, daß unsere Gesellschaft die Sensibilität der Dichter braucht, muß der Kampf, sie auch nutzbar zu machen, endlich geführt werden. Sonst hat das Land in seinen Poeten nur ein paar Fresser mehr, die ständig im Wege stehen, immer schlechter Laune sind und einen großen Teil ihrer Begabung aufs Überleben verwenden müssen.

Daß literarische Erzeugnisse den Betrieb eines Landes so beeinflussen können, wie es bei uns offenbar der Fall ist – sonst wären die heftigen staatlichen Reaktionen unerklärlich –, halte ich nicht für einen Nachteil, sondern eher für erfreulich. Der Vorgang scheint zwar ein Indiz für mangelnde Konsolidierung zu sein, und vielleicht ist eine solche Wertung auch nicht falsch, doch mit besserem Grund und auch mit Hoffnung sehe ich darin ein Zeichen, daß die Erstarrung noch nicht eingetreten und daß Beunruhigung möglich ist. Das könnte Zuversicht rechtfertigen. Unsere Behörden sollten Gott danken, daß sie nicht nur die Dichter haben, die sie sich wünschen. Allerdings darf es nicht mehr allzu lange beim bloßen Danken bleiben, sonst tritt der poetische Ernstfall doch noch ein. Und dann wird es Bücher wie die »Versuchte Nähe« nicht mehr geben.

Ich will das Loblied auf Hans Joachim Schädlich nicht beenden, ohne ein Wort über den Ort zu verlieren, an dem es gesungen wird. Dieser Ort ist nicht so sehr der SPIEGEL wie der Westen, der gute alte Westen, der im

Notfall immer einspringt. Ich stelle mir vor: Ein bundesrepublikanisches Buch verstört die kleine oder große Koalition so sehr, daß sie es verbietet. Wie dann die DDR-Verlage, stelle ich mir vor, und die DDR-Zeitungen zur Verfügung stehen und ganz bereitwillig sind; wie genau das geschieht, was jetzt hier stattfindet mit unseren füsilierten Büchern, seitenverkehrt. Man wird mir entgegenhalten, und ich weiß es ja selbst: Deine Hypothese hinkt vorne und hinten, denn dieser Fall tritt nicht ein, wir sind ein freiheitlicher Rechtsstaat, bei uns kann jeder seins sagen und schreiben. Mein Gott, wie wahr das ist. Doch auf eine Weise wahr, die bestimmt nicht nur vorzüglich genannt werden darf. Was geben die kleine oder große Koalition Bücher an? Ihr könnt euch hier jedes Buch leisten, weil Bücher euch nichts anhaben können. Und das ist nicht die Schuld der Bücher. Am Grad der Konsolidierung liegt es, von der die Ignoranten sagen, es sei die reine Festigkeit, und sehen nicht die Komponente Unempfindlichkeit darin. Wie bei uns in der DDR die wenigen Werke der Dichter so traurig oft auf der Strecke bleiben, weil der Staat so ängstlich ist und im Zweifelsfall immer den Notgroschen Verbot aus der Tasche zieht, so zerschellen sie anderswo an den vielen tauben Ohren. Dabei muß bedacht werden, daß fast ein jeder mit intakten Ohren zur Welt kommt.
Die fraglose westliche Annehmlichkeit, bei Ablehnung eines Manuskripts zu einem anderen Verlag gehen zu können und nicht gleich den Staat wechseln zu müssen, ist nicht eben billig erkauft. Sie hat zur Bedingung, daß Geschriebenes nichts ausrichtet, oder fast nichts, jedenfalls viel zu wenig. Und wenn Literatur nicht ausschließlich als ein Akt der Selbstbefreiung des jeweiligen Autors verstanden wird, und nicht nur als ein Ding, das hin und

wieder einen Fachmann mit der Zunge schnalzen läßt, dann ist die Frage nach ihrem günstigsten Standort nicht so leicht beantwortet, wie mancher meint.

Nur an die nackte Existenz sollte es den Dichtern nicht gehen. Schädlich läßt einen von ihnen, während eines Verhörs, im Jahre 1590 sagen: »Das ist ja der Poeten Amt, daß sie das Üble mit Bitterkeit verfolgen.« Das müßte doch einzusehen sein.

1977

Ansprache vor dem Kongreß der Unbedingt Zukunftsfrohen

Verehrte Damen und Herren!
Es ist gar nicht einfach, vor Ihnen zu stehen und zu Ihnen zu sprechen als einer, der irgendwie ja dazugehört, aber doch wiederum nicht ganz, als einer, der nahezu alle Ihre Wünsche teilt, so manche Ihrer Erwartungen jedoch nicht. Trotzdem danke ich sehr für die Gelegenheit, die Sie mir geben, obschon Sie gewiß ahnen, daß Meinungsverschiedenheiten nicht ausbleiben werden. Es zeichnet Ihre Organisation neuerdings ja aus, daß Einwände zugelassen und gar nicht unerwünscht sind. Obwohl Sie der Überzeugung sind, Einwände trügen nur dazu bei, Sie nur um so fester Ihrer Meinung sein zu lassen, und auch wenn der Einwendende hofft, das Gegenteil möge eintreten, so sind wir uns doch einig in der Methode. Sie wissen, daß ich den Bestrebungen Ihres Kongresses von Herzen Erfolg wünsche, sozusagen über meine Einwände hinweg, weil Ihr Glück und meines mit bloßem Auge kaum zu unterscheiden sind. Vielleicht darf ich nur deshalb vor Ihnen stehen, weil Sie das wissen.
Ich erinnere mich gut an einen Tag vor Jahren, da ich schon einmal an einer Ihrer Tagungen teilnahm; nebenan war es, im großen Saal, in diesem hier hätten wir längst nicht alle Platz gefunden. Wenn ich jene Zusammenkunft erwähne, dann nicht, um Wehmut hervorzurufen, und nicht, um Sie zu peinigen, indem ich an die Vergeblichkeit so vieler Hoffnungen erinnere. Ich möchte Ihr Augenmerk nur darauf richten, daß ein Übermaß an Zuversicht,

wie es damals deutlich zu bemerken war, Ihre Sache nicht sehr vorangebracht hat. Ich sage das nicht schadenfroh, ich seufze mit Ihnen und wünschte es von ganzem Herzen anders, doch davon später. Ich weiß noch, welch große, schöne Schar wir damals waren, ich mittendrin. Ich höre noch die frohen Reden, die nur von Beifall unterbrochen wurden, nie von Bedenken. Ich entsinne mich, wie lang die Rednerliste war und welcher Mühe man sich unterziehen mußte, um einen Platz darauf zu finden. Mir selbst gelang es nicht, doch war das kein Verlust; ich hätte ohnehin nichts anderes getan, als in den allgemeinen Jubel einzustimmen.

Doch es gibt noch eine andere Erinnerung: Als ich am Abend jenes Tages zu Hause saß und meine Lehren ziehen wollte, als ich den Stift in der Hand, zu rekapitulieren versuchte, was an Bewahrenswertem vorgetragen worden war, da blieb mein Bogen leer. Ich erschrak und hörte nicht zu überlegen auf, erinnerte mich aber nur an Sätze, die davon handelten, wie gut die Dinge für uns stehen, wie das Rad der Geschichte sich fleißig in unsere Richtung dreht, welch grüne Zukunft vor uns liegt. Das war nicht viel, bis ich mir sagte, ich brauchte mich nicht so dumm zu wundern: immerhin handle es sich um eine Tagung der unbedingt Zukunftsfrohen. Und ich sagte mir, beim Kongreß der Verzweifelten hätte es sich natürlich anders angehört.

Doch ein Gefühl der Beunruhigung blieb zurück, wie ich mich auch dagegen wehrte. Mir ging die Frage nicht mehr aus dem Sinn, ob unsere Methode, zukunftsfroh zu sein, tatsächlich so vertrauenswürdig war; eine Methode, die, grob gesagt, darin bestand, die Mißlichkeiten des Tages mit dem Glück der Zukunft zu bekämpfen. Ich fragte mich, ob es nicht möglich wäre, auf eine Art und Weise zukunftsfroh zu sein, die froher stimmte. Und wie sich zeigte, war ich nicht der einzige, den diese Sorge plagte, die Zeit hat es bewiesen.

Nicht aus Gehässigkeit erwähne ich, daß die Organisation Mitglieder verloren hat. Es ist nicht meine Sache, die Verluste aufzurechnen und zu beklagen. Nur sollten sie nicht als eine Art von Reinigung betrachtet werden, und als Selbstreinigung, wie man es hin und wieder in den Reden hört, schon gar nicht; denn eine Absicht Ihrerseits steckte ja doch nicht dahinter. Sie werden mir hoffentlich nicht zürnen, wenn ich behaupte: der einzige Vorteil für die Verbliebenen bestünde darin, die Gründe der Fortgegangenen zu untersuchen. Sie sollten dabei aber nicht nur solche Gründe vermuten, die schmählich klingen und nur für Ihresgleichen glaubhaft sind.

In verschiedene Richtungen sind jene davongelaufen, die nicht mehr zu den unbedingt Zukunftsfrohen gehören wollten. Einige haben sich zurückgezogen, als wollten sie unkenntlich werden, als wüßten sie noch nicht, wohin sonst sie gehen sollten, nur eben fort. Andere, vielleicht die Radikalsten unter den Fortgegangenen, sind der Vereinigung der Hoffnungslosen beigetreten. Es drängte sie zum Gegenteil hin, das mag im einen Fall übertrieben scheinen, im anderen gar unverständlich; doch sollten Sie erfahren wollen, wie eine solche Absicht mitten unter Ihnen entstehen konnte, wie dieser Zukunftsfrohsinn manchen so verzweifelt machte. Wieder andere, zu denen auch ich gehöre, haben sich den gemäßigt Zukunftsfrohen angeschlossen.

Ich kann mir denken: Sie werden das einen Rückzug nennen. Sie werden behaupten, die Einschränkung, die dem Attribut *gemäßigt* innewohnt, wolle in Wirklichkeit der Zuversicht ans Leben. Das leugne ich, wenn es auch wahr ist, daß ich nicht mehr in gleicher Weise zukunftsfroh bin wie früher einmal. Natürlich müssen sich meine Erwartungen verändert haben, sonst wäre zu fragen: Wozu der ganze Wechsel? Doch wer verlorene Erwartungen kurzerhand als Enttäuschungen abtut, der macht es sich zu leicht. Es sind die übertriebenen Erwartungen, die fort sind, und jene Wünsche, die ich gewissermaßen nur geschlossenen Auges hätte weiterhegen können. Ich fühle mich wohler ohne sie – sehen Sie mich nur an –, fast wie nach einer Kur, auf der man überflüssige Pfunde losgeworden ist. Mein Zukunftsfrohsinn kommt mir auch nicht kleiner vor als ehedem, eher zuverlässiger und nicht mehr so kränklich.

Noch einmal, verehrte Damen und Herren: Glauben Sie nicht, die Tatsache Ihrer Dezimierung lasse mich gleichgültig oder mache mich gar zufrieden. Doch auch nicht traurig, damit das klar ist. Wie sollte es mich traurig stimmen, wenn der und jener sich von Ihnen trennt und damit keiner anderen Einsicht folgt als der, zu der auch ich gelangt bin? Ich sehe darin den Beweis, daß Ihre Art von Frohsinn nur unter Verlusten beizubehalten ist, nur unter Verlusten, wie man sagt, an Leib und Seele. Doch etwas anderes macht mich traurig: Welch häßliche Namen Sie den Fortgegangenen geben, wie unbekümmert Sie sagen, ihr Weggang sei *bezeichnend*. Als handle es sich bei der Ernüchterung, zu der der Fortgegangene ja gelangt sein muß, bevor er Sie verließ, um eine Art von Schlechtigkeit. Diese Ernüchterung ist ein Thema, mit dem Ihr heutiger Kongreß sich unbedingt befassen sollte. Ich höre schon Ihr Urteil, nun erst wisse man, woran man bei den Fortgegangenen sei; Sie bedenken nicht, daß die Betreffenden zuvor sich auch von Ihnen ein Bild gemacht haben müssen. Und Sie bedenken nicht, daß dieses Bild so sehr zu

Ihren Ungunsten ausgefallen sein muß, daß jene Leute als Folge davon eben fortgegangen sind.

Verweilen wir für einen Augenblick bei der Ernüchterung, bei der erwähnten, die man nicht übersteht wie schlechtes Wetter, indem man für eine Weile den Kopf einzieht und den Kragen hochschlägt. Sie ist ja nicht die Folge besonders ungünstiger Zeiten, auf deren Endlichkeit man sich verlassen könnte. Wäre sie es nur: dann bestünden all Ihre Erwartungen zu Recht, und mit Standhaftigkeit und Geduld wäre dem Übel beizukommen. Doch leider ist es anders, liebe Freunde, die Quelle der Ernüchterung sind Ihre Wünsche und Erwartungen selbst, das Übermaß darin.

Nicht wenige der Sehnsüchte, die in Ihrer Organisation als unumstößlich gelten, sind so beschaffen, daß der Sehnsüchtige nur eine Zeitlang guter Hoffnung sein kann: in jenem frühen Stadium, da neuentdeckte Wünsche noch Zuversicht erzeugen, da die Erfüllung noch beruhigend weit ist, und die Mißlichkeiten des Wegs dorthin noch keine Rolle spielen. Ich habe lang genug an diesem warmen Feuer mitgesessen, ich kenne das Glück, den besten Einwand mit einer Handbewegung zu entkräften und mit den Worten: Ach was. Das Kreuz mit dieser schönen Zeit ist nur, daß sie nicht ewig dauern kann. Vielen von Ihnen aber, so mein Vorwurf, gelingt es, in zweierlei Welten zu existieren: in einer der Erwartungen, in der die Zeit angehalten ist, und in seiner anderen der täglichen Plackerei. Es gibt keine Berührungspunkte zwischen beiden, es führen keine Brücken hin und her; so können Erfahrungen, die in der einen Welt gemacht werden, nicht zu Bedeutung in der anderen gelangen. Auch wird auf diese Weise der Wünschende der Möglichkeit beraubt, sich zu besinnen. Später, zurück im tatsächlichen

Leben, schleppt er die Last seiner Erwartungen mit sich herum wie einen Schuldenberg und flüchtet, wenn sie ihn zu erdrücken droht, auf wunderbare Weise wieder in die Welt der Wünsche. Niemand kann ihm folgen und dort vernünftig mit ihm reden, denn nur er und seinesgleichen wissen den Weg und hüten ihn als Geheimnis.

In meiner neuen Umgebung, liebe Freunde, bei den gemäßigt Zukunftsfrohen, geht es anders zu. Wir halten uns an den Beschluß, nicht länger unter Hoffnungen zu leiden. Wir haben all unsere Erwartungen vor uns ausgebreitet und geprüft; zuerst besahen wir uns jede einzeln, dann kombinierten wir verschiedene miteinander und spürten Widersprüchen nach. Es stellte sich heraus, daß längst nicht alle uns das Leben sauer machten, es waren nur ein paar. Von denen mußten wir uns trennen. Wir haben keine einzige Erwartung aufgegeben, bevor uns nicht erwiesen schien, daß da kein Weg ist. Wir waren nach besten Kräften gründlich, im Zweifelsfall entschieden wir stets zugunsten der Erwartung. Glaubt also nicht, wir seien blindwütig vorgegangen und hätten mit der Axt auf unsere Erwartungen eingeschlagen. Wenn wir nach sorgfältiger Prüfung beschlossen: dieser Wunsch muß weg! – dann nie, weil wir zu faul gewesen wären, uns abzumühen für ihn. Wir hatten nur erkannt, daß nichts aus dieser Sache werden würde, wir hatten eingesehen, daß wir, indem wir weiterhofften, nur unsere Enttäuschung produzierten. So mußte man sich trennen. Das Urteil hieß in solchem Fall: schön, aber aussichtslos.

Ich will hier nichts beschönigen. Manchmal krampfte sich einem das Herz zusammen, zum Beispiel wenn ein Alter sagte: Davon habe ich geträumt, seit es mein Vater mir erzählt hat, nun ist die Hoffnung fort. Wir mußten ihn dann fragen, aus welchen Gründen er zu uns gekommen war und nicht zu Ihnen, den unbedingt Zukunftsfrohen. Wir mußten ihm erklären, daß wir die jeweilige Erwartung ja nicht aufgaben, um unsere Zuversicht zu vermindern, sondern um sie zu bewahren.

Da ich den Schritt von Ihnen zu den gemäßigt Zukunftsfrohen vor nicht so langer Zeit getan habe, sind mir die Sorgen noch lebhaft im Gedächtnis, die mich am Anfang quälten. Es kam mir vor, als sei ich ärmer geworden durch den Wechsel, als hätte ich auf einen Teil meines Vermögens ohne Not verzichtet. Und länger als mir lieb war, drückte mich die Frage, ob ich nicht vorschnell so gehandelt hatte.

Inzwischen weiß ich: Mein Unbehagen war vergleichbar dem des Trinkers, der schnell zu jammern anfängt, wenn man ihm den Alkohol entzieht. Vom Trinken will er aber loskommen, das möchten beinah alle. Geht er mit seiner Gier zu sanft um, dann bleibt er wohl an seinem Unglück kleben; ist er jedoch so fest entschlossen, wie ich es bei dem Übertritt zum Glück gewesen bin, dann gibt es keinen anderen Weg als durch die Unzufriedenheit hindurch. Und was ihm, solange er von seinem alten Standpunkt aus die Welt betrachtet hat, nur wie ein schwerer Mangel vorgekommen ist – nämlich keinen Schnaps zu trinken – das wird, wenn er geheilt ist, zum Gewinn.

Ich bitte Sie, mir das schiefe Beispiel nachzusehen, liebe Freunde, das Ungehörige daran ist mir bewußt. Wenn ich es trotzdem nicht hinausgeworfen habe aus meiner Rede, dann weil: ich sehe auch beim Wünschen eine Suchtgefahr. Ich habe ja am eigenen Leibe solche Sucht erfahren, ich habe drei Gläschen stärkster Hoffnung ja täglich hinunterkippen müssen – wie anders sollte die Entzugserscheinung zu erklären sein? Und weil ich weiß, wie mächtig die Gewöhnung sein kann, wie sie den Süchtigen von seinem Verstand abtrennt, gerade darum fühle ich mich so erleichtert, wie Sie mich sehen. Ein neuer starker Wunsch hat mich gepackt, genau an jener Stelle, an der die alten Wünsche losgelassen haben: Es soll mir nie ein Rückfall in die Quere kommen.

Verehrte Freunde, man kann sich einen Zustand denken, darin man auseinandergeht in mancherlei Ansicht, im Großen und Ganzen sich aber verbunden bleibt. Genau das ist die Art von Sympathie, der ich Sie versichern möchte; und ich wünsche, es wäre auch umgekehrt so.

Ich habe schließlich einen Auftrag zu erfüllen: Im Namen des Verbandes der gemäßigt Zukunftsfrohen habe ich Ihnen die Zusammenarbeit vorzuschlagen. Es lag uns ein anderes Angebot vor, das wollen wir nicht verschweigen, die Vereinigung der Hoffnungslosen trug uns die Zusammenarbeit an. Wir haben abgelehnt, obwohl ein paar von uns der Meinung waren, wir sollten akzeptieren. Zusammenarbeit bringe einander näher, sagten sie, sie führe folglich die Hoffnungslosen heran an uns. Wir haben auch um Ihretwillen abgelehnt, die Partnerschaft mit Ihnen ist uns wichtiger. Wir hätten es, wie mancher bei uns wollte, mit Ihnen und zugleich mit denen versuchen können; doch glauben wir mehrheitlich, daß Bindungen nach allen Seiten zwar hübsch anzusehen, jedoch von Nachteil für die einzelne Beziehung sind. Ganz abgesehen davon, füge ich unter uns hinzu, daß gemäßigt zukunftsfroh zu sein ja nicht bedeutet, prinzipienlos zu sein. Mit Ihnen also oder mit den Hoffnungslosen, darauf lief es hinaus, und unsere Entscheidung haben Sie gehört. Lieber als bei den Hoffnungslosen erlangten wir bei Ihnen Einfluß, wie wir auch lieber Ihrem als deren Einfluß ausgesetzt sein möchten. Mit Spannung wartet man bei uns auf Ihre Antwort.

Liebe Anwesende, ich wünsche Ihrer Tagung Erfolg. Befürchten Sie nicht, mir und meinen Freunden sei Ihr Mißerfolg willkommen. Da er uns nicht den kleinsten Nutzen bringt, warum sollten wir ihn herbeiwünschen? Ihre Enttäuschungen schmerzen auch uns, vielleicht nicht ganz so heftig wie Sie selbst, doch spürbar. Die Enttäuschungen werden nicht ausbleiben. Sie werden in immer kürzeren Abständen auftreten und irgendwann, so fürchten wir, Sie schier erdrücken. Wir wünschen Ihnen dann den Mut, nicht in alte Erwartungen zurückzuflüchten, sondern jede einzelne zu überprüfen am wahren Stand der Dinge. Wir versichern Sie der Erkenntnis, daß Fortschritt auch in Ernüchterung bestehen kann.

1980

In Kafkas Verliesen

Ich bin mir des Eindrucks bewußt, den Kafkas Bücher auf mich gemacht haben, weiß aber ganz und gar nicht, wie die Folgen sind und ob es sie gibt. Ich sehe auch keinen Sinn darin, es unbedingt herausfinden zu wollen. Im übrigen gibt es Eindrücke, die um so tiefer sind, je länger man darüber schweigt.

Kafkas Texte, alle, scheinen mir von unerhörter Einseitigkeit zu sein. Zuerst war mir das ein Hindernis, mit ihnen vertraut zu werden. Bis ich zu ahnen anfing, daß man so dem beschriebenen Gegenstand näher kommen kann als auf jede andere Weise. Inzwischen kommt mir diese Einseitigkeit wie eine Voraussetzung von Literatur vor.

Oft ist mir beim Lesen Kafkas, als säße ich in einer Höhle. Ich bin auf merkwürdige Weise von allem abgeschnitten und mit dem Text allein. Ich schenke den einzelnen Worten mehr Beachtung als beim üblichen Lesen, und die dargestellten Vorgänge treffen mich wohl härter.

Immer wieder, auch beim siebenten Lesen, überrascht es mich, auf was für Nebensächlichkeiten Kafka sich einläßt, welche Kleinigkeiten er der Beschreibung für wert hält. Oft sind dies solche, von denen andere Autoren meinen, die Mühe der genauen Erwähnung werde durch die Winzigkeit des Details nicht aufgewogen; und daher lohne die Erwähnung nicht. Kafka aber beweist, daß dieses Winzige das ist, worum es eigentlich geht. Nicht so sehr sein anderes Schreiben bewegt mich, wie die Darstellung des woanders nicht Beschriebenen.

1983

Über den Kulturverfall in unserer Zeit

»Kultur« ist wahrscheinlich einer der am häufigsten und am verschiedensten definierten Begriffe. Ich will den vielen Definitionen, die ich zum Glück nicht alle kenne und die von »Gesamtheit der materiellen und geistigen Lebensbedingungen« bis zu »Zustand der Kollektivseele«, wie ich kürzlich las, reichen, keine neuen hinzufügen; an nahezu jeder finde ich etwas Einleuchtendes, und es hängt wohl von meiner eigenen Verfassung ab, welche davon im jeweiligen Augenblick die überzeugendste für mich ist. Ich möchte am Anfang nur bemerken, daß »Kultur« mir für meinen jetzigen Zweck ausreichend definiert vorkommt, wenn man sie als eine Art Himmelsrichtung betrachtet; oder als eine Art Vorhaben, das uns vor »Unkultur« schützen soll, wie verschieden unsere Bilder davon im einzelnen auch sein mögen. Wenn einer von »Kultur« spricht, dann natürlich von seiner, aber es wird sich nicht vermeiden lassen, daß es Berührungspunkte mit den Vorstellungen der anderen gibt. Von diesen Berührungspunkten sollte die Rede sein. Trotzdem: Wenn ich weiterhin dieses Wort wie selbstverständlich benutze, dann hören Sie es bitte immer in Anführungsstrichen, der Ungenauigkeiten und der Fragwürdigkeit wegen, die weiterhin darin stecken.

Ich vermute, daß das kulturelle Niveau innerhalb einer Gesellschaft wesentlich von zwei Faktoren abhängt: vom Selbstbewußtsein ihrer Mitglieder und von deren Zuversicht, das heißt vom Vertrauen in die Zukunft. Denn kulturell zu handeln und zu leben hat zur Voraussetzung, daß man seine Art zu leben und sich zu verhalten für einigermaßen wichtig hält; und daß man der Überzeugung ist, diese Art zu leben und sich zu verhalten sei es wert, fortgesetzt zu werden. Und daß man an diese Fortsetzung glaubt.

Wohin man aber blickt, leben die Menschen im Bewußtsein ihrer Ohnmacht. Sie haben das Gefühl, von den wichtigen Entscheidungen ausgeschlossen zu sein, in der östlichen wie in der westlichen Welt; sie haben das Gefühl, daß es auf sie nicht ankommt. Ihre Zustimmung kümmert niemanden, ihre Ablehnung fällt nicht ins Gewicht. Sie werden von ihren Staaten mit zunehmender Dreistigkeit behandelt, angeblich zu ihrem eigenen Nutzen. Sie sind ständig verunsichert, in einem Zustand permanenten Unbehagens, so daß für die allermeisten das Sich-anpassen und das Verbergen ihrer Zweifel zur normalen Existenzform geworden ist. Dabei geschieht so gut wie nichts von alledem unter richtigem Namen; denn im Verhältnis zwischen Staat und Bürgern ist es eine Selbstverständlichkeit, die Dinge mit ihrem Gegenteil zu bezeichnen: Die geistige Verkrüppelung wird freie Entfaltung genannt, das eingeschüchterte Kopfnicken freie Meinungsäußerung, Engstirnigkeit heißt freie Willensbildung, Indoktrination freie Meinungsbildung, Gehorsam Freiwilligkeit.

Ich halte es für keinen Zufall, daß in den beiden Ländern, in denen die eben genannten Prinzipien besonders konsequent und besonders erfolgreich in die Tat umgesetzt werden, viele Aspekte des Kulturverfalls besonders deutlich zu sehen sind: In den Vereinigten Staaten und in der Sowjetunion. Ich übersehe dabei nicht die Spitzenprodukte von Hochleistungskünstlern, die es zweifellos gibt. Ich spreche von der Art, miteinander umzugehen, in der

Kultur sich in allererster Linie äußert: Leute mit Leuten, die Behörden und der Staat mit Bürgern, der Staat mit anderen Staaten. Und ich spreche von dem Einfluß auf die übrige Welt, der immer dort besonders groß und verheerend wird, wo Vasallen den Drang spüren, Ergebenheit zu demonstrieren. Eine Ergebenheit, für die übrigens das Wort »Bündnistreue« erfunden wurde.
Eine wichtige Frage von Selbstbewußtsein ist Toleranz, eine zwar nicht notwendige, aber eine immerhin mögliche und wahrscheinliche. Doch eine zwingende Folge von fehlendem Selbstbewußtsein ist Intoleranz. Dies gilt, so kommt es mir vor, für einzelne Personen ebenso wie für Gruppen oder auch für die Gesellschaft. Dort, wo Selbstbewußtsein am schlechtesten ausgeprägt ist, dort werden es die *anderen* immer am schwersten haben. Das können Kritiker sein, Protestierer, Ausländer, Juden, eben *andere*. Selbstverständlich können auch ökonomische Interessen hinter manchen Ressentiments stecken; doch ich meine, daß erst jene Intoleranz die Schleusen der Feindseligkeit öffnet und einen Haß zum Vorschein bringt, dessen die Selbstbewußten gar nicht fähig wären.
Wir leben in Gesellschaften, die ihren Zusammenhalt in hohem Maße Feindbildern verdanken. In der DDR zum Beispiel sind die Vereinigten Staaten vor allem anderen ein monopolkapitalistisches, imperialistisches Land, und die Nachrichten über Amerika, die der Öffentlichkeit zugänglich gemacht werden, sind vor allem solche, die diesen Standpunkt unterstützen. Nun sind die USA in der Tat ein monopolkapitalistisches, imperialistisches Land, trotzdem sind sie natürlich auch manches andere, was nicht verschwiegen werden sollte, was aber nur das Feindbild verdirbt. Die umgekehrte Geschichte: Ich war im Jahr 1978 längere Zeit in den USA und habe etwa ein

halbes Jahr lang täglich die »New York Times« gelesen. In dieser Zeit fand ich zweimal eine Nachricht über die DDR. Das einemal gelang einem jungen Mann die Flucht im Kofferraum eines belgischen Diplomaten, das anderemal schoß auf der Kreuzung Unter den Linden/Friedrichstraße ein russischer Soldat wild um sich. Ende.

Das Produzieren von Feindbildern, das Sich-Abfinden mit ihnen und später das Vertrauen in ihre Richtigkeit erzeugen ein permanent kulturfeindliches Fluidum. Wie selbstverständlich breitet sich darin Intoleranz aus, sie erscheint wie eine unerläßliche Schutzmaßnahme. Ein bestimmtes Quantum an Gewalttätigkeit, von der es heißt, ohne sie wäre man den Feinden Stück um Stück ausgeliefert. In Wirklichkeit behindert diese Gewalt weniger irgendeinen Feind als die Leute auf der eigenen Seite. Sie macht ihnen das Leben saurer, als der beste Feind es könnte. Ihre Folge ist eine Atmosphäre der Verdächtigung und der Bespitzelung, in der nichts so viel zählt wie der Nachweis der Loyalität, in der Lippenbekenntnisse Konjunktur haben, in der von jedem verlangt wird, seine Urteile nach und nach durch Vorurteile zu ersetzen.

Die Verfolgung von »Entartetem« ist ein Beispiel dafür, von »entarteter Kunst« oder von »entarteten Menschen«. Oder eine Parole aus derselben Zeit, die vergleichsweise harmlos erscheint: »Psst, Feind hört mit!« Die McCarthy-Ausschüsse für unamerikanisches Verhalten sind ein Beispiel. Uns näher – der Radikalenerlaß ist ein Beispiel, in seiner Folge die Berufsverbote. Die Allgegenwart des Staatssicherheitsdienstes im Leben der DDR-Bürger ist ein Beispiel. Man findet schwer ein Ende, wenn man ins Aufzählen kommt.

Ein Problem sehe ich darin, daß den meisten Menschen die Beispiele aus der Vergangenheit und aus dem Lager

der Gegenseite viel einleuchtender vorkommen als die, die sich auf die eigene Umgebung beziehen. Diese Unempfindlichkeit selbst ist ein Beispiel; es zeigt, wie das Hantieren mit Feindbildern zur Selbstverständlichkeit geworden ist. Diese Sicht der Welt, die in verschiedener Beziehung kulturzerstörend wirkt: nicht nur dadurch, daß sie Intoleranz und Gewalttätigkeit im eigenen Land hinnimmt und fördert, sondern auch dadurch, daß sie den Blick auf die kulturellen Errungenschaften der *anderen* verstellt. Es fehlt die *andere* Kultur, man bescheidet sich mit einer traurigen Hälfte, der eigenen. Man weigert sich, die andere wahrzunehmen. Ich will nicht schon wieder eine Aufzählung folgen lassen, ich möchte nur sagen, daß es den beiden Lagern sehr gut täte, von den kulturellen Errungenschaften der jeweils anderen zu lernen. Und sie sollten sich damit beeilen, denn diese kulturellen Errungenschaften nehmen mit jedem Tag ab.
Es dürfte Einigkeit darüber bestehen, daß der kulturelle Standard einer Gesellschaft nicht mit ihrem materiellen Wohlstand verwechselt werden darf. Wenn es so wäre, wenn da zwingende Zusammenhänge existierten, dann gäbe es eine hervorragende Meßlatte für Kultur: das Bruttosozialprodukt oder den Pro-Kopf-Verbrauch an Energie oder an Kunstdünger; und es wäre klar, wie die Spitzengruppe aussähe. Aber die Beziehung zu Waren und deren möglichst umfangreiche und schnelle Vernichtung können nicht Haltungen und Überzeugungen ersetzen, die eine Voraussetzung von Kultur sind. Trotzdem glauben sehr viele, daß es so ist, eigentlich die meisten: In den westlichen Industriegesellschaften gilt als gesicherte Erkenntnis, daß Fortschritt und Wachstum untrennbar miteinander verbunden seien. Mit anderen Worten, es ist gelungen, die Ziele der Industrie- und Handelsunterneh-

mungen zu den Zielen der Allgemeinheit zu deklarieren. Und in den östlichen Staaten, den Ländern des »real existierenden Sozialismus«, hat sich dieselbe Ansicht durchgesetzt, wenn auch auf niedrigerem Produktionsniveau. Wachsender Konsum wird auch dort zur Zielvorstellung erhoben, zum Maßstab allen Fortschritts, weil den dort herrschenden Parteien dieses Ziel leichter erreichbar und wohl auch erstrebenswerter zu sein scheint als die Verwirklichung der großen Absicht, für die sie ursprünglich angetreten sind: die Verhältnisse der Menschen untereinander zu revolutionieren. Das ist ein Irrtum in doppelter Hinsicht, vielleicht einer der schrecklichsten und folgenschwersten Irrtümer unserer Zeit.

Sprechen wir nun vom zweiten Faktor, den ich für den Kulturverfall in unserer Zeit verantwortlich mache: Von fehlender Zuversicht, von der weitum sich ausbreitenden Gewißheit, eine Zukunft sei kaum erreichbar, zumindest halte sie nichts Gutes bereit.
Mehr und mehr leben die Menschen im Zustand der Panik. Sie sind von Bedrohungen umzingelt, die, obwohl seit langem bekannt und theoretisch besiegbar, täglich größer werden. Furcht vor Krieg greift um sich, Furcht vor dem ökologischen Untergang, Furcht vor Arbeitslosigkeit (also vor Not), Furcht vor Radioaktivität, um nur ein paar der Ängste zu nennen, und nur solche aus sogenannten wohlhabenden Ländern.
Diejenigen, die laut und öffentlich Optimismus empfehlen, zumeist Politiker, Militärs oder Wirtschaftsleute, predigen eine falsche Zuversicht: Sie wollen zuversichtlich so weitermachen wie bisher, und sie wünschen sich dafür Ruhe und Ordnung. Sie wollen mit Zuversicht genau das weitertun, was Millionen Menschen alle Zuversicht geko-

stet hat. Wer sich aber dagegen auflehnt, gerät zwangsläufig in die unbequeme und oft existenzgefährdende Rolle des Außenseiters, egal wo er lebt. Die Demonstrationen der Friedensbewegung werden von der Bundesregierung als »kommunistisch gelenkt« bezeichnet. Die Teilnehmer der Friedensbewegung in der DDR werden von ihrer Regierung »Werkzeuge westlicher Auftraggeber« genannt und auch so behandelt. Beides liegt in der Logik der Sache, beides ist von scheußlicher Ähnlichkeit, beides ist ein guter Grund, die ohnehin bestehenden Ängste um eine sehr stattliche zu vermehren. Und so herrschen eben, erzwungen, Ruhe und Ordnung, die mir wie das am deutlichsten sichtbare Zeichen des Kulturverfalls in unserer Zeit vorkommen.

Lange hat mich die Frage beschäftigt, ob es ein Bedürfnis gibt, eine Überzeugung, eine Eigenschaft, die man als Fundament einer kulturvollen Existenz ansehen könnte. Wahrscheinlich gibt es so etwas nicht; doch der Begriff, der mir der Sache am nächsten zu kommen scheint, lautet: Solidarität. Solidarisches Verhalten impliziert ein Interesse, das über die eigene Person und über die eigene Existenz hinausgeht. Es hat mit Verantwortung zu tun, mit Anteilnahme, gleichermaßen mit Eigenliebe wie mit Selbstlosigkeit. Es hat Kultur eher im Gefolge als zum Beispiel Kunstliebe oder die Förderung der Wissenschaften oder Traditionspflege. Damit ist nicht gesagt, daß Kunstliebe, Wissenschaftsförderung und Traditionspflege dem Gedeihen von Kultur im Wege stünden. Nur begegnet man ihnen zu oft an Orten, an denen von Vertrauen in die Zukunft, von Zuversicht nichts zu spüren ist.

Natürlich läßt sich eine Solidarität vorstellen, die es besser nicht gäbe, natürlich kann man sich für eine nichtswürdige Sache verbünden und, zu deren Gunsten, sich solida-

risch verhalten. Das ist so allgemein nicht zu klären, und darum geht es auch nicht. Ich will allein darauf hinaus, daß solidarisches Verhalten ein auf die Zukunft gerichtetes ist, also ein optimistisches. Zugleich zeugt es von Selbstbewußtsein, denn wozu sich stark machen, wenn man von seiner Schwäche überzeugt ist? Und genau das sind die Gründe, warum die Staaten, die Institutionen, die Behörden in den beiden Teilen unserer Welt solidarisches Verhalten behindern, wo immer sie ihm begegnen. Sie wünschen sich ihre Leute vereinzelt, in Konkurrenz zueinander, unter Kontrolle und devot. Das Bedürfnis nach Solidarität, das wohl nicht erstorben ist, wird befriedigt, indem ständig zu einer Solidarität aufgerufen wird, die der jeweils anderen Seite Unannehmlichkeiten bereitet. Solidarität hier etwa mit den Internierten in Polen, mit dem besetzten Afghanistan, Solidarität dort etwa mit Nicaragua oder mit den Opfern der israelischen Aggression. Nicht, daß ich solche Arten von Solidarität für unangebracht oder für überflüssig hielte. Doch muß unbedingt auch gesehen werden, welchem Nebeneffekt sie ihre öffentliche Propagierung verdanken: Solidarität als Mittel der Produktion von Feindbildern. Immer dann wird sie gefördert, solange sich die Menschen nicht für ihre eigenen Belange solidarisieren, nicht gegen ihre eigenen, unmittelbaren Bedrohungen. Wenn sie das tun, dann hagelt es plötzlich Repressalien, dann werden sie schnell behandelt wie Agenten der Gegenseite. Wie verschieden auch immer – man läßt sie deutlicher den harten Existenzkampf spüren, in dem kulturelle Bedürfnisse leicht für einen Luxus gehalten werden.
Was ist zu tun?
Es wäre sehr einfältig, hier Ratschläge erteilen zu wollen. Zum Glück bin ich einer solchen Versuchung nicht ausge-

setzt, denn ich habe keine. Ich kann höchstens sagen, was mir wünschenswert vorkommt: Daß Gewalt in unseren Beziehungen aufmerksamer registriert wird; das kann Gewalt in den Beziehungen der Leute untereinander sein, aber auch eine Gewalt, die der Staat Bürgern antut, oder eine, die Staaten einander antun. Daß man diese Gewalt nicht nur genauer wahrnimmt, sondern auch empfindlicher auf sie reagiert. Daß man sie mehr als heute verabscheut. Und daß mehr Menschen aufhören zu glauben, die Vertretung ihrer Interessen liege in den richtigen Händen. Daß sie anfangen, sich für sich selbst verantwortlich zu halten. Die großen Kulturtaten unserer Zeit – das wären Abrüstung, Beseitigung des Hungers in mehr als der halben Welt, die Sorge um unsere Umwelt. Man muß sich wünschen, daß immer mehr Menschen ihre Zuständigkeit für all das erkennen. Vom Bewußtsein der eigenen Ohnmacht zum Bewußtsein der Stärke ist ein elend weiter Weg. Doch es gibt keinen anderen, wenn man auf die Zukunft nicht verzichten will.

1983

Bücherverbrennung

Wenn man sich eines Vorfalls wie der Bücherverbrennung feierlich erinnert, dazu noch nach fünfzig Jahren, dann kommt mir die Frage berechtigt vor, wozu man das tut. Denn es gibt eine Art von Gedenken, die ich für falsch halte, oder genauer gesagt: für überflüssig. Es ist dann unnütz, wenn man ein historisches Ereignis so betrachtet als wäre es ganz und gar in der Vergangenheit eingeschlossen und mit unserer Zeit auf keine andere Weise verbunden als eben durch das Sich-erinnern; wenn man es betrachtet wie ein ausgestorbenes Insekt, das in Bernstein eingeschlossen ist. Was hat es schon für einen Sinn, wenn wir aus keinem anderen Grund hier zusammenkommen, als uns gegenseitig zu versichern, wie schrecklich diese Sache damals gewesen ist.

Die Art des Gedenkens, die ich für sinnvoll halte, hat immer mit der Gegenwart zu tun, das heißt mit der Frage, wie aktuell das ist, dessen man sich da erinnert. Auf unseren Fall bezogen: Was ist in der Gegenwart aus den Bücherverbrennern geworden? Hat man ihnen endgültig das Handwerk gelegt? Haben sie sich eines Besseren besonnen? Sind sie verschwunden, gar ausgestorben? Oder gibt es sie noch? Arbeiten sie vielleicht weiter, nach anderen Methoden, nach feineren, die nicht so leicht zu erkennen sind wie die eine, die sie vor fünfzig Jahren angewendet haben – die Bücherverbrennung?

Ich unterstelle, daß die meisten der hier Versammelten entschiedene Gegner des Bücherverbrennens sind, wahrscheinlich alle. Ich bitte Sie aber, sich nicht zu lange bei diesem Wort »Verbrennen« aufzuhalten, darin nicht das Wichtigste und nicht den eigentlichen Kern des Übels zu sehen. Die Bücherverbrennung war eine besonders auffällige Erscheinungsform der Intoleranz, ein besonders sichtbarer Versuch, Ansichten von Andersdenkenden auszurotten, bevor man später daranging, die Andersdenkenden selbst auszurotten. Es sollte demonstrativ die eine Art von Ansichten über alle anderen gesetzt werden, auf extrem rüde und geschmacklose Weise. Aber uns darf nicht in erster Linie dies Geschmacklose stören, nicht der Formfehler. Wir haben vielmehr herauszufinden, in welchem Gewand jene Intoleranz und jener Terror heute auftreten. Denn erst wenn wir das durchschauen, können wir uns dagegen zur Wehr setzen. Und erst unsere Gegenwehr schützt uns vor einer Wiederholung von Faschismus und Gewalt, nicht das bloße und mechanische Sich-erinnern.

Man gedenkt der Bücherverbrennung dann ehrlich, wenn man sich zum Beispiel über Zensur empört. Diejenigen, die Bücher verbieten, müssen es sich gefallenlassen, mit Bücherverbrennern verglichen zu werden. Man gedenkt der Bücherverbrennung dann aufrichtig, wenn man sich zum Beispiel über Berufsverbote empört. Die Erfinder des sogenannten Radikalenerlasses, die doch selbst auf gewalttätige und radikale Weise mit Andersdenkenden umgehen, müssen es sich gefallenlassen, mit Bücherverbrennern verglichen zu werden.

Ich erwähne diese beiden, sozusagen gesamtdeutschen, Beispiele deswegen, weil ich meine, in diesen beiden Staaten hat man gefälligst besonders behutsam diejenigen zu behandeln, deren Ansichten einem nicht gefallen. Denn die beiden Deutschlands haben nun einmal diese eine Vergangenheit, und viel schneller als anderswo stellen sich da gewisse Erinnerungen ein, und zieht man gewisse Parallelen. Die Bücherverbieter und die Berufsverbieter schreien zwar, diese Parallelen seien Verleumdung, aber das bestimmen sie ja nicht allein; ob jemand mich an einen anderen erinnert, das hängt schließlich nicht von ihm ab, sondern von mir.

Die Erinnerung an die Bücherverbrennung sollte sich wie eine Allergie in uns festsetzen, die bei passender Gelegenheit ausbricht. Die Welt, in der Sie und ich leben, hat leider Gelegenheiten genug. Wenn Strauß von »kultureller Entartung« redet – Bücherverbrennung. Wenn in der DDR die Polizei jungen Leuten bestimmte Aufnäher von der Kleidung reißt – Bücherverbrennung. Wenn Politiker fordern, daß bestimmte kritische Fernsehsendungen sich nicht wiederholen dürfen und auf diese Weise Einschüchterung betreiben – Bücherverbrennung.

Ich will die Aufzählung nicht fortsetzen, ich bitte Sie nur, in Ihrer eigenen Umgebung, in Ihrem eigenen Blickfeld die Beispiele zu bemerken. Ich bitte Sie, wach dafür zu sein und diese Beispiele nicht einfach zu registrieren, sondern – wenn es möglich ist – Ihren Widerspruch vorzubringen. Weil man sich wünschen muß, daß sich heute mehr Menschen gegen Bücherverbrennung zur Wehr setzen als vor fünfzig Jahren.

1983

Vorstellung

Mich Ihnen vorzustellen, fällt mir dann am leichtesten, wenn ich kurzerhand glaube, daß Sie sich für mich interessieren und ein wenig neugierig sind, etwas über mich neues Mitglied dieser Akademie zu erfahren.
Da ich in einen Kreis hineingewählt worden bin, unter dessen Aufgaben die pflegliche Behandlung der deutschen Sprache ganz vornean steht, sollte ich wohl erwähnen, daß meine Muttersprache polnisch ist. Als ich acht Jahre alt war, hörte mein Vater, der letzte nach dem Krieg mir verbliebene Verwandte, von einem Tag zum nächsten auf, mit mir polnisch zu sprechen; seine Absicht war die beste, er vermutete, daß mir dann gar nichts anderes übrigbleiben würde, als im Handumdrehen deutsch zu lernen. Was er nicht bedacht hatte, war, daß ich das Polnische viel schneller vergaß, als ich die neue Sprache lernte. So mußte ich einige Zeit buchstäblich sprachlos leben. Das ist vorbei, der Lernprozeß ist inzwischen gut vorangekommen, wenn ich ihn auch längst nicht für abgeschlossen halte.
Mich selbst mutet es seltsam an, daß ich da ausgerechnet Schriftsteller werden mußte; als hätte ich zeigen wollen, daß eine Aufgabe mir gar nicht groß genug sein kann; als wäre ich jemand, dem eine Herausforderung wichtiger ist als eine günstige Ausgangssituation. Ich habe zwar, als dergleichen einmal über mich behauptet wurde, entschieden den Kopf geschüttelt, aber was weiß ich denn? Mir fällt ein Bericht ein, den ich vor dreißig oder fünfundzwanzig Jahren las: über einen Australier mit Namen

John Konrads, dessen Beine von Kind an gelähmt waren, dessen Eltern ihn zu fortgesetzten Bewegungsübungen im Wasser zwangen und der später Schwimm-Olympiasieger wurde. Nun habe ich es nicht gar so weit gebracht, doch bis zu dieser hochwohllöblichen Vereinigung immerhin.

Wenn ich einen sagen höre, er fühle sich in einer Sprache zu Hause, kann ich nur dünn vermuten, was er damit meint. Es geht mir dann auch durch den Sinn, daß sein Verhältnis zu seiner Sprache am Ende so ist wie meins zu meiner deutschen, und daß er dies Verhältnis eben mit den Worten »Zu Hause« bezeichnet; eigentlich glaube ich das aber nicht, denn ich komme mir nicht zu Hause inmitten all dieser merkwürdigen Wörter und Konstruktionen und Andeutungen vor. Ich will nicht sagen, daß ich mich unwohl darin fühle, das nicht. Doch es fehlen mir Vertrautheit und eine Sicherheit, die zum »Zu-Hause-Sein« wohl gehören und die ich dann und wann bei anderen zu bemerken meine. Ich dagegen muß ständig auf der Hut sein, wo andere die Augen schließen und sich räkeln können, ich muß gewissermaßen lernen, auf die Blicke der Zuhörer zu achten und Hinweise zu erkennen, die den allermeisten allein schon deshalb zu winzig sind, weil sie keine Hinweise brauchen.

Ich habe inzwischen einige Bücher geschrieben, die mich ziemlich enttäuschen; dennoch müssen die Bücher für Sie der Grund gewesen sein, mir diese Ehre anzutun. Das freut und beruhigt mich ein wenig, wenn ich auch einen Grund darin sehe, Ihrem Urteil gegenüber skeptisch zu sein. Jedenfalls danke ich Ihnen herzlich.

1983

Die Ernüchterung

Ich erinnere mich gut an die Zeit, da man sich in der DDR geradezu verdächtig machte, wenn man von deutsch-sowjetischer Freundschaft sprach, ohne das Adjektiv »unverbrüchlich« anzufügen. Damals genügte noch ein Blick von Stalin, um eine Kampagne ins Leben zu rufen, eine Plattheit von Breschnew, um sie auf Zeitungssonderseiten zu feiern, ein Röcheln von Tschernenko, um das Rundfunkprogramm für eine Live-Übertragung zu unterbrechen. Wie sehr hatte man sich gewünscht, diese Art von Anhänglichkeit möge aufhören, und nun *hat* sie aufgehört, und wieder ist man nicht zufrieden.
Lange Jahre habe ich geglaubt, es gäbe in der DDR-Führung manch heimlichen Anhänger eines Abbaus von Zwängen, manch unerkannten Freund dessen, was hier im Westen Demokratisierung heißt; ich habe geglaubt, man fühle sich nur nicht groß und stark genug, um gegen den Willen der mächtigen Sowjetunion liberalen Gelüsten nachzugeben, man müsse abwarten, bis auch dort sich ähnliche Tendenzen durchsetzten, dann werde man keine Sekunde zögern, sich ihnen anzuschließen.
Auf einmal wird klar, daß diese Vermutung keinen anderen Grund hatte als den Wunsch, es möge so sein. Auf einmal wird klar, daß die Parteiführung dem Kampf auf Leben und Tod, den Gorbatschow und seine Verbündeten führen, feindselig zusieht, mit der unverhohlenen Hoffnung, er möge verlorengehen. Auf einmal scheint dieses Politbüro nur aus ähnlichen Leuten zu bestehen wie denen, die Gorbatschow aus dem Politbüro der KPdSU

hinausdrängen muß, damit sie nicht alle Reformen sabotieren.
Die Sache in der Sowjetunion ist ja noch längst nicht entschieden. Die DDR ist bedeutend genug, um durch Parteinahme in dieser wichtigsten Auseinandersetzung der Gegenwart einen gewissen Einfluß ausüben zu können, und genau das versucht sie: Ihre Reaktion ist reaktionär.
In den Zeitungen immer weiter das Eigenlob, im Fernsehen immer weiter die Ergebenheitsinterviews. Obwohl es nichts so reichlich gibt wie kritikwürdige Zustände, ist zu lesen und zu hören, man habe deswegen keinen Bedarf an Veränderungen, weil Fehlentwicklungen, wie sie in der Sowjetunion nun kritisiert würden, vermieden worden seien. Es herrsche vorbildliche sozialistische Demokratie, heißt es, um die Rechte der Bürger könnte es nicht besser bestellt sein, heißt es, das Wahlrecht sei unübertrefflich. Die Zustimmung von 99,8 Prozent wird ernstlich für ein Wahlergebnis gehalten, nicht für einen Gradmesser der Wählereinschüchterung.
Beim Einmarsch in die CSSR im Frühling 68, an dem DDR-Soldaten beteiligt waren, durfte man glauben: Na ja, die Russen wollten es so, und da mußten sie mitmachen. Der Gedanke konnte einen zwar nicht beruhigen, doch schien er als Erklärung zu taugen. Heute liefert die Sozialistische Einheitspartei Deutschlands den späten Beweis, daß ihr der Einmarsch damals eine Herzensangelegenheit gewesen ist.

1987

Auf- und Abrüstung

Jahrzehntelang konnte die Welt sich darauf verlassen, daß die Großmächte einander nur dann Abrüstungsvorschläge unterbreiteten, wenn zuvor gesichert war, daß die jeweils andere Seite sie nicht annehmen würde. Das war ein hübscher Spaß für die Beteiligten, außerdem war es nützlich; zum einen wurde dem Harmoniebedürfnis des großen Publikums Rechnung getragen, zum anderen riskierten die Militärs auf diese Weise keinerlei Einschränkungen. Plötzlich funktioniert das Spiel nicht mehr. Plötzlich kommt dieser russische Einfaltspinsel daher und bildet sich ein, der Sinn von Vorschlägen sei es, akzeptiert zu werden. Und besitzt die Taktlosigkeit, dem Westen all das vorzuschlagen, was der Westen selbst einmal vorgeschlagen hat, allerdings zu einer Zeit, da noch Verlaß darauf war, daß die Gegenseite die Spielregeln kannte. Dieser Mensch ist unfähig zu erkennen, daß er mit seiner Unüberlegtheit die zivilisierte Welt in die schwerste Rechtfertigungsnot stürzt.

Tatsächlich gibt es ja kaum mehr eine westliche Forderung, die Gorbatschow nicht gebilligt hätte: Englische und französische Atomwaffen werden nicht mehr mitgerechnet (entgegen aller Vernunft, nur um des Einlenkens willen), über Neutronenwaffen wird nicht mehr geredet, der Null-Lösung wird beigepflichtet (und zwar jeder vom Westen gewünschten), über konventionelle Rüstung soll gleichzeitig verhandelt werden, chemische Waffen sollen vernichtet werden, jede Art von Kontrolle wird zugelassen, der Verzicht auf SDI ist keine Vorbedingung mehr, sogar die Juden dürfen ausreisen. Und die geplagten Nato-Führer stehen da und sehen sich nach neuen Vorwänden die Augen wund. Sie sind gezwungen, die abenteuerlichsten Hindernisse aufzurichten, deren Verhinderungskraft aber immer nur ein paar Minuten ausreicht, weil dann schon der nächste Vorschlag auf dem Tisch liegt.

Gorbatschow ist wie ein Alptraum über die Regierungen der USA, der Bundesrepublik, Englands oder Frankreichs gekommen. Er will nicht wahrhaben, daß sie auf weitere Waffenproduktion nicht verzichten werden, und zwar unter keinen Umständen. Sie müssen ihn hassen, weil er sie nötigt, seinen Vorschlägen immer unglaubwürdiger und immer argumenteloser entgegenzutreten. Ihre Fähigkeit zur »flexible response« ist längst dahin. Eines Tages wird Gorbatschow ihnen anbieten, nicht nur alle Atomwaffen, sondern auch alle konventionellen Waffen zu vernichten. Dann werden sie ihm sagen: »Und was ist mit den Harken der Millionen russischen Bauern?« Und wenn Gorbatschow die auch noch abzuschaffen versucht, ist es endlich aus mit ihm.

1987

Ein Bild von Picasso und mir

In meinem Flur hängt seit einigen Jahren ein Poster, Picassos Bild einer schlafenden Frau mit gelbem Haar. Für ein paar Stunden habe ich es von seinem Platz genommen und an die Wand vor den Schreibtisch gehängt; daß es mir gefällt, genügt jetzt nicht mehr, ich habe herauszufinden, warum.
Es dauert nicht lange, bis ich mir einer unverzeihlichen Oberflächlichkeit bewußt werde: Wie oft schon hat jemand vor meinen Augen den Kopf auf seine Arme gelegt und war eingeschlafen, und ich habe es nie richtig gesehen. Ich spreche nicht davon, daß ich nicht malen kann und eine Beobachtung nicht angemessen aufs Papier hätte bringen können – ich spreche davon, daß die Beobachtung nicht da war. Nun wird mir klar, daß sie alle so gesessen und geschlafen haben müssen; denn wer es auf andere Weise versuchte, würde wahrscheinlich nicht einschlafen.
Ich nehme an, daß der Maler die Frau sehr gern hatte, ich bin kein Kenner von Picassos Biographie. Bestimmt hatte er nicht irgendwann Lust, eine schlafende Frau mit auf den Armen liegendem Kopf zu malen, er hat zu keiner gesagt: setz dich so und so hin und stell dich schlafend. Bestimmt hat er sie so dasitzen und schlafen sehen und mußte sie sofort malen. Er muß sehr leise dabei vorgegangen sein: Wäre sie aufgewacht, dann wäre die ganze Sache verdorben gewesen. Nichts kann man dem Bild so deutlich ansehen wie die Bemühung des Malers, leise zu sein.

Es mag etwas einfältig klingen, wenn einer behauptet, ein Bild, an dem er täglich dreißigmal vorbeigehen muß, mache ihm gute Laune. Und doch behaupte ich es. Bis heute ist dieses Bild nicht einfach ein Stück des Weges geworden, aus dem der Flur besteht (wie etwa ein Schrank dort oder zwei andere Poster), ich sehe es merkwürdig oft an. Es will angesehen werden. Natürlich, das wollen alle Bilder, doch dieses hat eine Kraft, seinen Willen durchzusetzen, der ich meist nicht widerstehen kann. Manchmal ist dieses Betrachten nur sehr kurz, und der Weg vom einen Zimmer ins andere würde nicht eine Sekunde weniger dauern, wenn die Wand im Flur leer wäre.

Ich sehe das Bild wohl auch deshalb so oft an, weil ich spüre, daß sein Anblick mir gut tut. Es erinnert mich an jemanden aus meiner Kindheit, an eine Frau mit zwei kleinen Händen, die sie nach vorn hielt und mich durch sanfte Auf- und Abbewegungen beschwichtigte, wenn ich zu aufgeregt war: »Ruhig, mein Lieber, ist ja gut.« Die seltsamste Eigenschaft des Bildes aber ist, einen glauben zu lassen, man hätte noch nicht alles darauf gesehen. Dabei kann ich nicht behaupten, es sei unübersichtlich.

Zum Beispiel bemerke ich erst jetzt, daß unklar ist, ob der Kopf der Frau auf ihrem rechten Arm ruht, oder ob er darunter verschwindet. Einen Augenblick lang scheint es, als seien die Arme zu Kissen geworden, in die der Kopf einsinke; im nächsten kommt es mir vor, die Frau hätte ihren rechten Arm auf eine Weise über den Kopf gelegt, wie schlafende Katzen es manchmal tun. Dagegen spricht aber das Gelb auf dem obersten Teil des Arms, aller Wahrscheinlichkeit nach Haare, die über den Arm fallen.

Dann entsinne ich mich eines Dialogs, den ich einmal las, die Wiedergabe eines Gesprächs, das Picasso mit einem sowjetischen Maler führte, einem Sozialistischen Reali-

sten. Picasso fragte: »Gibt es bei Ihnen Farben zu kaufen?« Der Maler, befremdet: »Natürlich, soviel Sie wollen.« Picasso: »In welcher Form?« Der Maler: »In Tuben.« Picasso: »Und was steht auf den Tuben?« Der Maler, noch mehr befremdet: »Die Namen der Farben: Ocker, gebranntes Siena, Ultramarin und so weiter.« Picasso: »Sie sollten die Farbenproduktion rationalisieren. Die Mischungen könnten gleich in der Fabrik hergestellt werden, die Tuben könnten dann Aufschriften tragen wie ›Gesicht‹, ›Haar‹, ›Uniform‹. Wäre das nicht vernünftiger?«
Vielleicht hat also das oberste Stück vom Arm die Farbe des Haars angenommen.
Vielleicht hat auch das Ohr der Frau sich aufgestellt, weil es nicht versteckt unter dem Haar oder nicht verzerrt durch einen Blickwinkel sein wollte. Vielleicht hat die Brust der Frau sich schwergemacht und vorgedrängt, aus vielerlei Gründen. Vielleicht rede ich längst von Intentionen des Malers, die er nie hatte, doch es ist meine Sache, warum ein Bild mir gefällt. Vielleicht ist gerade Nachmittag in jenem Zimmer, bestimmt sogar, draußen scheint die Sonne, und das Fenster steht offen, wegen der Wärme.

1987

Verhaltensstörung

In beinah regelmäßigen Abständen und ohne erkennbare Not unterzieht sich die DDR einer schweren Tortur, einer Art von Selbstverstümmelung: Als stehe sie unter einem bösen Zwang, straft sie dann ein paar ihrer Leute für deren Ungehorsam ab, offenbar in der Überzeugung, nur so eine Ausbreitung des Ungehorsams verhindern zu können. Aber ihr, der Staatsmacht, Glaube an die Nützlichkeit solcher Handlungsweise sitzt nicht tief. Nach kurzer Zeit hält sie meistens inne, hört mit ihrem Autoritätsgehabe auf oder wird doch zumindest weniger streng, ja, möchte auf einmal für besonders großzügig gehalten werden; jedenfalls steht sie dann plötzlich ratlos da, so wie jetzt wieder, an einen Anfallkranken erinnernd, der sich an den Kopf greift und nicht verstehen kann, was er schon wieder angerichtet hat.

Daß diese Situation immer wiederkehrt, hat vor allem einen Grund: das Fehlen zuverlässiger Regelungen, an die sowohl die Bürger wie auch die Regierenden sich halten könnten beziehungsweise müßten. Entweder entscheidet die Partei in solchen Fällen nach Opportunitätsgesichtspunkten (auf die kein Verlaß ist, weil sie sich ja andauernd ändern), oder die Justizbehörden müssen auf Paragraphen zurückgreifen, die sie am liebsten nur hinter vorgehaltener Hand und flüsternd nennen würden, weil sie wie Petrefakte aus einer juristischen Vorzeit wirken: Rowdytum, Herabminderung, Staatsverleumdung, Zusammenrottung.

Zwar gibt es Verfassungsregeln, die die Rede-, Demon-

strations- und Bewegungsfreiheit garantieren, aber die sind eher zum Vorzeigen als zum Anwenden bestimmt. Die Bürger wissen genau, daß ihr Staat es als Provokation auffaßt, wenn sie sich darauf berufen, und die Partei denkt nicht daran, sich von der Vorstellung zu trennen, daß ihr Wille (ihr häufig wechselnder) oberstes Gesetz ist. Von der Erkenntnis, daß sie Abweichler und Dissidenten gewähren lassen muß, daß sie ihnen wohl die Zuneigung verweigern kann, sonst aber nichts, ist sie weit entfernt. Lieber schüchtert sie aufsässige Bürger ein und folgt weiter ihrem Ideal von einer Bevölkerung mit Händen an der Hosennaht.
Immer wieder hört man Vermutungen, in der Parteiführung gebe es sogenannte Tauben und sogenannte Falken. Und was die einen aus Rücksicht auf das Ansehen der DDR im Westen oder angeregt durch das sowjetische Beispiel oder gar aus eigener Überzeugung zu verändern trachteten, das hintertrieben die anderen mit hartem Durchgreifen. Ich halte diese Theorie für aus der Luft gegriffen. Man sollte der Partei glauben, wenn sie von sich behauptet, mit einer Stimme zu sprechen und von einem Willen beseelt zu sein. Was in den letzten Tagen und Wochen geschehen ist, hat sich bestimmt nicht nur mit zähneknirschender Billigung der Parteiführung zugetragen, sondern auf deren Initiative hin. Wenn es nicht so wäre, dann müßte man ja annehmen, daß zuerst die einen im Politbüro die Oberhand gehabt hätten und dann die anderen. Wo sollte es einen Beweis dafür geben?
Falls es tatsächlich jemanden in der Parteiführung gibt, der die Verhaftungen, Verurteilungen und Drangsalierungen der jüngsten Zeit für fragwürdig hält oder mißbilligt, so wird man von seiner Existenz nur auf eine einzige Weise erfahren können: Indem er mit seiner abweichen-

den Meinung an die Öffentlichkeit geht. Indem er also genau das tut, wofür die DDR soeben einige junge Leute vor Gericht gestellt hat. Darum geht es ja gerade, daß Meinungsverschiedenheiten ausgetragen werden, nicht heimlich, nicht unter dem Teppich, nicht hinter verschlossenen Türen, sondern vor den Augen derjenigen, in deren Auftrag man angeblich regiert und denen man angeblich Rechenschaft schuldig ist.

Vor allem damit plagt sich zur Zeit Gorbatschow in der Sowjetunion ab: die Menschen aus ihrer Kritik- und Denkstarre zu erlösen, aus ihrer Lethargie. Er tut es in der Erkenntnis, daß anders ihre Mitarbeit und ihre Kreativität nicht zu kriegen sind, daß nur so aus Mitläufern Verbündete gemacht werden können. Noch sind die Erfolge dabei nicht überwältigend, aber schon jetzt hätte ein Drittel der Sowjetbürger Strafverfahren wegen Zusammenrottung oder Staatsverleugnung am Hals, wenn dort die DDR-Regeln gelten würden. In der DDR gibt sich die Partei weiter mit Lippenbekenntnissen zufrieden, mit einer allgemein geheuchelten Zustimmung. Es erscheint ihr zu riskant, ihre Beschlüsse einer öffentlichen Kritik auszusetzen, sie zieht die Totenstille einer Diskussion vor, an deren Ende bessere Beschlüsse stehen könnten. Es genügt ihr, alle vier Jahre von 99,8% der Bevölkerung gewählt zu werden, der ja keine andere Möglichkeit bleibt, ihre Interesselosigkeit und ihre Gleichgültigkeit zu bekunden.

Einen nützlichen Nebeneffekt hatte die ganze Affäre vielleicht doch: Im Jahr 1984 veranstaltete die US-Armee auf ihrem Flughafen Tempelhof in Westberlin einen Tag der offenen Tür. Wie üblich, kamen sehr viele Besucher, kaum weniger als zu der Kampfdemonstration zum Gedenken an Rosa Luxemburg und Karl Liebknecht. Plötzlich standen zwölf Mitglieder einer evangelischen Kirchengemeinde, zwölf junge Leute, neben einem der Militärflugzeuge, zündeten Kerzen an und protestierten auf diese Weise gegen das ausgestellte Kriegsgerät. Ihnen wurde vor einem Westberliner Gericht der Prozeß gemacht, wegen Hausfriedensbruch und wegen Verstoßes gegen ein alliiertes Gesetz über die Bannmeile. In erster Instanz sprach das Gericht sie frei, doch das mochte die Staatsanwaltschaft nicht hinnehmen und betrieb hartnäckig ein Berufungsverfahren. Die Sache zog sich sehr in die Länge und ist bis heute nicht entschieden. Nun endlich, wohl unter dem Eindruck der Vorgänge in der DDR, scheint der Staatsanwalt bereit, der Verfahrenseinstellung zuzustimmen. Aber welch ein Aufwand!

1988

Das olympische Elend

Vor zwanzig Jahren verbrachte ich den Urlaub in einem müden bulgarischen Schwarzmeerort mit Namen Sosopol. Eines Tages hieß es, der Parteichef Todor Schiwkoff wolle das Städtchen besuchen, da kam Leben auf: Mancher Platz wurde gefegt, die Häuser kriegten Fahnen und Transparente, die Straßen wurden von Autos geräumt. Vor einem Lebensmittelgeschäft lag ein wochenalter Gerümpelhaufen aus Flaschen, Kisten, Kartons und Melonenschalen; mit eigenen Augen sah ich, wie ein bulgarischer Arbeiter damit beschäftigt war, diesen Haufen weiß anzustreichen. Jetzt, wenn ich durch Seoul spaziere, werde ich an diese alte Geschichte erinnert.
»Und wie leben die Koreaner?«
Ich glaube, es geht ihnen nicht besonders gut, aber gesehen habe ich davon nichts. Zunächst sollte ich wohl erwähnen, daß ich das bin, was mancher abfällig einen Sportfan nennt. Schon mein Vater war einer. Kaum eine Sportart ist mir zu gering, um in ihre, mitunter nur wenigen, Geheimnisse einzudringen. Ohne Mühe könnte ich erklären, was etwa ein Dunking ist oder ein Stockfehler oder ein Zweilinienabseits, ich sage das ohne die Spur von Stolz.
Regelmäßig will jemand von mir wissen, ob ich eine solche Art von Vergnügen nicht reichlich geistlos fände. Nein, antworte ich dann, denn am Vergnügen ist vor allem das Vergnügen von Bedeutung. Und ob ich meine Zeit nicht besser mit nützlicheren Tätigkeiten verbringen könnte, wird gefragt. Tu ich ja, antworte ich. Und ob ich

nicht auch der Meinung sei, daß Leistungssport seit längerer Zeit zu schlimmen Auswüchsen und so weiter.
Kurz gesagt, ich bin prädestiniert dafür, zu Olympischen Spielen zu fahren, in ein aus unserer Sicht exotisches Land, und nichts anderes zu sehen als die Olympischen Spiele. Geht aber nicht, dann hätte ich diese Sache hier nicht annehmen dürfen, die haben mich schließlich nicht zu meinem Vergnügen nach Korea geschickt. Sportreporter haben sie selbst genug. Ich muß mich zum Erleben zwingen, auch wenn es mich umbringt, meine Aufmerksamkeit von der Qualifikation im Dreisprung auf die sogenannte Wirklichkeit zu richten. Schon vorher weiß ich, daß meine Erlebnisleistung nicht weltbewegend sein wird, andauernd werde ich abgelenkt sein bei dem Gedanken, wie sinnlos ich hier draußen die Augen offenhalte, während drinnen, in den Hallen und Stadien, die wahrhaft wichtigen Entscheidungen fallen.

Das verdiente Unglück der Halbherzigen ist es ja, daß kein Ereignis sie zufriedenstellt. Sie mißtrauen ihren Sinnen, hinter allem vermuten sie etwas anderes, und nichts geschieht, wovon sie nicht meinten, es hätte besser geschehen können. Von Anfang an habe ich das Gefühl, daß alle Koreaner sich verstellen.
Den Männern in der U-Bahn glaube ich ihre hellgrauen Anzüge und die weißen Hemden und die Krawatten nicht; die jungen Mädchen laufen in Jeans und mit Coca-Cola-Bechern nur deshalb herum, weil sie uns Besucher in die Irre führen wollen. Sie tun Dienst, der Himmel weiß, in wessen Auftrag. Kaum ist die Olympiade vorbei, kaum sind wir alle verschwunden, wird Korea wieder Korea sein, die Leute ziehen ihre Dienstkleidung aus und verhalten sich auf die ihnen gemäße Weise.

Was ich neben dem Sport gern beobachtet hätte, sind Auseinandersetzungen zwischen Studenten und Polizei. Ich war neugierig darauf zu sehen, wie sich eine Polizei verhält, der es vierzehn Tage lang verboten ist, so zu schlagen und zu knüppeln und zu treten, wie es etwa die Berliner oder Bayerische Polizei aus vollem Herzen tun; und neugierig auch zu sehen, wie die Studenten darauf reagieren: ob sie ausnutzen, daß ihre Feinde sich zeitweilig selbst an die Kette gelegt haben, oder ob sie vorübergehende Friedfertigkeit mit vorübergehendem Wohlverhalten belohnen. Allerdings wollte ich die Antwort auf diese Frage nur in den Tagen vor Olympiabeginn wissen, danach brauchte ich meine Aufmerksamkeit für wichtigere Ereignisse.
Bis zur Eröffnungszeremonie herrschte, soweit mir bekannt ist, tiefe Eintracht. Entweder akzeptierten die Studenten das Stillhalteabkommen, oder die Sicherheitsbehörden hatten ein wirksameres Mittel als Tränengas und Gummigeschosse gefunden, eines, mit dessen Hilfe sie Unruhen schon vor deren Ausbruch in den Griff kriegten. Allerdings ist nicht auszuschließen, daß die Journalisten im Internationalen Pressezentrum so gründlich von Informationen abgeschirmt waren, daß keine Nachricht über mögliche Auseinandersetzungen bis zu ihnen durchdrang. Ich stelle mir eine solche Abschirmung nicht schwer vor, denn es handelte sich um Sportjournalisten. Wahrscheinlich ist über Vorgänge aus Seoul noch nie so wenig aus Seoul berichtet worden wie während der Olympischen Spiele, ausgenommen natürlich Sportresultate.
Einmal telefonierte ich mit meiner Frau in Berlin, es war nach Beginn der Spiele; sie machte sich Sorgen, denn sie hatte gehört oder gelesen, daß Studenten das Hotel stürmen wollten, in dem der IOC-Präsident Samaranch

wohnte. Ich beruhigte sie, wir spürten in unserem »Press Village« keinen Hauch davon. Und, ehrlich gesagt, interessierte es mich auch nicht besonders, ich mußte das Gespräch kurz halten, in wenigen Minuten begannen Vorrundenkämpfe im Boxen.

»Meinst du etwa, daß die ehedem protestierenden Studenten nebenher auch Sportfans sind und nun Ruhe gegeben haben, weil sie bei Wettkämpfen sitzen? Weil man ihnen am Ende Eintrittskarten geschenkt hat?«

Weiß ich nicht, die Idee ist jedenfalls nicht schlecht. Wenn ich selbst protestierender Student wäre, hätte ich jetzt zwei Wochen Pause.

Es ist unbestreitbar, daß Sportenthusiasmus einem Loch ähnelt, in dem alle anderen Interessen versinken. Was ich zu anderen Zeiten (oder sagen wir: bei klarem Verstand) für gut und richtig halte, ist plötzlich nebensächlich geworden. Überzeugungen haben kein Gewicht mehr, Grundsätze sind lästig. So habe ich beispielsweise im normalen Leben eine beinah liebevolle Beziehung zu Störungen: Alles, was Kunst ist, ist Störung, jedem Störer brennt seine Angelegenheit so auf der Seele, daß er sich fürs Aufsehen, also für die Störung entschieden hat. Hier aber, in Seoul, bete ich zu Gott, daß er Störer fernhält. Sie würden mir und allen um mich herum entsetzlich auf die Nerven gehen, sie würden den Zeitplan durcheinanderbringen, sie wären wie Regen beim Tennis. Und kein Zorn sollte so groß sein, daß man mit seinem Ausbruch nicht bis zum Ende der Spiele warten könnte.

Oder: Während der Olympiade hat die Regierung Südkoreas, um es den Besuchern angenehm zu machen, ein Fahrverbot für Seouler Autos erlassen. An Tagen mit geradem Datum dürfen nur Wagen mit gerader Nummer auf die Straße, an ungeraden Tagen die anderen. Wenn ich im Radio, zu Hause, von einer solchen Regelung gehört hätte, hätte ich wahrscheinlich gedacht: Die sind wohl verrückt geworden, wie können die mit ihren Leuten so umspringen, Polizeistaat bleibt eben Polizeistaat, da sieht man es wieder! Hier aber denke ich: Richtig so, die hätten auch noch den übrigen Verkehr verbieten sollen. Man will möglichst schnell von Sportveranstaltung zu Veranstaltung, da stört die Bevölkerung nun mal, überall in dieser Zehnmillionen-Stadt stehen einem Koreaner im Weg, am besten wäre Evakuierung gewesen, bis auf die paar, die man für Dienstleistungen braucht.

Oder: Im gewöhnlichen Leben würde ich jede Veranstaltung, die mit so viel nationalistischem Pomp und geheucheltem Pathos und verlogener Harmonie überladen wäre wie etwa die Eröffnungsveranstaltung, meiden wie die Pest. Ich würde ihre Besucher verhöhnen und mich vielleicht sogar jenen anschließen, die Gegenveranstaltungen auf die Beine stellen. Jetzt aber mag ich über solche Nebensächlichkeiten nicht diskutieren. Wenn es sein muß, gebe ich zu, daß die Sache gewisse Mängel hat, was ist schon vollkommen, und wem eine Änderung so am Herzen liegt, der kann sich ja um Änderung bemühen. Aber bitte später, nicht jetzt, jetzt ist kein gewöhnliches Leben.

»Stimmt es eigentlich, daß Sportversessenheit auf der merkwürdigen Überzeugung beruht, die Welt würde besser, wenn etwa der Weltrekord im Hochsprung um einen Zentimeter gesteigert wird?«

Was heißt »merkwürdige Überzeugung?« Wenn der Weltrekord um einen Zentimeter nach oben geht, ist die Welt ja tatsächlich besser geworden, und zwar um diesen einen Zentimeter. Wenn die richtige Mannschaft ein Tor

schießt, hat sich für die Anhänger dieser Mannschaft *alles*
um genau dieses Tor gebessert. Daran können nur Ignoranten zweifeln.

Hin und wieder durchbrechen Partikel von Wirklichkeit
den Schutzpanzer und verschmutzen die Hemisphäre des
Sports, es läßt sich einfach nicht verhindern. Ich gehe zum
Tennis, erste Runde, Edberg gegen Skoff: Am Eingang
zum Stadion gebe ich meine magnetisierte Kennkarte
einer Koreanerin, die schiebt sie durch die elektronische
Kontrolle, der Computer bestätigt seine Zugehörigkeit
zur Olympischen Familie und piepst okay. Während
meine Tasche nach Sprengstoff durchsucht wird, gibt die
Frau den Plastikausweis an einen jungen Soldaten weiter,
der hinter einem großen Detektor-Rahmen, durch den ich
nun zu gehen habe, auf mich wartet. Ich strecke die Hand
nach meiner Kennkarte aus, aber der Soldat gibt sie mir
nicht. Er fragt mich im Plauderton, ob ich zum Tennis
will; er hat Befehl, während der Spiele zuvorkommend
und freundlich zu den Gästen aus aller Welt zu sein, und
er erfüllt den Befehl auf seine Weise mit Leben. »Do you
go to tennis?« Ich bin etwas spät dran und daher ungeduldig, außerdem mag ich keine Fragen, deren Antwort 30
Meter hoch und 200 Meter breit dasteht. Außerdem habe
ich keine Lust auf Konversation mit einem Soldaten der
südkoreanischen Armee. Ich antworte, was er denn
glaubt, wohin ich hier sonst gehen könnte. Aber er versteht kein Englisch, er hat wahrscheinlich nur diese eine
Frage gelernt und ein paarmal erfolgreich gestellt, dazu
noch Yes und No. Also wiederholt er, nicht unfreundlich:
»Do you go to tennis?« Ich höre lockenden Beifall vom
Stadion her, mich packt Zorn auf den Kerl, der mir seine
dreiste Nettigkeit aufdrängt. Ich sage sinnloserweise, daß

seine Aufgabe die Kontrolle und nicht die Unterhaltung der Besucher ist, und daß er mir endlich die gottverdammte Karte zurückgeben soll. Zum Glück versteht er immer noch kein Englisch, dennoch hört er natürlich das Abweisende in meiner Stimme. Ich greife nach der Karte, aber er zieht sie zurück, wenige Zentimeter nur. Ich sehe seine Augen etwas größer werden und seine Backenknochen sich bewegen. Auf einmal erkenne ich den Folterknecht. Ich höre seine Gedanken: Naja, mein Lieber, du hast Glück, du nutzt aus, daß mir die Hände gebunden sind. Schade, sehr schade. Vielleicht sehen wir uns bei anderer Gelegenheit wieder. Auf sein Gesicht legt sich ein Lächeln, so als wollte er beweisen, daß er noch ganz anderen Prüfungen gewachsen ist. Wenn er noch einmal seine Frage stellt, gehe ich ohne Karte weiter. Doch nun gibt er mir das Plastikding. Ich nehme es, er hält es einen kleinen Augenblick länger fest als nötig, wir verstehen uns.

»Vielleicht ist dieser Soldat aber auch ein normaler junger Mann, und die ganze Geschichte hat nur in deinem Kopf stattgefunden?«
Er *ist* ein normaler junger Mann, und trotzdem stimmt jedes Wort. Soldaten können Glück oder Pech haben, sie sind furchtbar abhängig von dem, was man ihnen befiehlt. Wenn man ihnen sagt, schießt auf die Leute, dann schießen sie auf die Leute, und wenn man ihnen sagt, kitzelt Babys, dann tun sie eben das. Den koreanischen Soldaten ist schon allerhand übles Zeug befohlen worden, das brauche ich doch nicht zu vergessen, nur weil hier Olympiade ist.

Von George Bernard Shaw stammt der Satz, olympische Spiele seien das beste Mittel, Spannungen zwischen Völkern zu schaffen, die keine Grenze miteinander haben. Hier in Seoul existiert eine so bunte Fülle von nationalen Abneigungen, daß es kaum möglich ist, den Überblick zu behalten. Am ehesten gelingt mir das noch bei den Gastgebern, da verläuft die Gefühlsfront gerade und eindeutig: Man ist für Korea und gegen Japan, beides auf Anhieb verständlich. Um aber den meisten der herumschwirrenden nationalen Antipathien auf den Grund zu kommen, müßte man sich mit der Geschichte der jeweiligen Kontrahenten befassen, mit der jüngeren und oft auch mit der älteren, wozu wirklich keine Zeit ist.

Als ich herkam, glaubte ich, vor solchen Empfindungen geschützt zu sein; doch wie sich nun herausstellt, hatte ich, wie die Floskel heißt, die Rechnung ohne den Wirt gemacht. Eines Morgens beim olympischen Duschen wurde mir klar, daß ich vor allem deshalb zum Boxen gehe, um die Amerikaner verlieren zu sehen. Wie jeder vernünftige Chauvinist habe ich dafür die überzeugendsten Gründe.

Erstens rücken zu allen Wettbewerben, an denen Amerikaner beteiligt sind, wahre Bataillone der hier stationierten US-Soldaten an, als Zivilisten verkleidet und in Begleitung ihrer Familien; in jeder Halle sind sie die stärkste Zuschauermacht, selbst Koreaner sind oft in der Minderheit. Wenn ihre Leute fertig sind, ziehen sie sofort davon, zum nächsten Schlachtfeld, auch dann, wenn der Wettbewerb noch lange weitergeht. Sie hinterlassen das Gefühl, daß nichts mehr los ist, wenn der Auftritt der Amerikaner vorbei ist.

Zweitens sind mir praktizierende Patrioten schon immer ein Greuel gewesen. Abgesehen davon, daß Vaterlandsliebe mir in der Vergangenheit manche Unannehmlichkeit bereitet hat – und zwar nicht meine eigene, sondern die

Vaterlandsliebe anderer –, finde ich, daß Patriotismus die Gesichtszüge entstellt. Diese hysterische, flaggenschwenkende Karawane hat etwas Bedrohliches. Ihr Gebrüll und ihre Fahnen sind nicht nur eine Belästigung, sie kommen mir auch wie eine Warnung vor. Es geht von den amerikanischen Anfeuerungsblocks nicht die Spur einer guten Laune aus, oder gar Ausgelassenheit. Vielmehr merkt man den Leuten an, daß sie schwere Arbeit verrichten, Angestellte im Jubel-Business. Wahrscheinlich ist es in keinem Land der Welt so wichtig zu gewinnen wie in den USA. Auf einer Tribüne, von der aus ich wenig sehe, weil Fahnen die Sicht versperren, kommt mir die plötzliche Erkenntnis, daß Abrüstungsverhandlungen erst dann Erfolg haben können, wenn Fahnen miteinbezogen werden.
Drittens sind die Spiele von Los Angeles noch nicht vergessen, Boxfans haben ein langes Gedächtnis. Ich erinnere mich genau, wie damals ein US-Boxer nach dem anderen ins Finale hineinbetrogen wurde, vermutlich nicht nur aus patriotischen Gründen, sondern auch, weil die Fernsehgesellschaft ABC um so höhere Preise für die Werbezeit verlangen konnte, je mehr US-Boxer ins Finale gelangten. Die Urteile der Punktrichter waren so schamlos, so unglaublich, daß damals die Südkoreaner, schwer Betroffene, abreisen wollten. Womit man sie schließlich besänftigt hat, weiß ich nicht, jedenfalls nicht mit gerechteren Urteilen. Nur durch KO konnte man damals die Amerikaner besiegen; denn wenn sie irgendwie stehend den Schlußgong erreichten, wurden sie unerbittlich zu Siegern erklärt.
Ein gerechterer Mensch als ich würde wohl denken: Was können die heutigen jungen US-Boxer dafür, was vor einem halben Sportlerleben in Los Angeles geschah? Aber so abgeklärt bin ich nicht, nach Revanchistenart vermi-

sche ich eins mit dem anderen: Für mich ist die Boxwelt erst dann wieder in Ordnung, wenn die Amerikaner sich wieder ans Verlieren gewöhnen. Allerdings wünsche ich ihnen nicht, daß sich Los Angeles für sie umkehrt, daß in Seoul zurückbetrogen wird; tausendmal besser gefiele mir, wenn sich viele Boxer fänden, die stärker sind als sie. Es wäre bei weitem befriedigender.

Die ersten Amis, die an der Reihe sind, richten sich einigermaßen nach meinen Wünschen. Banks, Weltmeister im Federgewicht, läßt sich von dem kleinen Holländer Tuur in der ersten Runde KO schlagen, eine zweite Medaillen-Hoffnung mit Namen Hembrick (alle Amerikaner sind Medaillen-Hoffnungen) vertrödelt seinen Start und wird in Abwesenheit disqualifiziert. (Die amerikanische Mannschaftsleitung protestiert zwar, doch wird der Protest abgewiesen: Soll etwa jeder pünktliche Boxer so lange im Ring warten müssen bis sein Gegener erscheint?) Der dritte Amerikaner, Bantamgewichtler Kennedy McKinney, gewinnt seinen Kampf zwar durch KO, stopft sich aber vor der Siegerehrung eine US-Fahne in die Hose und läßt sie, während der Ringrichter seinen Arm hebt, knielang heraushängen. Ich kenne Länder, in denen man bei solcher Vorführung errötend zur Seite blicken würde; doch dort, wo McKinney herkommt, hält man seine Geste für ein wundervolles Zeichen von Zugehörigkeit.

»Ist es nicht aber, von all diesen Dingen abgesehen, auch zu interessanten Begegnungen mit Menschen aus aller Welt gekommen? Es heißt doch: Olympische Spiele, das Fest der Völkerverständigung.«

Mein Gott, wer hat denn hier Zeit für sowas! Ich bin vom Schwimmen zum Basketball und vom Turnen ins Radstadion und vom Rudern zum Volleyball gehastet, ich hatte nicht einmal Zeit zum Essen. Wenn auch nur eine Stunde übrig gewesen wäre, hätte ich sie lieber beim Synchronschwimmen verbracht, als auf die Jagd nach Bekanntschaften zu gehen, die meistens ja doch enttäuschend enden.

Eine arge Belästigung sind die vielen Siegerehrungen, durch die Zuschauer wie Sportler in einen Zustand der Duldungsstarre versetzt werden. Nach zehn Tagen Olympia empfinde ich das pausen- wie gnadenlose Abspielen der Hymnen (meistens auch noch der drei gleichen: SU-Hymne, US-Hymne, DDR-Hymne) als eine Art akustischen Terrors; immer wieder wird man genötigt, sich vor einer Melodie zu erheben, die gewöhnlich aus Musikabfall besteht und von einem Polizeiorchester gespielt wird. Es heißt zwar, daß es sich hierbei um ein Zeichen des Respekts vor der Nation des Siegers handelt; doch ich versichere, daß niemandes Respekt vor, sagen wir, Bulgarien davon abhängt, ob ein bulgarischer Gewichtheber der 67,5-Kilo-Klasse in der Disziplin Reißen 160 Kilo schafft oder nicht. Nicht einmal die Tatsache, daß der betreffende Heber nach der Siegerehrung des Dopings überführt wurde, berührt mein Verhältnis zu seinem Land, auch wenn sich so herausgestellt hat, daß wir alle fälschlicherweise vor seiner Hymne aufgestanden sind.

Zur Not kann ich noch das Gerührtsein des Siegers begreifen; er hat jahrelang für diesen einen Augenblick geschuftet, er steht sozusagen am äußersten Glücksrand, man braucht ihn nur mit dem kleinen Finger anzutippen, schon kippt er in den Freudenabgrund. Daß aber dunkle vaterländische Emotionen bei denen produziert werden sollen, die zufällig den gleichen Paß wie er haben, ist ein höchst unseriöses Koppelgeschäft, wie es jedem Einzelhändler untersagt ist. Und dann dieses Fahnengetue.

Nach dem Lauf der Frauen über 3000 Meter, bei dem die unglückliche Mary Decker-Slaney keine Chance auf einen Medaillenrang gehabt hatte, sah ich im Stadiongang eine Amerikanerin mit den Tränen kämpfen. Sie nahm einen Zipfel ihrer zusammengerollten Fahne und wischte sich damit über die Augen, das rührte mich, es ist die Wahrheit. Endlich hatte jemand einen Verwendungszweck für seine Fahne gefunden, der überzeugend war, jedenfalls für mich.
Während einer Diskussion vor Monaten, unter Freunden, in der es darum ging, wie man bei Siegerehrungen der Hymnenpest entgehen könnte, hatte ich einen Einfall, der mir zuerst glänzend vorkam: Jeder Olympiasieger sollte die Musik zu seiner Ehrung selbst aussuchen dürfen. Außer der Länge des Stücks (etwa drei Minuten, denn ein Ringerturnier ist schließlich kein Konzert) sollte nichts vorgeschrieben sein. Der Sieger müßte frei ein Volkslied wählen dürfen, einen Schlager, eine Opernarie, natürlich auch seine Nationalhymne. Auf diese Weise hätten die Zuschauer etwas Unterhaltung, und zusätzlich erhielten sie eine kleine private Information über die erfolgreiche junge Person.
Minutenlang brachte niemand einen Einwand zustande, einer aus der Runde sagte sogar: Laßt uns hinsetzen und einen Brief ans IOC schreiben, das ist *die* Idee! Aber dann fiel meiner Frau doch noch das unwiderlegbare Gegenargument ein. Sie sagte: Glaubt ihr im Ernst, es würde sich dann etwas ändern? Glaubt ihr, wenn ein Franzose gewinnt oder ein Pole oder ein Amerikaner oder ein Italiener, die würden auf ihre Nationalhymne verzichten? Die

würden sie in jedem Fall abspielen lassen, entweder weil sie das für patriotisch hielten oder weil sie die Folgen fürchten müßten, wenn sie es nicht täten.
Selbstverständlich hatte sie recht. Es ist schwer vorstellbar, daß etwa ein DDR-Sportler gewinnt und statt seiner Hymne, bei der alle Welt längst die Augen verdreht, etwas Hübsches spielen ließe. Höchstens bei den Bundesdeutschen, so denke ich mir, könnte es hin und wieder geschehen, daß einer sich ein Stück von den Fischer-Chören oder von James Last wünschte; und diese Vorstellung bringt sie einem doch näher.

Je länger die Olympiade dauert, um so unkonzentrierter wird man. Ich sitze bei den Gerätefinals der Turnerinnen, am Stufenbarren zeigt die Rumänin Silivas eine Kür, die mir zu Hause, am Fernseher, den Mund offenstehen ließe, doch hier sehe ich kaum hin. Vor mir auf dem Presseplatz steht ein Monitor, und es wird gerade der 100-Meter-Endlauf der Frauen übertragen. Und auf einem anderen Kanal zeigen sie Boxen, wieder auf einem anderen Basketball, und so geht es seit zehn Tagen.
Die Anteilnahme, die Sport bei mir gewöhnlich auslöst, ist dünn und fadenscheinig geworden, es sind nur noch kleine Empfindungen von Freude oder Ärger, zu denen ich fähig bin. Der Gedanke »Was geht mich das alles eigentlich an?« taucht kurz auf, ich will ihn nicht haben, aber es kostet schon ein wenig Anstrengung, ihn zu unterdrücken. Mir fällt Buridans Esel ein, der zwischen zwei Heuhaufen Hunger leidet, weil er sich für keinen von beiden entscheiden kann. Zu Hause ist die Sache unendlich einfacher, da wählen andere für mich aus, da sieht man sich zuerst die eine Übertragung an und dann die andere. Und man kann das nationalistische Gegröle leiserstellen

und während der Hymne auf die Toilette gehen. Man kann sich aussuchen, neben wem man sitzt. Und man wird nicht weggeschickt, wenn man seine Plastikkarte vergessen hat. Man ist den Sportlern näher und in den jeweiligen Wettbewerb vertiefter. Hier hastest du von einem zum nächsten, quälst dich durch Verkehr und Zeitplan, und während du auf einer Tribüne sitzt und endlich genießen könntest, wirst du das Gefühl nicht los, die falsche Wahl getroffen zu haben.

Das Geständnis ist mir nicht ganz unpeinlich: Ich glaube, ich tauge nicht für Olympische Spiele. Ein Sportfan ist ins Paradies gefallen und merkt zu seinem Erschrecken, daß er sich dort nicht wohlfühlt. Mit halbem Herzen war ich in allen Stadien und Hallen, viel gesehen und wenig erlebt, ich wollte nichts auslassen, das war das Elend. Mit meinem zeitweiligen intellektuellen Stillstand würde ich fertig werden, viel mehr stört mich die Aussicht, daß mein Gedächtnis nur mit Bruchstücken angefüllt sein wird, nur mit Erinnerungsschutt. Dafür weiß ich aber, was Olympische Spiele sind, niemand kann mich jetzt noch damit hinters Licht führen, ich bin mit ihnen fertig. Per aspera ad acta.

»Moment, Moment! Was ist denn nun mit den politischen und sozialen Verhältnissen? Es ist doch nicht möglich, daß du um die halbe Erde nach Korea fliegst und dann kein Wort darüber sagst?«
Doch, es ist möglich. Was nicht drin ist, kann auch nicht raus. Am besten, ich erzähle den Lieblingswitz meines Vaters: Ein Mann lag im Bett und schlief, als ihn mitten in der Nacht der Telegrammbote weckte. Der Mann schlurfte zur Tür, nahm das Telegramm entgegen, ging

zurück zum Bett, legte sich wieder hin, setzte seine Brille auf und las müde. Da stand also, daß seine Frau gestorben war. Der Mann setzte die Brille ab, machte das Licht wieder aus, drehte sich auf die Seite und murmelte: »Mein Gott, wird das morgen früh ein Schmerz sein...«

1988

Gedächtnis verloren – Verstand verloren

Wenn jemand am Unsagbaren leidet, muß ihm der Versuch, seine Not in Worte zu kleiden, mißlingen, das liegt im Wesen der Sache. Er wird an eine Grenze stoßen, die unüberwindlich ist, und es bleibt ihm, selbst wenn er ein Meister in der Kunst des Ungefähren sein sollte, nichts anderes übrig, als gefühlsbetont und argumentarm zu sein. Seine Mitteilungen werden zuvor schon gehörten Mitteilungen gleichen, von solchen, die an ähnlich Unsagbarem litten und bei ihren Versuchen, es in die Welt hinauszuschreien, in Ressentiments steckenblieben.
Es geht um Martin Walsers Text »Über Deutschland reden«, vor einiger Zeit in München als Rede gehalten und vor kurzem an dieser Stelle gedruckt. Darin erfährt man von des Autors Sehnsucht nach einem vereinten Deutschland, und zwar auf eine Weise, über die ich mich ein wenig aufregen möchte. Vorher aber sollte ich, um einem Mißverständnis vorzubeugen, eines erklären: Auch wenn ich den Wunsch nach Einstaatlichkeit nicht teile, ist es nicht etwa sein pures Vorhandensein, das mich zum Widerspruch herausfordert. Diesen Wunsch hegen täglich viele, in Zeitungen, im Radio, auf Parteiversammlungen, an Stammtischen, warum sollte ein Schriftsteller da nicht mitwünschen dürfen.
Ärgerlich aber ist, daß Walser alle die, die keinen Vereinigungsdrang spüren, ziemlich schlecht behandelt; daß er ihnen Argumente in den Mund legt, die er nur bei den einfältigsten von ihnen gehört haben kann, um dann unter den so versammelten Plattheiten ein Blutbad anzurichten.

Und ärgerlich ist, daß Walser seinen Wunsch nach Wiedervereinigung wie ein Naturereignis behandelt. Er ist zwar entschieden der Meinung, daß der Zustand der deutschen Einheit dem gegenwärtigen vorzuziehen wäre, nennt aber keine Gründe dafür; in dem ganzen langen Text kein einziger Hinweis, kein Sterbenswort. Es ist wie in einem Märchen: Alle Weisen des Landes stehen um die Prinzessin herum und zermartern sich die Hirne, warum sie sich ausgerechnet den einen Wunsch in den Kopf gesetzt hat, der das ganze Reich ruinieren kann; sie aber stampft mit dem Fuß auf und ruft: Ich will es eben!
Im ersten Teil seines Textes, als ihn der nicht unbegründete Verdacht plagt, er würde ohne Ungenauigkeiten, Klischees und Vergröberungen nicht auskommen, schreibt der Autor: »Vielleicht können wir einander so trösten: Wer beim Deutschland-Gespräch nicht unter sein Niveau gerät, hat keins.« Das klingt wie eine Bitte um mildernde Umstände. Wie die Ankündigung von jemandem, der schon oft seinen Standpunkt auf dürftige Weise vertreten hat und weiß, daß ihm auch diesmal nicht viel gelingen wird. Gleichzeitig bringt der Aphorismus die Hoffnung zum Ausdruck, es möge den Kontrahenten nicht besser ergehen, aber das wollen wir erst noch sehen.
Ich weiß ebensowenig wie Martin Walser, wie in einer Zukunft, die wir beide nicht erleben werden, die Grenzen in Europa verlaufen. Vielleicht wird es den Kontinent irgendwann einmal so durchschütteln, daß hinterher alles anders ist, daß Gesellschaftssysteme neu geordnet und Bündnisse neu geschlossen und Staatsgrenzen neu gezogen oder gar abgeschafft werden. Ich halte das weder für wahrscheinlich noch für unwahrscheinlich: es kann sein. Aber ich bin sicher, daß eine heute erhobene Forderung

nach Wiedervereinigung diesen Tag nicht näherbringt. Wenn er kommen sollte, dann werden nicht diejenigen, die jetzt nach Einheit rufen, recht behalten haben: Es wird dann etwas geschehen sein, das heute unmöglich ist.

Für die deutsche Teilung erkennt Martin Walser im wesentlichen drei Gründe: Erstens handelte es sich um eine Strafaktion gegen das kriegsschuldige Deutschland, zweitens um eine Unterdrückungsmaßnahme gegen damals noch virulente Überbleibsel des Faschismus, drittens nutzten die Alliierten die einmalig günstige Gelegenheit, ihre eigenen Interessen durchzusetzen.

Das erste Motiv für die Teilung hält Walser für inzwischen erledigt: Wenn die Resozialisierung erreicht sei, habe Strafe ihren Sinn verloren. Auch wenn ich diese anthropomorphe Analogie für nicht geglückt halte (man kann Staaten schließlich nicht auf Bewährung freilassen, andererseits steht auf manche Verbrechen die sogenannte Höchststrafe, bei der Resozialisierung eine Nebenrolle spielt), ist die Schlußfolgerung akzeptabel: Besonders üble Gangster sind die zwei deutschen Staaten in der Staatengemeinschaft nicht.

Der Satz, in dem die Gründe Nummer zwei und drei am präzisesten abgehandelt werden, lautet: »Also: Wenn die Rückfallgefahr ausgeschlossen ist – und wer das nicht sieht, der verneint schlicht unsere letzten 40 Jahre –, dann gibt es nur noch ein Motiv für die Fortsetzung der Teilung: das Interesse des Auslands.« Auch wenn ich noch nie bei den Versammlungen kleiner Rechtsparteien in einem dieser Hinterzimmer war: Ich stelle mir vor, daß dort so geredet wird. Nach 40 Jahren muß endlich Schluß sein! Wie lange will man uns noch büßen lassen für Geschichten, mit denen wir nichts zu tun haben? Wir brauchen neues deutsches Selbstbewußtsein, sonst werden wir vom Ausland weiter ausgeplündert! Mit dem Diktat von Versailles war es ähnlich, das haben uns dieselben aufgezwungen, und so weiter.

Daß Walser kein Ohr dafür hat, wie »Interesse des Auslands« klingt! Und daß er keinen der Faschismus-Reste wahrnimmt, von denen ich mich umzingelt fühle! In Gerichten, in Schulen, auf Behörden, auf der Straße, bei der Polizei, bei den Demonstranten. Ich behaupte ja nicht, daß eine faschistische Machtergreifung vor der Tür steht. Aber diese Sache zum Schnee von gestern zu erklären, dazu gehört doch eine starke schönfärberische Energie.

Eine Passage in der Rede, mit der Walser besonders deutlich unter sein Niveau gerät, hat folgenden Wortlaut: »An dieser Stelle mache ich gern den Fehler, meinen Widersachern vorzuwerfen, sie verewigten den Faschismus dadurch, daß sie auf antifaschistischen Haltungen bestünden...« Muß man eine solche Geschmacklosigkeit übergehen, nur weil ihr Autor kokett ankündigt, er mache nun einen Fehler? Mir scheint, daß er an dieser Stelle dem gesunden Volksempfinden sehr nahe kommt: Frauen sorgen für immer neue Vergewaltigungen, indem sie mit langen Haaren und kurzen Röcken herumlaufen; Juden halten mit ihrem jüdischen Getue den Antisemitismus am Leben; und die Antifaschisten haben nicht genug Verstand zu erkennen, daß es längst keinen Faschismus mehr gäbe, wenn sie mit ihren Überreaktionen aufhören könnten. Einmal war ich Zeuge, wie ein Hundebesitzer zum Vater eines gebissenen Mädchens sagte: »Wenn Ihre Tochter stehengeblieben wäre wie ein vernünftiger Mensch, wäre das nicht passiert.«

Zur Not hätte man sich den zuletzt zitierten Walserschen

Satz als Unbedachtheit erklären können, als eine Grube, in die Aphorismussucht einen Autor hat stürzen lassen. Doch diese Hoffnung macht er sofort zunichte: »Darüber müssen einmal Geschichtsschreiber sich wundern: Wie viele bedeutende Leute Jahrzehnte nach der Erledigung des Faschismus ihren Zorn und ihr gutes Gewissen lebenslänglich durch antifaschistische Regungen belebten...« Hier komme ich mit meinem Ärger nicht mehr aus, das ist empörend. Walser tut, als sei Faschismus eine Streitigkeit innerhalb der Familie gewesen, und als würden alle, die nicht müde werden, vor ihm zu warnen, an Einfallslosigkeit leiden. Als würden sie von einer dummen Sache das Gras abfressen, das längst darüber gewachsen ist. Tut mir leid, aber von meiner Familie sind an die 20 Personen vergast oder erschlagen worden oder verhungert, irgendwie spielt das für mich noch eine Rolle. Ich habe nicht so kuschelige Kindheitserinnerungen wie Walser, sollte das der Grund sein, warum Deutschland eher seinesgleichen gehört als meinesgleichen? Ich kann es nicht ändern, wenn er an dieser Stelle die Augen verdreht, weil ich schon wieder mit diesen langweiligen Geschichten von gestern komme. Vielleicht tröstet es ihn zu hören, daß sie nicht nur ihm nicht gefallen, sondern auch mir nicht. Vielleicht muß er aber auch begreifen, daß es noch andere Empfindlichkeiten gibt als die eine, die er so sparsam vorführt.

Ich habe mich in Wut geschrieben und muß aufpassen, daß mir der Bremsweg nicht zu lang wird. Es hat ja wenig Sinn, Satz für Satz einer Rede zu zitieren, um sodann das Fragwürdige daran ans Licht zu zerren; und wenn es Sinn hat, dann ist es auf Dauer doch öde. Dabei wimmelt Walsers Text von Stellen, deren bloße Wiederholung wie üble Nachrede erscheint. Nationalistisches Geschwafel wird ja

nicht dadurch erträglicher, daß der Redner zuvor einige schöne Bücher geschrieben hat. Umgekehrt: Ich muß mich dagegen wehren, daß mir diese Bücher nicht plötzlich in einem neuen Licht erscheinen.
Ohne Zweifel gibt es Themen, über die sich kaum vorurteilsfrei debattieren läßt, ohne Zweifel gehört das Thema »Deutsche Einheit« dazu für mich. Fast jedesmal, wenn ich an solchen Gesprächen teilnahm, konnte ich eine Merkwürdigkeit beobachten: daß die anderen, die Vereinigungswilligen, auch noch ganz andere Positionen vertraten, die mir verdächtig vorkommen, und zwar stets dieselben. Sie fühlen sich, so lange nach Kriegsende, als Opfer der Sieger, herumgestoßen; für sie ist Faschismus ein erledigtes, enthauptetes exotisches Ungeheuer, nicht eine Möglichkeit, die gegenwärtig ist und im Auge behalten werden muß; sie sind Geschichtssentimentalisten, sie glauben, im vereinten Deutschland würden sie den Gerüchen und Geschmäcken ihrer Kindheit wiederbegegnen; sie haben ein (für meine Begriffe) übersteigertes Bedürfnis nach Verwurzeltsein, daher bluten sie aus Wunden, die niemand außer ihnen wahrnimmt. Sie können es nicht bei konservativen Ansichten belassen, sie müssen immer gleich reaktionär werden.
Walser setzt seine Hoffnung darauf, die Bevölkerungen der beiden deutschen Staaten mögen gegen das Diktat des Auslands aufbegehren. Und auch gegen ihre eigenen Regierungen, die sich so würdelos dem ausländischen Druck beugen. Früher lautete der Fachausdruck: Ausverkauf der deutschen Interessen. Dabei könnte der Weg zur Einheit ein Kinderspiel sein: »Eine Abstimmung in der DDR, eine bei uns. International überwacht. Das Selbstbestimmungsrecht der Völker praktiziert. So einfach wäre das.« Stammtischgeblöke.

Lassen wir einmal die Frage außer acht, wie es sich in einem Deutschland leben würde, das aus solchem Aufbegehren entsteht, wer darin das Sagen hätte, und was für Werte obenan stünden – Walser macht sich etwas vor, wenn er glaubt, die Sache wäre dann erledigt. Denn wir hätten es weiterhin mit einem Provisorium zu tun. Seine Sehnsucht reicht ja nicht nur bis Thüringen und Magdeburg, er gerät ja auch, wenn ihm »Königsberg einfällt, in einen Geschichtswirbel«, der ihn »dreht und hinunterschlingt«. Nur, um Königsberg zurückzuholen, würden Volksabstimmungen in der Bundesrepublik und in der DDR nicht ausreichen, da müßte man sich etwas anderes einfallen lassen. Und wahrscheinlich hat der Autor, auch wenn es in dem Artikel nicht ausdrücklich steht, manches Stück des heutigen Polen und der heutigen Tschechoslowakei im Auge, auf die das zu vereinende Deutschland nicht verzichten darf. Es wären allerhand Grenzkorrekturen in Europa nötig, um Martin Walser das Land seiner Kindheit wiederzubringen.

Walsers Buch »Meßmers Gedanken« fängt an mit dem Aphorismus: »Von allen Stimmen, die aus mir sprechen, ist meine die schwächste.« In seiner Rede über Deutschland widerfährt ihm dieses Unglück auf erschreckende Weise.

1988

Das Bleiberecht der Bücher

Eine Vorlesung

Ich habe einen Freund, der ein feines Gespür für die Strömungen der Zeit besitzt und dessen Verhalten, seit ich ihn kenne, auf zuverlässige Weise so ist, daß man immer sagen kann, es sei heutig. Nicht etwa, daß er andauernd Augen und Ohren offenhielte, um nur ja keinen Modewechsel zu verpassen, dafür ist er zu sicher im Geschmack. Vielmehr meine ich, daß er mit der seltenen Gabe der Frühempfindung ausgerüstet ist: Ohne sich um den Zeitgeschmack kümmern zu müssen, ist er dessen souveränster Repräsentant. Und wenn doch einmal eine Abweichung sichtbar wird, kann man sein ganzes Geld darauf wetten, daß er dem Zeitgeschmack nur ein Stück voraus ist. Sie hören es mir an – ich bewundere ihn.

Dieser Freund nahm vor einiger Zeit eine Veränderung in seinen Wohnverhältnissen vor, die mich verwirrte: Er schaffte beinah alle Bücher aus seiner Wohnung. Nicht daß er sie verkauft oder verschenkt hätte, so weit mochte er nicht gehen, vielleicht *noch* nicht; er packte sie in Kisten und Kartons – es waren die schönsten bibliophilen Ausgaben darunter – und schleppte sie in den Keller. Nur ein kleiner Schrank voll durfte bleiben, der in den Augen eines Besuchers nichts Auffälliges haben mochte, mich aber, der ich ständiger Gast in der Wohnung war, nur an die verschwundene Bücherpracht erinnerte und also betrübte. Einige Tage wartete ich auf seine Erklärung. Ich dachte, daß er es für der Mühe wert halten würde, dem

einzigen Schriftsteller unter seinen Freunden die Einkellerung der Bücher zu erläutern. Doch er war offenbar nicht dieser Ansicht, es schien ihm nicht einmal bewußt zu sein, daß die Sache für mich von besonderem Interesse war. Denn eines Tages bat er mich sogar, ihm beim Einräumen seiner schönen Gläsersammlung in die vordem mit den Büchern vollgestopften Regale zu helfen – bisher hatten die Gläser tatsächlich eingezwängt und ungünstig stehen müssen.
Ich war also gezwungen zu fragen. Ich mußte fragen, was ihm die Bücher getan hätten, daß er sie so zurücksetzte; und ob die Annehmlichkeit, die dekorativen Gläser ständig vor Augen zu haben wie ein Brett vor dem Kopf, so viel mehr wiege als die gute Gegenwart der Bücher. Es ist nicht übertrieben zu sagen, daß mein Freund mich daraufhin sehr verwundert ansah. Er entgegnete spitz, wenn er geahnt hätte, wie wichtig mir die Anordnung der Gegenstände in seiner Wohnung sei, hätte er die Aufräumarbeit natürlich vorher mit mir besprochen. Dann fragte er aber in versöhnlichem Ton, ob ich tatsächlich entschlossen sei, wegen einer solchen Lappalie zu streiten, und ich sagte »nein«, auch wenn ich die Sache keineswegs für eine Lappalie hielt. Er legte mir eine Hand auf die Schulter, führte mich zu dem Schrank mit den wenigen verschonten Büchern und fragte, ob ich mir denn überhaupt schon angesehen hätte, nach welchen Gesichtspunkten er beim Aussondern vorgegangen sei. Er wußte genau, daß ich es nicht getan hatte, er ist ein scharfer Beobachter. Ich sagte, ich nehme an, die sogenannten Lieblingsbücher hätten dableiben dürfen, die übrigen hätten weichen müssen. Er sagte »Unsinn«, öffnete den Schrank und hieß mich, die Buchrücken zu lesen. Es war eine merkwürdige und doch vollkommen eindeutige Auswahl.

Dort standen nur Nachschlagwerke: Synonymwörterbücher, ein etymologisches Wörterbuch, ein Wörterbuch für Zweifelsfälle der deutschen Sprache, ein Handbuch der Porzellanmarken, ein Malerlexikon, ein Schriftstellerlexikon, ein Teppichlexikon, ein Lexikon der deutschen Vornamen, eines der deutschen Familiennamen, eine vielbändige Enzyklopädie, alles in allem etwa hundertfünfzig Bücher. Mein Freund meinte, es müßte mir jetzt alles klar sein, aber mir war nichts klar. Ich wußte nun zwar genauer, *was* er getan hatte, doch immer noch nichts über seine Gründe. Ich fragte ihn, ob er sich auf ein zukünftiges Leben als Kreuzworträtsellöser vorbereitete.
Auch das verzieh er und hielt mir, der ich so seltsam begriffsstutzig war, einen kleinen Vortrag: Es tue ihm leid, gerade mir das folgende sagen zu müssen, doch es sei allmählich an der Zeit, Bücher von dem Heiligenschein zu befreien, den sie in den Augen mancher Leute hätten und der ihnen, wenn man es unvoreingenommen betrachte, mehr schade als nütze. Falsche Ehrfurcht halte die Leute eher vom Lesen ab und führe nicht, wie ich mir wahrscheinlich einbildete, zu einem familiären Umgang mit Literatur. Es sei einfach absurd zu glauben, sagte mein Freund, Bücher hätten ein ewiges Aufenthaltsrecht in den Regalen und Schränken, Bücher dürften alle anderen Gegenstände überdauern, auch wenn sie noch so öde seien, auch wenn die Einbände vor Häßlichkeit schrillten. Dies sei eine Vorstellung aus der Zeit, da dem Romanelesen noch der Geruch des Exklusiven angehaftet habe, sagte er, da Bücherleser vor allem solche Leute gewesen seien, die in herrschaftlichen Wohnungen gelebt hätten, mit so vielen Räumen, daß einer davon als Bibliothek habe dienen können, am besten ein runder, wie man es aus Filmen kenne. Ich möge ihm verzeihen, aber wenn heute jemand

von *seiner Bibliothek* spreche, finde er das ein bißchen lächerlich. Ob ich denn den Blick dafür verloren hätte, wie die heutigen Wohnbedingungen seien? Ob nicht manche Leute allein schon deswegen weniger läsen, weil sie unter der Furcht litten, immer enger wohnen zu müssen, je mehr Bücher sie sich kauften? Ob ich mir nicht vorstellen könne, daß die Beliebtheit des Fernsehens unter anderem daher komme, daß der Apparat jeden Tag ein anderes Programm hergebe, ohne dabei größer zu werden?
Ich wollte zurück zum Ausgangspunkt unseres Gesprächs und fragte meinen Freund, ob ich recht verstanden hätte, daß er all die Bücher in den Keller geschafft habe, die er für öde halte oder deren Äußeres ihm nicht gefalle. Er sagte: »Natürlich nicht.« Er sagte, wenn es so wäre, hätte er nicht auch die Cotta'sche Goethe-Ausgabe aussortiert, das könne ich mir wohl selbst denken. Seine Befreiungstat (das war tatsächlich sein Ausdruck) habe sich nicht gegen ein paar ihm zufällig ins Auge springende Bücher gerichtet, sondern gegen die gesamte sogenannte schöngeistige Literatur. Schon lange habe er den Eindruck, einem Schwindel aufgesessen zu sein, einem raffinierten Trick, dessen sich die Bücherproduzenten und die Buchhändler bedienten. Diese hätten den Leuten weisgemacht, Bücher seien eine Art heiliger Ware, eine, die man im Unterschied zu allen anderen Waren nach Gebrauch nicht wegwerfen dürfe, selbst nicht nach einer Schamfrist, eine Ware, mit der man, ist sie erst einmal erworben, bis an sein Ende zu leben habe, auch wenn man sie nie wieder benötige. Sogar dann, wenn ein Buch sich bei näherem Betrachten als schwachsinnig herausgestellt habe – und er kenne eine verdammte Menge solcher Bücher, sagte mein Freund –, gelte es als frevelhaft, es einfach in die Mülltonne zu stecken. Schon in der Schule werde einem beige-

bracht, daß gerade Bücher besonders pfleglich zu behandeln seien, daß man keine Eselsohren hineinmachen dürfe, keine Unterstreichungen, keine Flecken. Die Lehrer träten als Agenten der Verleger und Buchhändler auf, der Himmel wisse warum, wahrscheinlich weil sie selbst deren Opfer seien.

Auf einmal hatte ich das Gefühl, als verlöre mein Freund die Geduld mit mir: Wie jemand, der sich bewußt wird, allzu lange falsche Rücksichten genommen zu haben, wurde er auf übertriebene Weise entschieden. Eine Bemerkung von mir brachte ihn besonders in Rage: Ich sagte, ich fände es traurig, daß offenbar nun auch auf diesem Gebiet die Wegwerfpsychose sich durchzusetzen beginne. Nicht genug, daß wir die kostbarsten Rohstoffe zu Müllbergen auftürmten, daß ein gemeingefährlicher Neuheitenterror uns vorschreibe, die nützlichsten Dinge zu vernichten, um Platz für angeblich bessere zu schaffen, nun kämen also auch die armen Bücher an die Reihe. Da verzog mein Freund gequält das Gesicht und sagte: Komm mir doch nicht auf diese mitleidheischende Tour. Es sei auf die Dauer kein Zustand, sagte er dann, wenn die Büchermacher zu einem Gutteil vom schlechten Gewissen der anderen lebten. Echter Respekt könne nicht daraus erwachsen, daß er immer wieder gefordert werde, sondern es müsse ihm eine respektgebietende Leistung vorausgehen. Und zu behaupten, jedes beliebige Buch lasse von vornherein einen respektgebietenden Inhalt vermuten, sei, wie nicht einmal ich bestreiten dürfte, ein Witz. Im Gegenteil, wenn man sich aus dem explosionsartig anwachsenden Haufen von Büchern blind eines herausgreife, liege die Wahrscheinlichkeit sehr nahe, daß es sich um ein trauriges Ding handle. Man brauche nur in die nächstbeste Buchhandlung zu gehen, die sei doch bis unter die Decke voll von Schrott. Dort bögen sich doch die Regale unter Büchern, die niemand brauche, die nur die Leute belästigten und die besser nicht geschrieben worden wären. Ob ich ernstlich von ihm verlangte, vor *solchen* Produkten a priori Ehrfurcht zu haben? Wir könnten unser Renommee – plötzlich redete mein Freund mich im Plural an – nicht für alle Zeiten daraus beziehen, daß es einmal einen Cervantes und einen Shakespeare und einen Flaubert und seinetwegen auch einen Kafka gegeben habe. Das wäre so, als wollten die Besitzer von Imbißbuden mit dem Argument, in manchen Fürstenhäusern vergangener Jahrhundert sei hervorragend gegessen worden, ihre Currywürste verkaufen.

Er habe alle seine Nachschlagewerke deshalb in der Wohnung behalten, weil deren Anwesenheit ihm einleuchte, weil die einen praktischen Zweck erfüllten. Jedes dieser Bücher habe ihm schon viele Male geholfen. Einen Roman dagegen habe er in seinem ganzen Leben noch nie zweimal gelesen, die meisten sogar nicht einmal bis zur Hälfte, das gestehe er mir unumwunden. Er kenne diese Leute, die behaupteten, manche Bücher immer wieder lesen zu müssen wie ein Lebenselixier, die meisten seien Heuchler. Die glaubten, mit Hilfe solch lächerlicher Behauptungen für kulturvoll gehalten zu werden. Den wenigen anderen, die die Bücher tatsächlich mehrmals läsen, wolle er nichts unterstellen, doch für seine Begriffe verhielten sie sich etwas seltsam. Er selbst lese Bücher so lange und so genau, bis er sie entweder verstanden oder beschlossen habe, sie für unverständlich zu halten. Er könne natürlich nicht ausschließen, daß ihm hier und da ein Rest entgehe, manchmal vielleicht mehr als das; das sei bedauerlich, aber nicht zu ändern. Er werde nicht damit anfangen, aus dem Lesen eine Lesearbeit zu machen und

möglichen Resten nachzuspüren. Lieber nehme er sich das nächste Buch vor, zum Lesevergnügen gehöre für ihn nämlich auch das Interesse am Fortgang einer Geschichte, ein Lesen ohne Vergnügen hätte für ihn wenig Sinn. Und er denke nicht daran, sich dafür zu schämen, daß seine Neugier auf ein Buch befriedigt sei, wenn er es gelesen habe. Er rief: »Ja, wann denn sonst!«
Wenn sich unter den vielen Hunderten von Büchern, die er in den Keller geschafft habe, fuhr mein Freund fort, drei oder vier befänden, in die er im Laufe der nächsten Jahre eventuell einen Blick hineinwerfen könnte – *dafür* solle er sämtliche Bücher in der Wohnung behalten? Er finde, der Keller sei ein sehr guter Aufbewahrungsort für Dinge, von denen man nicht wisse, ob sie später noch gebraucht würden, genau dafür seien Keller da. Ich solle den Weg in den Keller nicht mit dem Weg zur Mülltonne verwechseln. Und mit der Aussicht, in Zukunft eventuell noch gebraucht zu werden, seien die meisten Bücher ziemlich gut bedient.
Im übrigen rate er uns, den Büchermenschen, auf das Brimborium zu verzichten, das wir gern um Bücher veranstalteten, auf unsere anachronistische, elfenhafte Empfindsamkeit. Dieses Getue sei für viele eine ärgerliche Herausforderung, es wecke Aversionen, die nicht zu sein brauchten und verhindere ein normales Verhältnis zu Büchern. Dies Verhältnis sei nach seiner Meinung dann normal, wenn man Bücher als Gebrauchsgegenstände ansehe, wenn man frei sei, sie für nützlich oder überflüssig zu halten, wenn man sie mit derselben Willkür behandeln dürfe, mit der auch andere tote Gegenstände von ihren Besitzern behandelt würden. Er könne sich nicht vorstellen, daß einem Menschen, der aus seiner Wohnung Töpfe oder Stühle in den Keller geschafft habe, dafür von einem

Freund jemals Vorhaltungen gemacht worden wären. Es sei eine Taschenspielerei, die Leute glauben zu machen, ein Buch sei eine Art vergegenständlichter Verstand. Ebenso gut könne es sich auch um vergegenständlichten Unverstand handeln, um modebedingte Nachäfferei oder um ein Produkt schlichten Erwerbstriebs. Und welcher der Kategorien es zugehörig sei, müsse jedes einzelne Buch erst beweisen.

Als wir uns das nächstemal trafen, mein Freund und ich, wurde kein Wort mehr über die Sache gesprochen. Wir hatten beide das Thema nicht vergessen, das bestimmt nicht, dennoch verhielten wir uns erkennbar vorsichtig, so als wollten wir den anderen nicht nötigen, sein Terrain zu verteidigen. Bei mir kam ein merkwürdiger Umstand hinzu: Auch wenn ich mich durch jedes dritte Wort in seinem Vortrag herausgefordert gefühlt hatte und die Dreistigkeit mancher seiner Argumente mich immer noch ärgerte, spürte ich inzwischen, daß an seinem Bücherverdruß etwas Gerechtes war. Auch etwas Zeitgerechtes. Er hatte einem Unbehagen Ausdruck gegeben, das in der Luft liegt, das wahrscheinlich im Wachsen begriffen ist und das *uns Büchermenschen* nichts Gutes verheißt.
Zum erstenmal kam mir zu Bewußtsein, daß das Lesen kein dem Menschen angeborenes Bedürfnis ist. Zweifellos gibt es Umstände, die es fördern, solche, die es zurückdrängen, solche, die es ersterben lassen – das kann man selbst dann sagen, wenn man nicht weiß, was das für Umstände sind. Vielleicht witterte mein Freund, mit wacherem Sinn als ich ausgerüstet, daß die Zeit der Literatur allmählich zu Ende geht. Ich fragte ihn nach seiner Meinung: Ob er glaube, daß das Bücherlesen eine absterbende Tätigkeit ist, die Schuldfrage fürs erste außer acht

gelassen, ob das Interesse, das den Büchern einmal gegolten habe, sich nun anderen, für wichtiger gehaltenen Gegenständen zuwende.

Mein Freund lachte auf, obwohl ich alles andere als einen Witz gemacht hatte. Er sagte, allein diese Frage reiche aus, die wachsende Abneigung vieler Leute gegenüber literarischen Büchern – wenn nicht zu erklären, so doch verständlicher zu machen. Zum einen hätte ich sie mit einer Miene und in einem Ton gestellt, als sei vom bevorstehenden Weltuntergang die Rede. Er wolle mich nicht kränken, doch selbst wenn das Ende der Literatur ins Haus stehen sollte, was er, nebenbei gesagt, nicht glaube, so wäre das nicht dasselbe wie der Weltuntergang. Genau das aber sei die Haltung vieler Literaten, die dem Publikum entsetzlich auf die Nerven gehe: Literatur für den Nabel der Welt zu halten, für das Maß aller Dinge, und den Stand der Zivilisation danach einzuschätzen, welchen Rang Bücher darin einnähmen. Zum anderen habe meine Frage eine verräterische Floskel enthalten; ich hätte mich nach seiner Meinung erkundigt, ob sich das Interesse der Leute nun von Büchern auf andere, *für wichtiger gehaltene Gegenstände* richte. Er meine dieses *für wichtiger gehalten,* womit ich ja wohl eindeutig habe ausdrücken wollen, daß es sich um *fälschlicherweise* für wichtiger gehaltene Gegenstände handle. Ob es tatsächlich meine Überzeugung sei, daß es nichts gäbe, das in seiner Wichtigkeit der Literatur das Wasser reichen könne.

Ohne lange Vorbereitung hatte er zu seiner forschen, aggressiven Art des Argumentierens wiedergefunden, meine kleine Frage hatte als Anlaß genügt. Doch diesmal war ich entschlossen, mich nicht mit der Rolle des Dulders zu begnügen, ich wollte genauso heftig widersprechen. Ich stachelte mich mit dem Gedanken an, daß solche wie

mein Freund den Büchern das Leben sauer machten. Am Ende, dachte ich, ist er Opfer von Seuchen, die landauf landab grassieren: der Veroberflächlichung, der Denkunlust, der Amüsiersucht. Nur deshalb will er die Bücher loswerden. Weil ihm aber unwohl dabei ist, weil er ein schlechtes Gewissen zu besänftigen hat, muß er so scharf sein. Man weiß ja: Die Halbherzigen stürmen meist vorneweg.
Ich sagte, mit seinen Spitzfindigkeiten brauche er diesmal nicht anzufangen, die Frage sei doch nicht, ob das nachlassende Interesse an Büchern dem Weltuntergang gleichkomme, sondern ob es bedauerlich sei. Vor allem, wie man es aufhalten könne. Und die Frage sei nicht, ob es sich bei Literatur um das Wichtigste auf der Welt handle, was im übrigen nur ein Schwachkopf behaupten könne, sondern warum sie immer mehr zu einer Randerscheinung werde. Seine Übertreibungen hülfen uns da nicht weiter. Auch hätte ich keine Ahnung, worauf er mit seinen dauernden Bemerkungen über ein angebliches Getue der Schriftsteller hinauswolle. Es komme mir verständlich vor, wenn Menschen die Ergebnisse ihrer eigenen Berufsausübung besonders ernst nähmen, und nicht nur verständlich, sondern auch angemessen. Einem Historiker müsse nun einmal Geschichte wichtiger sein als anderen, und einem Ornithologen die Vogelwelt, und einem Chemiker die Chemie; sie alle müßten sich mit ihrer Materie auf eine Weise beschäftigen, die anderen wohl übertrieben vorkommen könne, also fast *allen* anderen, die aber dennoch eine Voraussetzung für ernsthafte Arbeit darstelle. Es sei allzu simpel, den Rückgang des Interesses an Büchern mit dem narzißtischen Verhalten einiger Schriftsteller zu erklären, und falsch sei es obendrein. Es handle sich dabei um eine periphere, wenn auch ärgerliche Erschei-

nung, ein wichtiger Grund für den Rückgang sei sie jedenfalls nicht. Es wäre ja zu schön, wenn die Schriftsteller sich nur anders zu verhalten brauchten, damit die Literatur wieder im Rampenlicht stehe.
Sie müßten sich nicht anders verhalten, rief mein Freund, sie müßten andere Bücher schreiben! Nicht immer dieses nichtssagende Zeug, das entweder gefällig sei wie ein Veilchenstrauß oder verschroben. Er habe über einen Schriftsteller, dessen Name ihm entfallen sei, einmal gelesen, daß man aus seinen Büchern die Zeit, in der er gelebt habe, rekonstruieren könne, selbst wenn alle anderen Spuren verlorengegangen sein sollten. Solche Schriftsteller und solche Bücher gäbe es nicht mehr. Ich warf ein: Der Name ist Balzac, seine Romane liegen bei dir im Keller. Er stelle sich vor, fuhr mein Freund fort, in einigen fünfzig oder hundert Jahren sei unsere Zivilisation aus irgendwelchen Gründen ausgelöscht, nur die Bücher seien durch einen glücklichen beziehungsweise unglücklichen Zufall übriggeblieben: Was für ein Bild unserer Zeit aus diesen Büchern für den zufälligen Betrachter erwachse. Ich fragte: »Für welchen zufälligen Betrachter?« Mein Freund fragte ärgerlich zurück: »Ist das jetzt wichtig?« Und ich sagte: »Das ist die wichtigste Frage überhaupt.«
Denn über die Frage, ob die Zeit der Literatur zu Ende gehe, thront eine andere: Ob nicht die Zeit der Menschen zu Ende geht. Es ist hier nicht der Ort zu untersuchen, wie zwingend unsere Lebensverhältnisse zu einer solchen Frage führen, doch eines steht wohl fest: Aus der Luft gegriffen ist sie nicht. Menschen verhalten sich zunehmend so, als stünde ihnen nur noch eine Galgenfrist zur Verfügung, über deren Dauer man am besten nicht nachdenkt. Die Konsequenz ist eine gewisse Verantwortungs-

losigkeit, sowohl im privaten wie im gesellschaftlichen Bereich – man verjubelt und verpraßt, was man greifen kann. Man plündert die Vorräte, man renoviert nicht mehr, man macht Schulden, wo es geht. Die Größe des Nutzens zum Beispiel, den wir aus der Vernichtung der Umwelt ziehen, steht in keinem Verhältnis zur Größe des Schadens, den wir damit den Nachkommenden zufügen. Aber macht nichts, scheinen wir zu denken, Nachkommende wird es ohnehin nicht geben. Immer mehr Leute ähneln der Witzfigur, die zum Arzt geht und erfährt, daß sie nur noch Monate zu leben hat. Die schwindende Zeit ist für Bücher einfach zu schade, vielleicht denken so auch heimlich die Schriftsteller. Und vielleicht läßt das Bewußtsein, daß Bücher unwichtig geworden sind, die Buchproduktion so verwahrlosen. Ich fragte meinen Freund noch einmal, was für ein zufälliger Betrachter das sein soll, der sich ein Bild von unserer Zivilisation zu machen versucht, nachdem sie untergegangen ist. Wenn die Befürchtung umgeht, daß es solch einen Betrachter nicht geben wird, so kann das nicht ohne Folgen für die Bücher bleiben.

Mein Freund sagte, jetzt tue ich genau das, was ich ihm zuvor vorgeworfen habe, jetzt sei *ich* spitzfindig. Ich klammerte mich an eine vage Vorstellung, an eine zufällige und recht unwahrscheinliche Fiktion, um damit das sehr reale Manko der gegenwärtigen Bücher zu erklären. Die Theorie von der Weltuntergangsstimmung höre man immer mal wieder, und zwar stets von denjenigen, die mit ihrer Logik am Ende seien. Sie stelle eine Art geistigen Notgroschens dar. Zu allen Zeiten habe die wichtigste Qualität der Literatur darin bestanden, daß sie sich über die erbärmlichen Lebensumstände hinaushob und einen Blick auf Gegenwart, Vergangenheit oder Zukunft erlaubte, wie er den in diesen Umständen Befangenen und Gefangenen sonst nicht möglich gewesen wäre. Diese Qualität habe die heutige Literatur verloren, zumindest könne er sie nirgends entdecken, die Literatur sei um keinen Deut weniger hohl und oberflächlich als das sonstige intellektuelle Leben. Und *das* sei der Grund für ihren Abstieg ins Schattendasein, nicht irgendwelche Ängste vor irgendwelchen Untergängen.

Natürlich redete er nicht nur Unsinn. Aber es kam mir wenig sinnvoll vor zu sagen, worin ich ihm zustimmte, unsere Meinungsverschiedenheit war wichtiger. Es mochte noch so angebracht sein zu bedauern, daß den Büchern zeittypische Mängel anhaften, andererseits braucht man sich nicht darüber zu wundern, daß die Literatur ein Produkt ihrer Zeit ist. Ich verstand meinen Freund schon: Die Zeitgenossenschaft eines Autors muß sich nicht darin erschöpfen, daß sein Werk die zeitüblichen Beschränktheiten aufweist – es kann diese Beschränktheiten auch beschreiben und bloßlegen und geißeln. Es kann versuchen, sie zu bekriegen. Aber meinem Freund gefiel es zu sehr, die Verantwortung nur bei unsereinem zu suchen. Die Schuld der Schriftsteller an ihren Büchern liegt auf der Hand, und ich hatte sie ja schon mehrfach eingestanden; die Schuld der Gesellschaft an ihren Schriftstellern dagegen ist nicht so offenkundig.

In Ezra Pounds Essay »ABC des Schreibens« steht der folgende Satz: »Die Zeit Shakepeares war die große Zeit schlechthin; es war die Zeit, als die Sprache noch nicht festgefahren, als der Hörer noch in die Worte vernarrt war...« Ich erinnere mich, daß mir beim Lesen der Gedanke kam, was für ein Glück es für einen Autor sein muß, wenn um ihn herum ein Interesse an Worten und

Sätzen und Gedanken herrscht, von einer Gier gar nicht zu reden; wie ich mir vorstellte, daß solch ein Interesse den Schreiber anfeuern muß, das Letzte aus sich herauszuholen. Man kennt ja auf anderen Gebieten dieses Phänomen: Eine an sich mittelmäßige Fußballmannschaft ist vor eigenem Publikum plötzlich in der Lage, einen Gegner zu besiegen, der übermächtig zu sein schien. Die Sportreporter sagen: Zu Hause helfen die Wände. Ach, und unsere armen Autoren dagegen. Müssen sich vor einem Publikum abmühen, das an allem möglichen interessiert ist, nur nicht an ihren Kunststücken. Müssen gegen den kalten Wind der Gleichgültigkeit anschreiben, der so kräftig bläst, daß es sie andauernd umwirft und daß nur die stromlinienförmigen unter ihnen, nur die windschlüpfrigen eine Chance haben voranzukommen. Ein Liebesverhältnis zu Sprache, Vernarrtsein in Worte, das wäre wie eine kuriose Überspanntheit, ja, in mancher Augen wie eine Perversion, die der von ihr Befallene mit sich selbst ausmachen und nicht auf dem Markt präsentieren sollte. Ich fragte meinen Freund, ob er denn in der Lage sei, die Ansprüche zu nennen, die heute von der Allgemeinheit an die Literatur gestellt würden und die diese nicht erfülle.

Ich solle ihn nicht mit solch lehrerhaften Fragen abstrafen, sagte mein Freund gereizt, man werde ja wohl noch eine Sache kritisieren dürfen, ohne eine Theorie für ihre Besserung parat zu haben. Augenblicke später kam ihm das selbst zu armselig vor, und er fing an, Mängel und Versäumnisse der neueren Literatur aufzuzählen: Sie sei unverbindlich, man habe den Eindruck, wichtiger als alles andere sei ihr, es mit niemandem zu verderben. Sie sei zu wenig besessen, sie mühe sich um Normalität und kenne keine Verstiegenheiten, wie sie bei aller guten Literatur

selbstverständlich seien. Es scheine den Autoren um nichts so sehr zu gehen wie darum, ihre Bücher loszuschlagen. Sie sei zu freundlich, zu unaggressiv, und das bedeute auf Dauer, zu wenig entschieden, dabei wisse man doch, daß es kein penetranteres Prinzip gäbe als immerwährende Freundlichkeit und ständige Konsenssucht. Sie vermeide es somit, parteilich zu sein und sich Feinde zu schaffen. Unsere Literatur erinnere ihn an eine große Koalition in Permanenz. Das alles führe schließlich dazu, daß die Bücher einander immer ähnlicher würden, er könne zehn Stück lesen, die nach einiger Zeit in seiner Erinnerung zu einem einzigen verwüchsen, zu einem netten Nichts, und das wiederum lasse ihn sich fragen, ob er sich die zehn nicht hätte sparen können. Er vermisse die Unvergleichlichkeit, das sei ein ganz zentraler Verlust, denn wenn Bücher aufhörten, einzigartig zu sein, gehörten sie in den Keller.
Daß mein Freund mir im großen und ganzen aus dem Herzen sprach, tat jetzt nichts zur Sache. Ich fragte ihn, ob er tatsächlich glaube, die Bücher von heute würden mehr respektiert werden, wenn sie verstiegener, entschiedener, aggressiver, sensibler oder intelligenter wären. Er dachte eine Weile nach, bevor er antwortete: Das wisse er nicht, er wisse nur, daß sie dann *von ihm* mehr respektiert würden. Ich sagte, das sei angenehm zu hören, nur reiche es den Schriftstellern leider nicht aus. Er dürfe nicht so tun, als seien die Forderungen an Literatur, die er aufgezählt habe und die ich ja anerkenne, zugleich solche, die die heutige Gesellschaft an Literatur stelle. Im Gegenteil, er könne doch nicht die Augen davor verschließen, daß vor allem das Fehlen von Entschiedenheit und Intelligenz (also Schwammigkeit) den Büchern noch eine gewisse Präsenz garantiere, vielleicht eine Galgenfrist. Wo er denn

einen Bedarf an Sensibilisierung sehe? Wo denn Lust auf die Begegnung mit dem Unbekannten, wie Literatur in ihren guten Momenten sie bieten könne? Ob es nicht vielmehr so sei, daß allenthalben Angst vor einer solchen Begegnung herrsche, und daß Schriftsteller es zunehmend als sinnlos empfänden, gegen eine Wand anzuschreiben? Schön, dabei handle es sich um eine Form von Anpassung, die man verurteilen könne, und meinetwegen auch zu recht. Aber er solle aufhören, die Wirkung ständig für die Ursache zu halten. Eine zunehmend debilisierte Gesellschaft erzwinge eine zunehmend debilisierte Literatur, nicht umgekehrt. Vielleicht könnte die Literatur mit einer enormen Anstrengung, mit einem Einsatz der Schriftsteller bis zur Selbstaufgabe, diesen Idiotisierungsprozeß um ein Winziges verlangsamen, aufhalten könnte sie ihn nicht. Die meisten Autoren verhielten sich in dieser Situation auf verständliche, wenn auch nicht gerade sympathische Weise: Sie sagten sich, daß, wenn die Not nun einmal unausweichlich sei, man besser seinem eigenen Interesse folgen sollte, anstatt ihr erstes Opfer zu werden.
Mein Freund sagte, wir redeten inzwischen über zwei verschiedene Dinge: Während er mir darzulegen versuche, welche Deformationen die gegenwärtige Schöne Literatur aufweise und wie diese Deformationen sein Interesse an ihr gemindert hätten, wolle ich ihm unentwegt erklären, wie die Deformationen zustandegekommen seien. Das könne zu nichts führen, denn selbst wenn ihm meine Erklärungen einleuchteten, selbst wenn ich ihm genau nachwiese, aus welchen Gründen die Leere Einzug in die Bücher gehalten habe, ändere das nichts am Vorhandensein dieser Leere. Sein Interesse werde dadurch bestimmt nicht wieder zum Leben erweckt. Aber etwas anderes an meinen Worten, sagte er, störe ihn noch mehr:

Er meine darin zu hören, die Schriftsteller verfolgten, indem sie ihre Bücher nach und nach des Tiefsinns und der Schönheit und der Bedeutsamkeit beraubten, eine Art Überlebensstrategie. Das sei natürlich vollkommener Blödsinn, es sei denn, ich meinte nicht das Überleben der Literatur, sondern das der Schriftsteller, das nackte. Literatur könne nicht überleben, indem sie genau das aufgebe, was ihr Wesen ausmache, es gebe kein Überleben durch Selbstaufgabe. Wenn etwa ein feines Restaurant sich aus Umsatzgründen auf den Verkauf von Würstchen umstelle, käme ich ja auch nicht auf die Idee zu behaupten, die gute Küche überlebe nun in Form von Würstchen. Und wenn Vögel von Katzen gefressen würden, wäre ich etwa dann der Meinung, die Vögel hätten in Form der Katzen überlebt? Überleben habe etwas mit Bewahrung der Identität zu tun, das sei keine Frage der Interpretation, sondern eine der Logik.

Und er möchte weiter gehen: Eben habe er mir vorgeworfen, ich spräche vom Überleben der Literatur und meinte in Wirklichkeit das der Schriftsteller, aber auch das sei so nicht richtig. Schriftsteller seien für ihn dadurch definiert, daß sie *Literatur* produzierten. Wenn sie nun anfingen, etwas herzustellen, das alle möglichen Namen verdiene, nur nicht die Bezeichnung *Literatur,* dann müsse die Frage erlaubt sein, ob es sich bei den betreffenden Personen noch um Schriftsteller handle. Er sei der letzte, der kein Verständnis für existenzielle Nöte habe, und wenn jemand meine, sich auf die eine Weise besser durchschlagen zu können als auf die andere, dann sei das allein dessen Angelegenheit. Er fühle sich erst dann betroffen, wenn es sich um Etikettenschwindel handle, und das sei bei unserer Sache ja wohl längst der Fall. Das meiste, was im Gewande der Literatur daherkomme, stelle Abfall dar, er sei sich der Kraßheit des Ausdrucks bewußt, sei geistige Umweltverschmutzung. Und die Autoren, die dafür verantwortlich seien, hätten das Recht auf eine Ehrerbietung verwirkt, die viele Schriftstellergenerationen mühsam erworben hätten, und zwar gerade *nicht* dadurch, daß sie den Weg des kleinsten Widerstandes gegangen wären.

Ich übersah nicht, wie ich im Laufe unseres Gesprächs die Seiten wechselte: Als Ankläger hatte ich angefangen und stand auf einmal als Verteidiger da. Vielleicht war es die letzte mir verbliebene Schriftstellertugend, eine Position einzunehmen und, wenn endlich Einigkeit über diese Position zu herrschen schien, mich nach einer neuen umzusehen. Jedenfalls ging es mir gegen den Strich, wie hartnäckig mein Freund den Umstand, daß die Schriftsteller nicht nur Täter, sondern auch Opfer waren, übersah. Er verwies darauf, daß sie nur insofern Schriftsteller sind, als sie sich von allen übrigen Menschen unterscheiden, und weigerte sich zu erkennen, daß ihnen nichts Übermenschliches innewohnt, leider. Er schlich sich mit seinen Argumenten unmerklich aus unserer Zeit, das war es: Er tat so, als wären Opportunismus und Oberflächlichkeit wie eine unerklärliche Krankheit über unsere Schriftsteller gekommen, wie ein Schicksal aus dem Nichts. Und es prallten alle Hinweise, daß diese Entwicklung Ursachen haben könnte, die über das Gebiet der Literatur hinausgingen, von ihm ab. Das entwertete seine Argumente, es machte sie weniger gewichtig, als sie es, allein an der Bedeutung der einzelnen Sätze gemessen, zu sein brauchten.

Ich sagte meinem Freund, ich werde jetzt genauso über ihn herziehen, wie er über die Literatur hergezogen sei, genauso plausibel und ungerecht zugleich. Daß die Leute

die Lust am Lesen verlören, daß die allgemeine Analphabetisierung so gut vorankomme, sei eine Zeiterscheinung, die um ihn herum keinen Bogen mache; ich aber wolle nun so tun, als handle es sich bei ihm um einen Individualfall. Er sei schlicht zu faul und inzwischen wahrscheinlich auch nicht mehr wach genug fürs Lesen. Er habe es sich angewöhnt, andere Tätigkeiten für lohnender und interessanter zu halten, und das sei nicht von deren wirklichen Qualitäten abhängig, sondern die Folge seines Entschlusses. Zeitvertreibe wie Radiohören, Zeitunglesen, Kneipenbesuche, Gespräche mit Freunden über immer dasselbe, Fernsehen, Kartenspielen und so weiter verbrauchten all seine Aufmerksamkeit. Lesen bedeute das Setzen einer anderen Priorität, und dazu fühle er sich nicht mehr imstande. Wenn dann noch das Gefühl hinzukomme, Bücher könnten die erbärmliche Welt nicht aus den Angeln heben – was sie im übrigen noch nie konnten –, sei es um die Leselust endgültig geschehen. Weil er aber all das natürlich nicht zugeben, nicht einmal sich selbst eingestehen wolle, schiebe er die Schuld auf die anderen, auf die Bücher. Dabei lohne es sich trotz aller erwähnten Mängel der Bücher, die unbestritten seien, immer noch zu lesen. (Das behauptete ich einfach.) Sie enthielten immer noch ein gewisses Quantum an Schönheit und Weisheit und Hellsichtigkeit, dem man sich lieber hingeben sollte als den meisten täglichen Hirnlosigkeiten, und zwar nicht den Büchern zuliebe, sondern einem selbst zuliebe.
Die Beschäftigung mit einer fragwürdigen Sache abzubrechen, sagte ich, sei erst dann von wirklichem Nutzen, wenn man stattdessen etwas Sinnvolleres anfange. Freie Kapazitäten zu schaffen sei für sich noch kein Wert. Wenn ich nun beobachte, zugunsten welcher Idiotien die Leute mit dem Lesen aufhörten, daß kaum ein Zeitvertreib öde

und armselig genug sein könne, um nicht für lohnender als das Lesen gehalten zu werden, dann empfände ich trotz allem Solidarität mit den real existierenden Büchern. Das Abwenden von ihnen habe eben nicht nur mit den Büchern zu tun, sondern auch mit der nachlassenden Aufnahmefähigkeit und der schwindenden Denkbereitschaft des Lesers. Er, mein Freund, demonstrierte das überdeutlich, indem er meine, daß in seiner Wohnung mit vier Radios und zwei Fernsehern und Plattenspieler und CD-Player und Recordern und Hunderten von Tonbändern und Hunderten von Videokassetten, kein Platz für Romane und Gedichte sei. Dieser Entschluß habe etwas unangenehm Zügelloses, die Wohnung werde sich jetzt wohl allmählich in ein Vergnügungs-Center verwandeln. Er solle sich nicht einbilden, daß seine Gründe, das Lesen zu reduzieren und am Ende ganz einzustellen, gediegener oder sonstwie edler seien als die der vielen Leute ringsum – es handle sich um haargenau dieselben jämmerlichen Gründe. Daß er redegewandter sei als die meisten und mit solchem Geschick seine Fehlleistungen hinter bunten Wortvorhängen verbergen könne, ändere nichts an diesem traurigen Sachverhalt. Wir hätten uns den ganzen langen Disput sparen können, sagte ich, wenn er gleich am Anfang gesagt hätte, daß er in Zukunft die Mühe, die ihm das Lesen mehr und mehr bereite, lieber für schlichtere Tätigkeiten aufwenden wolle.

Da wir uns in *seiner* Wohnung befanden, konnte mein Freund nicht einfach aufstehen und gehen. Er spazierte mehrere Sekunden auf und ab im Zimmer, ich wußte, daß er nach Worten suchte, die mich zerschmettern sollten. Schließlich setzte er sich wieder, brachte ein finsteres Lächeln zustande und sagte, ich verhielte mich genau entsprechend einem Muster, das man aus der Psychologie kenne: Ich versuchte, aus einem persönlichen Scheitern ein gesellschaftliches zu machen und es so als eine Art Naturnotwendigkeit hinzustellen. Insgeheim müßten meine schriftstellerischen Hervorbringungen für mich selbst doch eine ziemliche Enttäuschung bedeuten; es könne gar nicht anders sein, wenn er die theoretischen Ansprüche an Literatur, die er hin und wieder von mir gehört hätte, mit diesen Hervorbringungen vergleiche. Anstatt mich nun aber damit abzufinden, daß meine Mittel als Autor begrenzt sind, sei ich auf den Dreh verfallen, aus meinem eigenen Scheitern ein Scheitern der Literatur zu machen. Doch nicht einmal das reiche mir aus, ich sei beim Herbeizaubern von Belegen für meine Schuldlosigkeit unersättlich: Auch die Literatur sei an ihrem Scheitern schuldlos, somit natürlich auch die Literaten – der wahre Schuldige sei ein gewisser Zeitgeist. Der vernebele den Leuten die Hirne, der mache sie unempfänglich für die Reize der Bücher, der locke sie zu stumpfsinnigen Vergnügungen und verwandle die Leser von gestern in die Kretins von heute. Und da auch die Schriftsteller den Einflüsterungen des Teufels Zeitgeist ausgeliefert seien, paßten sich ihre Produkte allmählich der neuen Situation an und würden überflüssig. Somit schließe sich der Kreis, mein Freund sagte höhnisch: »Doppelt genäht hält besser.«

Ich dachte, das wäre ja noch schöner, wenn schlechte Schriftsteller sich keine Gedanken über den Zustand der Literatur oder der Welt machen dürften. Es dürfen sich ja auch schlechte Leser über die Literatur beklagen, und davon gibt es sicher mehr. Doch ich sagte, wir wollten lieber nicht persönlich werden, das wäre weder für eine Klärung unseres Streits günstig noch für unser Verhältnis. Mein Freund nickte, aber ich sah ihm an, daß es eine sehr dünne

Zustimmung war. Ich sagte, vielleicht könnten wir uns auf folgendem Wege näherkommen: Es sei doch eine der wichtigsten Wirkungen von Literatur, wenn nicht die wichtigste, daß sie Lesern den Blick auf sich selbst zu öffnen helfe. Die Menschheit heute aber lebe im Zustand eines permanent schlechten Gewissens. Sie gefalle sich nicht, wahrscheinlich hasse sie sich. Sie wolle nicht nur nichts über sich selbst erfahren, sie scheue keine Anstrengung, um sich über die Folgen ihres Tuns hinwegzutäuschen. Das mache die Situation der Literatur hoffnungslos: Einerseits zählten die meisten Autoren auch zu diesen Menschen und hätten das gleiche Bedürfnis nach Verdrängung, andererseits bissen die wenigen Bücher, die die Selbsttäuschung zu durchbrechen versuchten, auf Granit.
Indem er sich dumm stellte, fragte mein Freund, was denn das nun schon wieder solle, von was für einem schlechten Gewissen ich da rede. Ich sagte, wenn er nicht alle Bücher in den Keller geschafft hätte, würde ich ihm ein Zitat zeigen, das die Frage besser beantwortete, als ich es könnte. Wieder stand er auf, nun mit der Entschlossenheit von jemandem, der eine Sache hinter sich bringen will. Er forderte mich auf, mit ihm in den Keller zu kommen. Unterwegs fragte er nach dem Namen des Autors, ich sagte: Freud, Sigmund.
Auf die numerierten Kartons, die sich bis zur Decke türmten, waren Autorennamen geschrieben, wir fanden Freud im Karton Nummer zwölf. Mit dem gewünschten Buch gingen wir zurück in die Wohnung, die Unternehmung hatte kaum fünf Minuten gedauert.
Das Zitat, das ich meinem Freund vorlas, stammte aus der Schrift »Das Unbehagen in der Kultur« und lautete: »Die Menschen haben es jetzt in der Beherrschung der Natur-

kräfte so weit gebracht, daß sie es mit deren Hilfe leicht haben, einander bis auf den letzten Mann auszurotten. Sie wissen das, daher ein gut Stück ihrer gegenwärtigen Unruhe, ihres Unglücks, ihrer Angststimmung.«
Das schrieb Freud im Jahr 1930. Ich sagte, um wieviel größer müßten inzwischen doch diese Unruhe, dieses Unglück, diese Angststimmung geworden sein, da die Menschen ihre Fertigkeiten so weit getrieben hätten, daß die freigesetzten Naturkräfte ihnen auf lebensbedrohende Weise aus den Händen geglitten seien. Nur noch wenige glaubten an eine nennenswerte Zukunft, Kultur sei aber nur für *die* Menschen wichtig, die Kultur für etwas Bewahrenswertes hielten, für zukunftsträchtig. Wen würde es da wundern, sagte ich, daß die Bücher verschwänden.
Mein Freund sagte: »Und *dafür* mußte ich in den Keller laufen?«
Wir führten das Gespräch noch eine Weile fort, doch mit schwindender Anteilnahme. Beide glaubten wir wohl nicht recht daran, den anderen überzeugen zu können, und, ehrlich gesagt, verlor ich irgendwann auch den Überblick, welches meine und welches seine Position war. Wir sehen uns seitdem nur selten, und wenn es doch geschieht, hoffen wir beide ängstlich, der andere möge nicht wieder von dieser Sache anfangen.

1989

Antwort auf eine Umfrage

Es ist eine gräßliche Niederlage des Sozialismus, daß 72 Jahre nach der Oktoberrevolution McDonald's in Moskau einziehen und Triumphe feiern wird. Das soll alles andere als ein Witz sein. Eine lange Kette von Fehlentwicklungen hat die Mehrheit der in den sozialistischen Ländern lebenden Menschen dahin gebracht, die westliche Welt für eine Quelle von Annehmlichkeiten zu halten und den Sozialismus für den Ort, an dem die Unannehmlichkeiten wachsen. Heute kriegt der Sozialismus zu spüren, wie richtig die Marxsche Behauptung ist, daß das Sein der Menschen ihr Bewußtsein bestimmt, nicht umgekehrt. Jahrzehntelang wurde über diese Wahrheit hinweggeheuchelt, doch nun erschöpfen sich die Ressourcen, mit denen die Lebenslüge so lange subventioniert werden konnte. Das ist gut.
Es tauchen Zweifel auf, ob eine Theorie sich verwirklichen läßt, die in ihren Prämissen und Schlußfolgerungen wunderbar vernünftig aussieht, die aber davon ausgeht, daß Menschen vernünftige Wesen sind, fähig, sich von ihren Erkenntnissen leiten zu lassen. Die entgegengesetzte Gesellschaftsform, die überhaupt keiner Theorie bedarf, sondern darauf beruht, daß Menschen bösartig, rücksichtslos und gewalttätig sind, feiert Triumphe, zumal die angeblich sozialistischen Staaten noch nie versucht haben zu beweisen, daß es auch anders geht. Auf einmal wird das deutlich.
Das Ende der sozialistischen Idee wäre das Ende der Zuversicht, nicht unbedingt der individuellen, die auf der

Hoffnung gegründet sein kann, daß die statistische Wahrscheinlichkeit des Unglücks sich am Nachbarn vollzieht und nicht an einem selbst; doch es wäre das Ende der gesellschaftlichen Zuversicht.

Viele wird es nun geben, die meinen, man habe sich lange genug um irgendwelche verschrobenen Ideale bemüht, in Luftschlössern lasse sich auf Dauer nicht wohnen, man müsse jetzt endlich zur Sache kommen, zur eigenen. Sie werden sich schnell in das Heer derer einreihen, die sie gestern noch für politische Dummköpfe gehalten und die ihnen Widerwillen bereitet haben.

Denjenigen aber, die weitermachen wollen, bleibt keine andere Wahl, als den real existierenden Sozialismus für eine Fehlgeburt zu halten, günstigstenfalls für einen Versuch, dessen Nutzen allein in der Sichtbarmachung seines Mißlingens liegt. Die sozialistische Theorie der Zukunft wird sich nicht damit begnügen dürfen, irgendwie über die Tage zu kommen und die Mängel der Gegenwart als Folge der Vergangenheit zu entschuldigen. Vor allem mit der Antwort auf eine Frage, die bisher für sie nicht zu existieren schien, muß sie sich plagen: Wie die Menschheit die Suppe, die sie sich eingebrockt hat, auslöffeln kann, ohne daran zu ersticken.

Wenn die Antwort lautet: Es gibt keinen Weg – dann braucht es keine sozialistische Theorie. Auf die Sozialisten wartet also eine Aufgabe, die von den meisten für unlösbar gehalten wird. Das ist keine grundlegend neue Situation für sie.

Wenn der Sozialismus aus dem Kreis der möglichen Lebensformen ausscheidet, dann fängt, so glaube ich, die Weltuntergangsstimmung erst richtig an.

1989

Lebenslänglich Manfred Krug

Niemand sollte erwarten, daß ich sachlich, unbefangen oder gar vorurteilsfrei über Manfred Krug schreiben könnte, denn ich sehe ihn mit verklärten Augen. Ich kenne ihn seit zweiunddreißig Jahren. Es kommt mir merkwürdig vor, wie man jemanden, der noch so ein junger Kerl ist, schon seit einer solchen Ewigkeit kennen kann. Unter allen Lebenden gibt es keinen, mit dem ich so lange bekannt wäre, von befreundet gar nicht zu reden.
Kaum waren wir uns begegnet, zogen wir zusammen. Wären wir Mann und Frau gewesen, hätte man das Liebe auf den ersten Blick nennen können, eine heftige Sympathie von Anfang an war es aber auf jeden Fall. Da Krug viel selbständiger war als ich, der ich damals noch meinen Vater als Dauersicherung gegen alle Lebensrisiken ansah, kann ich sagen, daß er viel zu meiner Sozialisation beitrug. Von ihm lernte ich, daß Handtücher gewechselt, Mülleimer geleert und Betten bezogen werden müssen, daß man, wenn man Hunger hat, das Essen nicht nur aus der Speisekammer holt, sondern davor noch aus dem Lebensmittelladen; ich lernte Rücksichtnahme, Rücksichtslosigkeiten und eine gewisse Art von Durchsetzungsvermögen, ohne die meine Biographie bestimmt einen anderen Verlauf genommen hätte. Bis heute habe ich keine Ahnung, in welchen Disziplinen ich Krugs Lehrer gewesen bin. Es tut aber gut, wenn ich mir sage, daß etwas an mir ihn damals beeindruckt haben muß; schließlich ist er nicht mit irgendjemandem aus seiner damals schon gro-

ßen Bewundererschar zusammengezogen, sondern mit mir.
Die einzige Wohnung, die wir fanden, war eine stillgelegte Drogerie in Ost-Berlin, in der es unausrottbar nach Vanille roch. In meiner Erinnerung waren wir zwei wunderbar hoffnungsvolle und vielversprechende junge Männer. Ich fing gerade zu studieren an, und Krug war soeben von der Schauspielschule geflogen. Es steht seitdem für ihn fest, daß dieser Rauswurf ein früher Hinweis auf verschiedene seiner Eigenschaften war: auf einen unabhängigen Geist, auf Offenheit, Gradlinigkeit, Forschheit, Anstand und dergleichen. Ich zögere keine Sekunde, ihm bei dieser Einschätzung zu folgen, zumal ich einige Zeit später selbst von der Universität geworfen wurde. Ohne Krugs Beispiel wäre das vielleicht nie geschehen, aber das ist nur eine dunkle Vermutung.
Daß er als Schauspieler bald Erfolg hatte, kam mir wie die selbstverständlichste Sache von der Welt vor. Es wäre gegen jede Wahrscheinlichkeit, geradezu absurd gewesen, wenn jemand wie er sich mit einem Schattendasein hätte begnügen müssen. Es wäre eine Verschwendung gewesen, die keiner sich leisten kann.
In der DDR haben wir zusammen zwei Filme gemacht. Das heißt, für zwei Filme, die durch ihn ein Gesicht bekamen und Erfolg hatten, habe ich die Drehbücher geschrieben. Im frühen Sommer 77 ging er weg, in den Westen. Einige Monate später folgte ich ihm. Ich kann mich nicht erinnern, jemals in meinem Leben so einsam gewesen zu sein wie in diesen Monaten, ohne ihn in Ost-Berlin. Das ist nicht übertrieben sentimental, denn es war nicht einfach nur ein Freund gegangen, den man erbärmlich vermißte, sondern es fehlte meinem Lebensgefühl, das von ihm miterfunden war, plötzlich die Grundlage. In

West-Berlin fand so etwas wie eine Wiedervereinigung statt, und dabei ist es bis heute geblieben.
Wenn man sich mit zwölfjährigem Abstand die Frage stellt, warum er damals die DDR verlassen hat, kann man anstelle einer Antwort all die Schikanen und Lästigkeiten aufzählen, denen er ausgesetzt war. Eine solche Erklärung wäre richtig, und doch schiene sie mir zu kurz geraten. Meine heutige Antwort würde lauten: Die DDR war ihm zu eng geworden, er war ihr über den Kopf gewachsen. Die Beilegung des damaligen akuten Streits hätte nichts mehr daran ändern können, daß wenige Minuten später der nächste ausgebrochen wäre. Und das hat er mit seinem Auszug sich und der DDR erspart.
Im Westen hat der Erfolg nicht gerade auf ihn gelauert, doch er kriegte ihn zu packen. Das wäre ja auch noch schöner, wenn er hier durch die Roste gefallen wäre, er mit seinen tausend Kunststücken. Zwar hat er Staat und Gesellschaftsordnung gewechselt, aber schließlich handelt es sich um dieselbe Welt. Er kam als ein vierzigjähriger Unbekannter an, steckte seine Nase ein paarmal ins Fernsehen, und schon war man ihm verfallen. Sicher würde er jetzt sagen: So einfach war es weiß Gott nicht. Aber ich behaupte: Doch, genauso einfach war's!
Als wir das gemeinsame Projekt einer Fernsehserie ins Auge faßten, war er schon ein West-Star. Ich habe mich hingesetzt und mir vorzustellen versucht, was für ein Rechtsanwalt Krug wäre, wenn er Rechtsanwalt geworden wäre. Das Resultat hieß »Liebling Kreuzberg«. Er ist also auf zweierlei Weise darin präsent: Zum einen als Darsteller einer Rolle, die ihm wahrscheinlich liegt, zum anderen als ständige Inspirationsquelle für einen Autor, der ihn immer vor Augen hatte, vor seinen verklärten.

Da sich viele Menschen für Krug interessieren, wird ein Buch über ihn wahrscheinlich auch auf Interesse stoßen, ein Buch mit Manfred Krug in der Hauptrolle. Dafür soll dies eine Art Vorwort sein. Ich habe noch nie ein Vorwort geschrieben, aber er ist sozusagen dabei, da kann mir nicht viel passieren. Was immer man unternimmt, mit ihm geht es meistens gut, mit ihm ist alles anders.

1989

Die unsichtbare Stadt

Als ich zwei Jahre alt war, kam ich in dieses Ghetto, mit fünf verließ ich es wieder in Richtung Lager. Ich kann mich an nichts erinnern. So hat man es mir erzählt, so steht es in meinen Papieren, so war folglich meine Kindheit. Manchmal denke ich: Schade, daß dort nicht etwas anderes steht. Jedenfalls kenne ich das Ghetto nur vom dürftigen Hörensagen.
Ein paarmal hat mein Vater mit mir darüber gesprochen, widerwillig und selten. Solange er lebte, war ich nicht neugierig genug, ihn mit geschickten Fragen zu überlisten, und dann war es zu spät. Dennoch habe ich Geschichten über Ghettos geschrieben, als wäre ich ein Fachmann. Vielleicht habe ich gedacht, wenn ich nur lange genug schreibe, werden die Erinnerungen schon kommen. Vielleicht habe ich irgendwann auch angefangen, manche meiner Erfindungen für Erinnerung zu halten. Ohne Erinnerungen an die Kindheit zu sein, das ist, als wärst du verurteilt, ständig eine Kiste mit dir herumzuschleppen, deren Inhalt du nicht kennst. Und je älter du wirst, um so schwerer kommt sie dir vor, und um so ungeduldiger wirst du, das Ding endlich zu öffnen.
Jetzt ist der Fußboden meines Zimmers übersät mit den Fotos dieser Ausstellung. Wenn ich Erinnerungen hätte, müßten sie dort zu Hause sein, in jenen Straßen, hinter jenen Mauern, unter diesen Leuten. Am meisten interessieren mich die Frauen auf den Bildern: Ich weiß nicht, wie meine Mutter ausgesehen hat. Es existiert kein Foto von ihr, sie ist im Lager gestorben. Ich könnte mir eine

der Frauen aussuchen, mein Vater hat gesagt, sie sei auffallend hübsch gewesen, natürlich.
Die meisten der Bilder sind von einer Stille, nach der man sich sehnt, sie strahlen Friedlichkeit aus. In meinen Augen haben sie etwas von der *guten alten Zeit*. Der Fotograf scheint um den Nachweis bemüht gewesen zu sein, daß das Ghetto kein grauenhafter Ort war, wie Feindpropaganda es manchem eingeflüstert haben mag, sondern daß es dort wie unter Menschen zuging. Wenn auch diese Menschen ein wenig seltsam waren, ein wenig anders, aber das wußte man vorher. Wer genau hinschaut, könnte das Ghetto sogar für einen Ort der Besinnung halten.
Der junge jüdische Polizist, der die Papiere eines verdächtig aussehenden Passanten kontrolliert, wie es nun mal Polizistenpflicht auf der ganzen Welt ist. Der Friseur, der seine Mütze vor dem Fotografen abgenommen hat, auf Kundschaft wartend vor seinem Holzhaus, in dem es bestimmt gemütlich zugeht. Der bärtige Mann, der einen gummibereiften Holzwagen übers Kopfsteinpflaster zieht, ein Arbeitsmensch, der sich nicht eben zerreißt. Selbst die vier Juden, die einen Toten an einer Mauer entlangtragen, muß man kaum mehr als flüchtig bedauern: zu viert wird man schließlich eine Leiche tragen können, und gestorben wird überall. Mit dem deutschen Posten neben dem Schilderhäuschen kann man schon eher Mitleid haben, wie er so dasteht, fern der Heimat und verloren; es ist verdammt einsam am Ghettoeingang, denn keiner will hinein und keiner hinaus. Die Bilder suggerieren, daß alles hier behutsam geregelt ist, auf eine den Dingen und den Menschen tief innewohnende Weise.
Mit einem Wort, ich denke mir Theorien über die Absichten des Fotografen zusammen, ich durchschaue seine Intentionen, der Kerl kann mir nichts vormachen. Doch

auf einmal geschieht etwas, das mir ganz und gar nicht
recht ist: Einzelne Bilder saugen meine Blicke auf, ich
falle in sie hinein, fern der Absicht, einen Text zu schreiben. Ich sehe zwei Bilder mit Kindern, das einemal auf
Essenzuteilung wartend, Töpfe und Eimerchen und Löffel in Händen, das anderemal mit roten Mützen und auf
den Fotografen starrend. Beim Spielen unterbrochen und
trotzdem regungslos. Nein, ein so Kleiner, wie ich damals
gewesen sein muß, ist nicht dabei. Doch wahrscheinlich
sind solche auf den Bildern, die mich kannten, die mir
etwas weggenommen oder mich verprügelt oder mir ihre
Befehle gegeben haben. Vielleicht steht einer dort, der
heute mein bester Freund wäre, wenn die ganze Sache
einen etwas günstigeren Verlauf genommen hätte.
Ich hasse Sentimentalitäten. Diese Verstandestrübungen,
ich würde gern alle Löcher zustopfen, aus denen sie kriechen könnten, jedesmal wenn meinen Vater die Rührung
überkam, bin ich aus dem Zimmer gegangen, bis er sich
wieder im Griff hatte. Plötzlich spielt das keine Rolle
mehr, die Bilder erfüllen mich selbst mit Rührung, ausgerechnet mich, und ich muß mir die dümmsten Tränen aus
den Augen wischen. Keine Mädchen auf den Fotos, nur
Jungen, Jungs über Jungs, wie kommt das? Ist das etwa
der Grund, warum Mädchen für mich, seit ich zurückdenken kann, immer besondere Wesen gewesen sind?
Auf einem der Bilder fährt die jüdische Feuerwehr durchs
Ghetto. Was war nur mit dieser Feuerwehr, irgendwas hat
mir mein Vater erzählt, daß es sie gab, oder daß er einen
dort kannte, oder daß sie immer zu spät gekommen ist,
oder daß es andauernd gebrannt hat, selbst das habe ich
vergessen. Unentwegt das Gefühl, mich beim Erinnern
nur etwas mehr anstrengen zu müssen, anstatt so träge zu
sein und faul aufs Erinnern zu warten. Dabei strenge ich

mich an zum Verrücktwerden, es kommt nichts; nur die Bilder liegen im Zimmer, so unbegreiflich nah.

Als ich sie bekam, als ich das Päckchen öffnete und sie auszubreiten anfing, hatte ich bald das Empfinden, sie in eine andere Reihenfolge bringen zu müssen. Doch in was für eine Reihenfolge? Was paßte wozu, und was sollte getrennt sein? Gehören Kinder zu Kindern und Bärtige zu Bärtigen und Händler zu Händlern? Und Polizisten zu Polizisten und die blonden zu den Blonden? Jedenfalls stimmt die Reihenfolge nicht, sie ist wie ein Sprung auf einer Platte, der die schönste Aufnahme verdirbt. Ich ordne die Bilder immer wieder neu, ich will unbedingt das Rätsel lösen. Ich lege den Bahnhof nach außen, den Friedhof nach außen, die Straßen in die Mitte, Holzhäuser zusammen, Steinhäuser zusammen, die Werkhallen dazwischen, die Grenze an die Grenze. Immer wieder ist alles falsch, das Lämpchen der Erinnerung leuchtet nicht auf.

Ich starre auf die Bilder und suche mir die Augen wund nach dem alles entscheidenden Stück meines Lebens. Aber nur die verlöschenden Leben der anderen sind zu erkennen, wozu soll ich von Empörung oder Mitleid reden, ich möchte zu ihnen hinabsteigen und finde den Weg nicht.

1989

Die Wiedervereinigung der deutschen Literatur

Bei den meisten Gesprächen und Untersuchungen, die sich mit deutscher Literatur beschäftigen, steht seit vielen Jahren eine Frage ganz obenan: Wieviele deutsche Literaturen gibt es?
Solange ich zurückdenken kann, handelt es sich hierbei um ein Lieblingsproblem von Germanisten und Diskutanten, und oft stoßen die Ansichten darüber mit einer für Außenstehende skurril scheinenden Wucht aufeinander. Sehr verschiedene Antworten sind zu hören: Es gibt zwei deutsche Literaturen; es gibt eine deutsche Literatur; es gibt überhaupt keine deutsche Literatur – um nur die häufigsten zu nennen. Die Auseinandersetzung schien mir immer ein wenig seltsam; denn wie will man entscheiden, wieviele Literaturen es gibt, wenn man nicht weiß, welches die Kriterien sind, die *eine* Literatur ausmachen. Und diese Frage blieb gewöhnlich unbeachtet. Muß diese Literatur in *einer* Sprache geschrieben sein? Muß sie in *einem* Staatsgebilde entstehen? Muß sie *eine* bestimmte Qualität aufweisen? Jeder konnte sich die Unterscheidungsmerkmale holen, woher er wollte, und die meisten Antworten hatten nichts mit literarischen Kategorien oder ästhetischen Überzeugungen zu tun, sondern hingen gewöhnlich vom politischen Standpunkt der jeweiligen Person ab.
In Zukunft wird dieses hervorragende Problem den Kontrahenten abhanden kommen. Nicht daß plötzlich eine wunderbare Einigkeit in die Ansichten zöge; aber je kla-

rer eine Sache ist, um so weniger taugt sie als Gegenstand zum Streiten. Und diese Sache wird hier sein: Es steht die Wiedervereinigung der deutschen Literatur bevor. Damit will ich nicht sagen, daß »zusammenwachsen wird, was zusammengehört«, wie Willy Brandt es vor einiger Zeit im Hinblick auf die zwei deutschen Staaten ausdrückte. Vielmehr meine ich, daß die Verschiedenheit der Bedingungen, unter denen Literatur in Ost- und Westdeutschland in der Vergangenheit geschrieben wurde, aufhört, und zwar nicht allmählich, sondern schnell.
Diese Verschiedenheit war der einzige Grund, warum DDR-Literatur sich von bundesdeutscher unterschied. Worin die nun schwindende Ungleichheit der Schreibbedingungen bestand – damit will ich mich in diesem Vortrag beschäftigen; und auch mit der Frage, ob es ein Gewinn ist, wenn ost- und westdeutsche Literatur einander immer ähnlicher werden.

Ohne Zweifel hat Literatur in der bisherigen DDR eine andere Rolle gespielt als im Westen, eine größere und wichtigere, wie ich meine. Immer wieder waren Bücher imstande, Unruhe zu erzeugen oder in gesellschaftliche Auseinandersetzungen einzugreifen, ja, sie gar erst zu entfachen, auf eine Weise, wie es im Westen schwer vorstellbar ist. Für viele Leute waren Bücher wie ein Lebensmittel; man brauchte sie nicht nur als ein Freizeitvergnügen, sondern um mit seiner Existenz besser fertigzuwerden.
Interessanter als diese Feststellungen ist die Frage, welchen Umständen die Bücher eine solch beneidenswerte, eine so märchenhafte Wirkung zu verdanken haben. Wohnt ihnen eine Kraft inne, die den in anderen Teilen der Welt geschriebenen Büchern fehlt? Hat es dem All-

mächtigen gefallen, Eigenschaften wie Originalität und Sprachgewalt in einem Anfall von Geberlaune besonders großzügig über die DDR-Autoren auszuschütten, Eigenschaften, mit denen er gewöhnlich so geizt? Oder sind DDR-Leser besonders literaturversessen, einmalig sensibel dazu und deshalb empfänglicher als andere für Reize, wie sie von Büchern ausgehen? Das alles ist natürlich Unsinn.

Eine Spezifik der DDR-Literatur besteht darin, daß sie seit ihren frühen Tagen eine Ersatzfunktion zu übernehmen hatte. In einer Umgebung, in der es keine auch nur annähernd freien Medien gab, in der alle Zeitungen, Rundfunksender und Fernsehstationen denselben Chefredakteur hatten, in der jede von der Parteilinie abweichende Ansicht kleinlich behindert wurde, in einer solchen Umgebung bleiben Bücher der letzte öffentliche Ort, an dem noch Meinungsverschiedenheiten ausgetragen wurden. *Das* machte die Leute begierig auf Bücher, genauer – auf die Bücher der Abweichler. Hinter dem Interesse verbarg sich also keine Affinität zur Literatur, keine Sprachverliebtheit, nicht die Lust, ein ästhetisches Bedürfnis zu stillen; es war das Interesse an den eigenen öffentlichen Angelegenheiten, das auf andere Weise nicht befriedigt werden konnte.

Sie werden kaum ein in der DDR geschriebenes Buch finden, dessen Autor nicht versucht hat, ein politisches Anliegen zu transportieren oder, wie der Fachausdruck lautet, »gesellschaftlich relevant« zu sein. Andere Schreibanlässe, als Entwicklungen in der DDR-Gesellschaft zu befördern oder zu kritisieren, existierten kaum, und wenn doch, dann galten sie als anrüchig. Zumindest als zweitrangig. Das politische Anliegen stellte die alles überragende Qualität eines Buches dar, kaum ein Autor hätte es sich leisten können, darauf keine Rücksicht zu nehmen. Andere Aspekte des Schreibens wie, sagen wir, Leichtigkeit oder Kunstsinn oder Phantasie hatten ihre Bedeutung vor allem darin, daß sie das Eigentliche zur vollen Geltung bringen sollten, das Anliegen.

Das Verlangen nach einem möglichst kritischen Anliegen war so allgemein und selbstverständlich, daß auch diejenigen Autoren sich ihm unterwerfen mußten, die sich mit der Parteilinie in Übereinstimmung befanden. Die waren nun in keiner beneidenswerten Situation: Auch sie wollten für kritisch gehalten werden, also standen sie vor der Aufgabe, Einwände und Zweifel vorzubringen, die sie in Wirklichkeit nicht hatten. Zu diesem Zweck wurden die sogenannten »heißen Eisen« erfunden, eine Technik der vorgetäuschten Meinungsverschiedenheit. Die Autoren taten so, als hätten sie irgendwelche Bedenken, und der Zensor konnte so tun, als machten ihm Bedenken nichts aus. Ein Meister in diesem Genre war zum Beispiel Hermann Kant, dessen Bücher ein Beleg dafür sind, daß die erwähnte Methode nicht unbedingt vollkommene Talentlosigkeit voraussetzt.

Die zweite Eigenart der DDR-Literatur ergibt sich aus dem Vorhandensein der Zensur. Ohne Zensur, behaupte ich, wäre sie eine ganz und gar normale deutsche Literatur gewesen, mit möglicherweise leicht erhöhtem Anteil an Verfechtern des Sozialismus. So aber war sie fixiert auf die Zensur, in einem mit den Jahren zunehmenden Maße. Jedes in der DDR geschriebene Buch – wovon immer es handelte und welche Intention ihm immer zugrundelag – war zugleich eine Reaktion auf die Zensur. Kein Autor konnte sich davor schützen, denn jedes Buch war entweder erlaubt oder verboten, etwas Drittes gab es nicht. Selbst wenn ein Autor etwas schreiben wollte, was die politische Zensur nicht berührte und um das sie sich daher nicht kümmerte, mußte er mit dem Verdacht fertigwerden, daß er es nur deshalb tat, um der Zensur aus dem Weg zu gehen. Das ist ja eine der fatalsten Folgen von Zensur: daß alle nicht verbotene Literatur mit dem Geruch existieren muß, erlaubt zu sein.

Allerdings war die Zensur-Situation in der DDR verschieden von der in anderen Ländern Osteuropas. Wenn ein tschechischer Autor etwa oder ein russischer ein Buch schrieb, das nicht die Billigung seiner Zensurbehörde fand, war es mit diesem Buch gewöhnlich vorbei. Wenn er Glück hatte, erschien die Sache als kleine Meldung in irgendeiner westlichen Zeitung oder bei »Radio Free Europe«, groß geholfen war ihm damit nicht. Wenn er viel Glück hatte, fand sich ein westlicher Verlag, der sein Buch herausbrachte, in winziger Auflage, in schlechter Übersetzung, so gut wie ohne Honorar, fünf Jahre nach dem Verbot. Diese Prozedur konnte ein Autor sich nicht allzu oft leisten, denn zum einen mußte er von etwas leben, zum anderen war er müde von den Repressalien, die die Veröffentlichung im Westen und sein Dissidententum zu Hause nach sich zogen. Also hörte er irgendwann auf, Dissident zu sein, oder er wurde gemäßigter Dissident, oder er stellte den Antrag, in den Westen auszuwandern. Manchmal wurde ihm das genehmigt, dann zog er nach New York, Tel Aviv, Paris oder Westberlin, in eine ihm fremde Sprache und gewöhnlich in die Vergessenheit. Er wurde Lektor in einem kleinen Verlag, schrieb Artikel für eine Emigrantenzeitung oder heiratete eine Geschäftsfrau. Nach meiner Überzeugung hat die osteuropäische Literatur einen erheblichen Teil ihrer Potenz an den westlichen Einzelhandel verloren.

Die meisten solcher Schicksalsschläge blieben einem

DDR-Autor erspart, zumindest war deren Wucht stark gemildert. Ich will nicht behaupten, daß es eine Quelle des Vergnügens gewesen wäre, sich mit dem DDR-Zensor anzulegen, ein solches Unglück wie im übrigen Osteuropa war es aber keineswegs. Für manche Autoren war es sogar Ausgangspunkt ihres Ruhms. Verantwortlich dafür war die Existenz zweier deutscher Staaten, die sich vom Augenblick ihrer Gründung an feindselig gegenüberstanden.
DDR-Literatur hat in der Bundesrepublik immer eine erhebliche Rolle gespielt, doch hat man sie zumeist nicht einfach wie normale Literatur angesehen. Die Erwartung der westdeutschen Öffentlichkeit ähnelte der des DDR-Publikums: Man war auf das Dissidentische scharf. Wenn ein Text in der DDR nicht die Billigung des Zensors fand, verbesserten sich auf dem westdeutschen Markt seine Chancen schlagartig. Mit der Zensurbehörde in Konflikt zu geraten, was für einen DDR-Autor eine nahezu selbstverständliche Voraussetzung, um am Literaturbetrieb der Bundesrepublik teilzunehmen. Nicht nur die Leser wollten es so, auch die westdeutsche Kritik unterzog die Bücher aus der DDR einer Sonderbehandlung. Man beurteilte diese Bücher nach Kriterien, die vor allem ideologisch ausgerichtet waren und wenig mit den Maßstäben zu tun hatten, mit denen die eigene Literatur begutachtet wurde. Niemals habe ich einen bundesdeutschen Rezensenten über das Buch eines bundesdeutschen Autors sagen hören: Alles gut und schön, doch steht er den Mißständen in seiner Gesellschaft seltsam unkritisch gegenüber. Ein DDR-Autor aber, der sich dieses häufigen Schriftstellervergehens schuldig macht, konnte sich fest auf eine solche Zurechtsweisung verlassen.
Wenn DDR-Schriftsteller der Kulturpolitik der Partei ge-

nau die Beachtung schenkten, die sie wert war – nämlich keine –, dann war Publizität im Westen für sie von ziemlicher Bedeutung, in mehrfacher Hinsicht. Zum einen gilt die Regel, daß man, um leben zu können, ein gewisses Einkommen braucht, leider auch für Schriftsteller; wer aber so schrieb, daß er der Partei mißfiel, verdiente nichts, buchstäblich keinen Pfennig. Mehr noch, es konnte ihm passieren, daß nicht nur sein abweichlerisches Buch verboten wurde, sondern alle seine früheren gleich mit, auch die zuvor erlaubten. Eine Art Sippenhaft für Bücher. Plötzlich also konnte das Honorar aus dem Westen zur Existenzgrundlage werden, zum einzigen Schutz davor, daß sie deine Festung belagerten und dich so lange aushungerten, bis du die weiße Fahne aus dem Fenster hängen mußtest. Zum anderen hing die Publizität eines Autors in der DDR wesentlich davon ab, wie er im Westen beachtet wurde. Sie werden wissen, zumindest sollen Sie wissen, daß an jedem Ort der DDR westdeutsches Radio empfangen werden konnte und an fast jedem Ort das westdeutsche Fernsehen. Für eine Mehrheit der DDR-Bürger war das nicht nur eine wichtige Informationsquelle, sondern wahrscheinlich die einzige. Nun habe ich zuvor dargelegt, daß ein DDR-Autor in diesen westlichen Medien um so stärker beachtet wurde, je mehr die Zensur ihn drangsalierte. Er wurde dann interviewt, freundlich besprochen, zitiert, nicht selten geschah es, daß seine Texte im Radio in Fortsetzungen gelesen wurden. So trat der paradoxe Fall ein, daß das Verbot eines Buches dem Autor oft eine größere Bekanntheit einbrachte, als die normale Veröffentlichung es getan hätte.
Die Sache hatte aber noch einen dritten Aspekt: Die Publizität war nämlich für den Autor ein wichtiger Schutz. Der Zensor zeichnet sich nicht allein dadurch aus, daß er

über einen besonders feinen Kunstsinn verfügt, er hat auch gute Beziehungen zu den Sicherheitsbehörden. Man hat von Fällen gehört, da er nicht nur alle Exemplare eines Buches vom Markt nehmen ließ, sondern den Autor gleich mit. Seine erfolgreichste und daher ständig angewendete Methode ist die Einschüchterung. Er hat es überhaupt nicht gern, verbieten zu müssen, viel lieber ist es ihm, die Produktion verbotener Bücher zu verhindern; viel leichter kann er dann behaupten, es herrsche im Land ein einziges Einverständnis. Und da kommt so ein Autor daher, fordert ihn heraus, tanzt ihm auf der Nase herum, schreibt bösartige Texte und läßt sich dafür auch noch im Westen belobigen und verdient Geld! Er ist dem Ungehorsam eine ständige Ermutigung, doch was kann man gegen ihn tun? Man kann ihn nicht in Stücke reißen, wie man es am liebsten täte, die sogenannte Öffentlichkeit sieht zu, diese Erfindung des Feindes, andauernd sind sie mit ihrem Westmikrophonen und ihren Westkameras dabei und lauern nur darauf, daß man die Beherrschung verliert, das ist die verfluchte Ost-West-Situation.

Diese Situation ist nun während der letzten Monate in so schnelle Bewegung geraten, daß kaum Zeit ist, auch nur die wichtigsten Veränderungen festzuhalten; man darf den Blick nicht von den laufenden Ereignissen nehmen, denn während man die eine Veränderung notiert, geschehen drei neue. In der DDR bleibt kein Stein auf dem anderen, das betrifft nicht nur die Mauer. Man kann auf einmal sagen, was man will, man kann schreiben, was man will, man kann beschimpfen, wen man will, man kann jedermanns Ablösung, Entlassung oder sogar Bestrafung fordern. Und was niemand für möglich gehalten hätte: Es ist nicht aussichtslos.

Zuerst wurde der alte Parteichef entlassen, dann wurde der neue Parteichef entlassen, dann wurde die ganze Parteiführung entlassen, dann änderte die Partei ihren Namen; inzwischen besteht sie nicht mehr auf ihrer Führungsrolle, sondern kämpft ums Überleben. Der Chef der Sicherheitsbehörde wurde entlassen und dann von der neuen Sicherheitsbehörde eingesperrt. Dann wurde die neue Sicherheitsbehörde aufgelöst. Der Chef der Regierung wurde zuerst entlassen und dann eingesperrt. Der Chef der Gewerkschaften wurde entlassen und eingesperrt. Der Chef der obersten Wirtschaftsbehörde wurde – Sie ahnen es schon – entlassen und eingesperrt. Etwas anders erging es dem Chef der Kulturbehörde – er wurde nur entlassen. Vielleicht drückt sich darin eine unbewußte Mißachtung der Kultur aus. Der Schaden, den er angerichtet hat, läßt sich nicht so leicht wie bei den anderen in Pfennig und Mark ausrechnen, also darf Kurt Hager heute einfach ein alter Mann sein und jeden der ihm zuhören will, mit der Mitteilung belästigen, daß er die Zeichen der Zeit nicht richtig gedeutet hat.

Es gibt also keine Zensur mehr. Schnell hat man »gottseidank« gesagt, aber was bedeutet dieser Umstand für die Literatur der DDR? Was bedeutet er für eine Literatur, die vollkommen auf Zensur fixiert war? Wird sie jetzt aufblühen, nachdem die schrecklichste aller Plagen beseitigt ist? Oder wird sie, um ihre große Herausforderung gebracht, nach und nach ihre Eigenart verlieren und allmählich aufhören zu existieren? Denn bedenken Sie, daß die Zensur ja auch eine wichtige Orientierungshilfe gewesen ist, daß sie vielen Autoren als Wegweiser gedient hat: Was erlaubt war, war verdächtig... Wie werden sie jetzt ohne diesen Kompaß auskommen? In der Vergangenheit ergaben sich die Reibungen und Spannungen, die der DDR-

Literatur ihre Besonderheit verliehen, wie von selbst – plötzlich muß man seine eigenen Intuitionen finden und eigene Richtungen festlegen und sich eigene Kämpfe suchen. Bedeutet das alles nicht eine dramatische Beeinträchtigung der Schrifststeller-Situation? Ist am Ende, wie makaber das auch klingt, Trauer um die Zensur angebracht?
Es ist verständlich, wenn etwa ein Arzt, der sich auf die Behandlung der Beulenpest spezialisiert hat und gut davon lebt, das Verschwinden der Beulenpest mit gemischten Gefühlen betrachtet. Oder stellen wir uns die Empfindungen eines Produzenten von Gummistiefeln vor, wenn das Hochwasser ein für allemal besiegt ist: Was allen anderen nur Grund zur Freude sein kann, bedroht seine Existenz. Die Abschaffung der Zensur wird viele Schriftsteller um ihr Brot bringen, darin gibt es kaum Zweifel. Diejenigen, die der Partei immer nach dem Mund geschrieben haben, die sich abplagten, ihr die Wünsche von den Augen abzulesen, werden ohnehin den Betrieb einstellen müssen, denn die Partei hat nicht mehr Macht genug, um ihnen die Kundschaft zuzutreiben. Aber auch andere, die mit dem Zensor in ewigem Kleinkrieg waren, die sich mit aller Kraft gegen Bevormundung wehrten und denen dieser Kleinkrieg Grundlage ihres Autorenseins war, auch die werden sich nach einer neuen Beschäftigung umsehen müssen. Ich halte es für eine nicht allzu gewagte Prognose, daß DDR-Literatur in ihrer bisherigen Form aufhören wird zu existieren.
Es war davon die Rede, daß in der bisherigen DDR der Literatur eine Ersatzfunktion zukam, daß sie für eine Auseinandersetzung sorgte, die außerhalb der Bücher nicht stattfinden durfte, und daß daher das Interesse an ihr ein zumeist politisches war. Diese Art von Interesse

muß nun erlahmen. Plötzlich ist die DDR-Wirklichkeit voll von dem Stoff, der in der Vergangenheit nur in Romanen zu finden war. Wenn ich bisher ein Buch deshalb gelesen habe, weil darin von der Willkür der Behörden die Rede war, dann nehme ich heute lieber an einer Protestdemonstration gegen Behördenwillkür teil. Wenn ich bisher ein Buch gelesen habe, das von der Erziehung zur Heuchelei in den Schulen handelte, beteilige ich mich heute an der Schule meiner Kinder an einer Elterninitiative, die die Entlassung heuchlerischer Lehrer fordert. Wenn ich bisher ein Buch gekauft habe, weil ich neugierig war, etwas über das Leben in Paris zu erfahren, so fahre ich heute nach Paris.
All die Veränderungen braucht man aber nicht nur zu prognostizieren – sie lassen sich schon beobachten. Es haben fast über Nacht die Theater einen Gutteil ihrer Zuschauer verloren, das große Theater findet jetzt draußen statt. Gestern noch brach Szenenapplaus bei einer feinen Anspielung aus, bei einer Anzüglichkeit, die so unbestimmt war, daß der Zensor die Streichung nicht für der Mühe wert hielt. Wem soll denn das heute noch genügen?
Vor kurzem ging fast jeder ins Theater, der eine Karte ergattern konnte, heute tun es nur noch die Theaterfreunde. Deren Zahl ist viel geringer, als es vor wenigen Monaten den Anschein hatte. Schnell werden ein paar Stücke ins Repertoire aufgenommen, die gestern verboten waren, aber selbst die haben kaum noch Anziehungskraft. Das früher Verbotene ist keine verlockende Größe mehr, heute ist es jedenfalls nicht mehr verboten; heute will man keine Meditation darüber hören, was anders gemacht werden sollte, heute will man es anders machen.
Die Verlage haben aufgehört, Filialen des Kulturministe-

riums zu sein. Von sofort an bleibt es ihnen selbst überlassen, welche Titel sie verlegen, was für Auflagen sie drucken, wie sie das Geld verdienen, das den Verlag am Leben hält. Auch den Verlagen, die der Partei gehören, geht es nicht anders, denn die Partei ist über Nacht verarmt und kann sich teure Kostgänger nicht mehr leisten. Schnell stellt sich heraus, daß Funktionäre, deren Aufgabe es bisher war, die Anordnungen »von oben« akkurat zu befolgen, nicht unbedingt die besten Verleger sind. Es ist ein Revirement im Gange wie nach Kriegsende.

Die Verlagspläne ändern sich schon jetzt auf sichtbare Weise. Da das bisher Protegierte nahezu automatisch das heute Unverkäufliche geworden ist, verschwindet es aus den Programmen. Doch nicht nur auf die parteifrommen Bücher warten harte Zeiten; es hat eine Entwicklung eingesetzt, so scheint mir, die generell der Literatur ungünstig ist. Da aber die DDR-Literatur ein besonders behütetes Leben geführt hat, da ihr in der Vergangenheit eine Aufmerksamkeit zuteil geworden ist, die sie sich nicht zu verdienen brauchte, wird ihr nun der größte Schaden zustoßen, den man sich vorstellen kann: Sie wird untergehen.

Ich meine damit nicht, daß sie vollständig aufhören wird zu existieren. Es wird sie nur als *DDR-Literatur* nicht mehr geben. Sie wird sich bescheiden, sie wird in Volumen und Anspruch abnehmen, sie wird sich entpolitisieren müssen. Und *entpolitisieren* heißt in diesem Zusammenhang nicht nur *entstalinisieren*, sondern auch *entantistalinisieren*. Sie wird all ihre Eigenarten verlieren, all das, woran sie einmal als ein eigenständiges Etwas zu erkennen war. Sie, die bisherige DDR-Literatur, wird unter neuem Firmennamen weiterbestehen, ganz einfach als deutsche Literatur, und das heißt im Klartext: als westdeutsche. Darin wird sie das Schicksal fast aller DDR-Betriebe teilen. Denn seien Sie sich im klaren darüber, daß ein vereintes Deutschland ein westdeutsches Deutschland sein wird, nicht nur im großen und ganzen, sondern auch in den Einzelheiten. Und so bedeutet auch ein Zusammenwachsen der beiden deutschen Literaturbetriebe nichts anderes, als daß die Gesetze des westdeutschen Literaturbetriebs sich über das Ganze ausbreiten.

Es müssen Zweifel erlaubt sein, ob man dies nur eine erfreuliche Entwicklung nennen kann; denn die Qualität von Regeln und Gesetzen ist ja nicht nur abstrakt zu beurteilen, sondern muß auch an den Resultaten überprüft werden, zu denen diese Regeln und Gesetze geführt haben. Im folgenden will ich mich mit der Frage beschäftigen, welches die Merkmale sind, die von DDR-Autoren geschriebene Bücher aufweisen müssen, um sich von den bundesdeutschen nicht zu unterscheiden.

Als erstes meine ich, daß sie an Ernst verlieren werden, und das heißt auch – an Ernsthaftigkeit. Sie dürfen nicht länger voraussetzen, daß sie es mit Lesern zu tun haben, die an gesellschaftlichen Problemen und an deren Erörterung interessiert sind. Sie haben sich darauf einzustellen, daß eine bisher überdimensionierte Aufnahmebereitschaft nun in Ablehnung umschlägt, bestenfalls in Gleichgültigkeit.

Dann: Es ist ein gewaltiger Unterschied, ob Bücher eine der wenigen Attraktionen in einer, was Freizeitmöglichkeiten angeht, deprimierenden Einöde sind, oder ob sie sich in einer Umgebung mit hochentwickelter Vergnügungsindustrie behaupten müssen. Notgedrungen werden sie an Leichtigkeit gewinnen, auch an Leichtfertigkeit; und wie kann man besser der Vergnügungsindustrie standhalten, als selbst ein Teil von ihr zu werden? Den

Leser, dessen Neugier schier grenzenlos, dessen Aufmerksamkeit ungeteilt, dessen Interesse grenzenlos ist – einen solchen Bilderbuchleser gibt es nicht mehr. Plötzlich muß man seine Neugier mit Tricks zu wecken versuchen, muß seine Aufmerksamkeit sich mit tausend anderen teilen, muß um sein Interesse buhlen. Ein unbekanntes Phänomen tritt ins Leben des Autors: Er muß gefallen, er muß *ankommen*, dies wird für ihn zur Überlebensfrage.

Weiter: In der DDR brauchten die aus dem Buchverkauf erzielten Preise nicht die Kosten zu denken, die zur Herstellung der Bücher notwendig waren. Drucker, Setzer, Verlagsangestellte, Papiermüller und Schriftsteller waren Nutznießer von Subventionen. Bücher waren dem Gesetz von Angebot und Nachfrage entzogen, die meisten anderen Erzeugnisse wohl auch, doch Bücher ganz besonders. Die realsozialistische Gesellschaft leistete sich den Luxus billigster Buchpreise, oder genauer, die Regierung, oder noch genauer: die Partei. Da es sich fast von selbst versteht, daß derjenige, der eine Produktion subventioniert, auch Einfluß auf die Art und Weise der Produktion nimmt, war die Büchersubvention wie eine natürliche Grundlage der Zensur. Jedenfalls waren Bücher anderen Regeln unterworfen als den profanen Gesetzen der Rentabilität, die für die gewöhnlichen Produkte galten. Oft hatten sie das Flair des Aufklärerischen, des Würdigen, des Rechtschaffenen; Bücher zu lesen bedeutete auch, das Besondere in seinen Alltag zu holen. Und plötzlich sind sie eine Ware wie jede andere, welch ein Schock! Ihre Preise müssen kalkuliert werden wie die Preise von Schraubenziehern, Und der Sinn der Produktion liegt nicht in irgendeiner Art von Einflußnahme oder Aufklärung, sondern im Umsatz. Folglich muß die Verkäuflichkeit zur alles überragenden Qualität werden, wie bei jeder anderen Ware auch.

Schriftsteller, die zuvor in DDR-Verlagen publiziert haben und es nun in deutschen Verlagen tun wollen, sind in einer verwirrenden Situation. Es mag Selbsttäuschung gewesen sein, wenn sie bisher glaubten, mit ihren Texten Einfluß auf gesellschaftliche Entwicklungen nehmen zu können; noch absurder aber ist die Hoffnung, daß ihnen dies in Zukunft möglich sein wird, da alles um sie herum Westen wird. Im Westen neigt man dazu, Schriftsteller mit einem sogenannten Anliegen für Nervensägen zu halten, für Leute, die das Wesen der Literatur, nämlich die Produktion origineller Wortfolgen, nicht recht begriffen haben. Wenn es sich um Anliegen handelt, die gegen die Zustände im sozialistischen Teil der Welt gerichtet sind, bringt man ihnen zur Not noch ein gewisses Wohlwollen entgegen. Auf Autoren aber, die Mißstände in ihrer eigenen, westlichen Umgebung attackieren, wartet Verdruß. Von nichts sind Publikum und Feuilletons so schnell gelangweilt wie von Gesellschaftskritik; die betreffenden Autoren nehmen sich wie Petrefakte aus, wie begriffstutzige Literatur-Hinterwäldler, die einfach nicht verstehen können, daß Zola, Upton Sinclair oder Gorki diese Arbeit längst erledigt haben.

Für viele Schriftsteller wird es also darauf hinauslaufen, die eine Art von Anpassung (an die Zensurbehörde nämlich) durch eine andere – die Anpassung an den Markt – zu ersetzen. Ich bin weit davon entfernt, die Unterwerfung unter das Gesetz von Angebot und Nachfrage für unwürdiger oder anrüchiger zu halten als die Unterwerfung unter den Zensor. Auf einen Unterschied möchte ich allerdings aufmerksam machen: Der Autor, der früher die Forderungen der Zensur ignorierte, konnte darauf hoffen, im anderen Teil der Welt entschädigt zu werden; die Schwierigkeiten, die er sich im Osten einhandelte, wurden oft durch Anerkennung und Wohlwollen im Westen kompensiert. Der Autor aber, der die Forderungen des Marktes mißachtet, steht ziemlich verloren da: Denn der Teil der Welt, wo man ihn für seine Standfestigkeit belohnen könnte, existiert so gut wie nicht mehr.

Einen Aspekt gibt es allerdings, der die östlichen Schriftsteller zuversichtlich stimmen müßte, in ihrer neuen Situation nicht unterzugehen: das ist der Zustand der bundesdeutschen Literatur. Wie könnte man ihn anders als deprimierend bezeichnen. Die dominierenden Merkmale sind Anbiederung, Gefallsucht, Marktschreierei und Schlichtheit der Gedanken. Die Bücher sind, wenn man von verschwindend wenigen Ausnahmen absieht, einander auf fatale Weise ähnlich geworden, so als wäre Ununterscheidbarkeit eine Bedingung für die Teilnahme am Kampf um die Käufer.
Wenn man sich einen umfassenden Überblick über die bundesdeutsche Literatur der letzten zehn, fünfzehn Jahre verschafft hat, verschwimmen mit einigem Abstand die Bücher leicht zu einem einzigen, großen, schweren Etwas, an dessen Einzelheiten man sich kaum mehr erinnert; und es taucht schnell die Frage auf, ob man mit seiner Zeit nicht etwas Sinnvolleres hätte anfangen können. Die Autoren produzieren ihre Texte in einer Umgebung, die an Literatur, wie an allen anderen immateriellen Angelegenheiten auch, vollkommen uninteressiert ist.
Das ständige Kämpfenmüssen um Aufmerksamkeit ermattet die Schriftsteller, und zugleich korrumpiert es sie. Sie arbeiten sozusagen in Feindesland. Jeder weiß, wie schwer es ist, in Beziehung zu jemandem zu treten, der

diese Beziehung nicht will. Man weiß, wie es Vertretern geht, die müde von Tür zu Tür ziehen und anklopfen, in ständiger Angst vor Hunden. Wie sie durch Gucklöcher beobachtet werden, wie nur jede zehnte Tür sich öffnet, meist bei vorgehängter Kette. Wie der Vertreter durch den Türspalt zu hören kriegt, daß man nichts braucht und auch keine Zeit hat. Dann muß er munter, freundlich und forsch beweisen, daß es lohnt, sein Angebot anzunehmen, er redet gegen das Türenschließen an. Es stehen ihm nur Sekunden zur Verfügung, dann muß die Sache erledigt sein, er hat nicht die Zeit, genau zu sein und von Einzelheiten zu sprechen. Der Tonfall dieser geplagten Menschen ist zunehmend der Tonfall unserer Literatur geworden.

Aus alldem könnte man den Schluß ziehen, daß die Situation, die ostdeutsche Schriftsteller auf dem westdeutschen Buchmarkt vorfinden, eigentlich vielversprechend ist; daß sie gute Chancen hätten, wie die Füchse in den Hühnerstall einzufallen, daß sie leicht als Einäugige unter Blinden Karriere machen könnten. Aber ich hielte eine solche Schlußfolgerung für übereilt.
Der beklagenswerte Zustand der real existierenden bundesdeutschen Literatur hat seine Ursache ja nicht in der Talentlosigkeit der Autoren. Vielmehr glaube ich, daß dieser Zustand von einer desorientierten und veroberflächlichten Gesellschaft erzwungen ist. Man könnte auch sagen: Die Talentlosigkeit ist erzwungen. Sie, diese Gesellschaft, will nichts über sich erfahren, sie will in Ruhe gelassen werden. Die Wirklichkeit hält genügend Beunruhigung bereit, da sollen einem nicht auch noch die Bücher das Leben schwer machen. Verdrängung gilt als einzig wirksame Methode, den Problemen von Gegenwart und

Zukunft zu begegnen; im Umgang mit der Vergangenheit hat sie sich ja schon einmal glänzend bewährt.

Die DDR-Autoren werden sich schnell darauf einstellen müssen, und die Wahrscheinlichkeit spricht dafür, daß ihnen das auch gelingt. Sie brauchen sich nur an ihren ehemaligen Lesern ein Beispiel zu nehmen, an den Bürgern der DDR, die diese Lektion innerhalb weniger Tage gelernt haben.

Ich weiß, daß sich an vielen Orten der Welt, angesichts der Entwicklung in Deutschland, Unbehagen ausbreitet. Wie wird sich das vereinigte Deutschland gegenüber seinen Nachbarn verhalten, ist seine Aggressivität ein- für allemal erloschen, ist es für immer immun gegen Auswüchse des Nationalismus, vor denen die halbe Welt einmal zittern mußte? Überall in Europa werden die möglichen Folgen der deutschen Einheit diskutiert, nicht nur mit freudiger Erwartung, woran die etwas schwach ausgeprägte Sensibilität einiger deutscher Politiker ihren Anteil hat. Vielleicht ist es ein versöhnliches Ende dieses Vortrags, wenn ich sage: Vor einer Wiedervereinigung der beiden deutschen Literaturen braucht sich die Welt gewiß nicht zu fürchten.

1990

Zum Bespitzeln gehören zwei

Über den Umgang mit DDR-Vergangenheit

Vor ein paar Wochen sah ich im Fernsehen ein Interview mit einem berühmten Sänger aus der DDR, ein Gespräch voller Freundlichkeit und Wendeglück. Nur an einer Stelle verdunkelte sich die Stimmung, bei einer häßlichen Erinnerung; es war davon die Rede, daß der Sänger einige Monate zuvor im »Palast der Republik« an einer Festveranstaltung der DDR-Regierung teilgenommen hatte, am 7. Oktober 1989, zum 40. Jahrestag der Staatsgründung. Der Sänger machte einen zerknirschten Eindruck, als er erklärte, wie es zu seiner Mitwirkung bei einer so nichtswürdigen Sache gekommen war. Die Partei hatte die Crème der Künstler des Landes verpflichtet, an diesem Abend aufzutreten, es handelte sich gewissermaßen um Befehlsnotstand. Er zählte die Namen einiger weiterer Berühmtheiten auf, die bei der Schweinerei mitgemacht hatten, er befand sich in guter Gesellschaft. Jedenfalls war klar, daß er nicht aus freien Stücken auf die Bühne gestiegen war, er *mußte*.

Der Interviewer gab sich mit dieser Erklärung zufrieden, er erkundigte ich nicht, worin der Druck auf den Sänger bestanden habe. Wenn einer *muß*, kann man nichts machen, Befehlsnotstand. Da man inzwischen genau weiß, zu welcher Infamie die Partei imstande gewesen ist, braucht man sich nicht nach Einzelheiten zu erkundigen. Dieses *ich mußte* ist unschlagbar, wer es sagt, ist vor peinlichen Befragungen sicher. Kennt man nicht Beispiele genug, wie die Partei mit Opponenten umgesprungen ist? Es gab nur einen wirksamen Schutz dagegen: Kein Opponent zu sein.

Damit kein Mißverständnis aufkommt: Es geht mich nichts an, wo der Sänger aufgetreten ist und wo nicht, was er mitgemacht hat und was nicht. Courage ist keine einklagbare Größe. Anders sieht die Sache aus, wenn er sich hinstellt und beklagt, ihm sei nichts anderes übriggeblieben, als ein Anpasser zu sein.

Daß es unbequem ist, Anweisungen zu mißachten, ist bekannt. Daß es Kraft kostet und Ärger bringt, dem Willen eines mächtigen Staates seinen eigenen entgegenzusetzen, ist bekannt. Das wäre ja großartig, wenn Auflehnung honoriert und Unterwürfigkeit bestraft würde. Dann wäre die Welt voll von Widerständlern, die selbstbewußt ihren Regierungen oder Vorgesetzten die Meinung sagen. Aber leider bringt Nichtanpassung nur auf eine einzige Weise Vorteil, nämlich dann, wenn so viele Nichtangepaßte sich finden, daß die Verhältnisse ins Wanken geraten.

Ohne Zweifel waren DDR-Menschen einem besonders starken Unterwerfungszwang ausgesetzt. Wenn es keine anderen Beweise dafür gäbe, brauchte man nur das regelmäßige Wahlergebnis von 99% zu nennen, das nicht nur jenseits aller Wahrscheinlichkeit liegt, sondern auch weit hinter der Schamgrenze. Auch Mitglieder des Politbüros mußten eigene Ambitionen zurückstellen und sich auf eine Weise verhalten, daß es ihnen selbst den Magen umdrehte. So hat man zum Beispiel Kurt Hager, den Generalstaatsanwalt der DDR-Kultur, auf die Frage, warum er in Wandlitz gelebt hatte, antworten hören: Ob man ernstlich glaube, er hätte dies aus freien Stücken getan. Ob man nicht sehe, daß es sich um eine ihm aufgezwungene Internierung handle, übrigens um die dritte seines Lebens. Ob man sich nicht vorstellen könne, daß er viel lieber draußen im Land gewohnt hätte, bei den Menschen, dort wo das Leben sei. Schlagartig wurde einem klar, daß auch die Mitglieder des Politbüros Opfer des Politbüros waren.

Im Ernst, es war ein Alarmsystem installiert, das jeden kenntlich machte, der sich auf unerlaubte Weise verhielt, und zudem ein System von Strafen, von kleinen, mittleren und höchst groben. Diese Art des Umgangs eines Staates mit seiner Bevölkerung war in Deutschland nichts Neues. Die damals stalinistische Besatzungsmacht Sowjetunion konnte dort weitermachen, wo die Nazis aufgehört hatten, und die Partei führte, kaum war die DDR gegründet, das Geschäft nahtlos fort. Ich wage die Behauptung, daß der Zwang zur Anpassung von den meisten DDR-Bürgern viel härter empfunden wurde, als es im Dritten Reich der Fall gewesen ist; denn vermutlich war die Identifizierung der Bewohner mit dem Nazistaat viel größer als später in der DDR. Ich kann mir nicht vorstellen, daß bei freien Wahlen die NSDAP sich eine ähnliche Abfuhr geholt hätte wie vor kurzem die SED, auch unmittelbar nach dem Krieg nicht.

Manche diktatorischen Regierungen haben Glück mit ihrer Bevölkerung und manche haben Pech. Das Maß an Drangsalierung, zu dem sie greifen müssen, hängt ganz von der Widerspenstigkeit der Bürger ab. Es ist ja nicht so, daß Unterdrücker aus Lust am Unterdrücken unterdrücken. Nichts gefällt ihnen besser als ein Volk, das so eingeschüchtert oder korrumpiert ist, daß es widerspruchslos jede Anweisung befolgt. Dann sieht das Leben harmonisch aus, dann kann man behaupten, es scheine über dem Land die Sonne der Eintracht. Und wenn ein-

zelne Widerständler doch Theater machen, kann man sie ohne viel Aufsehen zur Besinnung bringen; notfalls kann man es sogar wagen, großzügig zu sein und es bei einem Fingerdrohen bewenden zu lassen. Wenn die Widerstänsder nur vereinzelt genug sind.
In dieser Hinsicht nun war die DDR-Regierung ein wahrer Glückspilz. Sie hatte es mit einer Bevölkerung von hoher Unterwerfungsbereitschaft zu tun, mit Bürgern, deren hauptsächliche Widerstandshandlung darin bestand, sich zu ärgern. Wenn man das gewaltige Maß an Ablehnung gegenüber der Partei, ja an Haß, das sich nach der Wende artikuliert hat, mit der Auflehnung vergleicht, die in vierzig Jahren DDR daraus geworden ist, stellt man doch einen gewissen Mangel an Symmetrie fest. Ich glaube nicht, daß die Enthüllungen der letzten Monate fundamental neue Erkenntnisse über das Innenleben der DDR gebracht haben. Auch wenn manche Details atemberaubend sind, war im Prinzip doch alles bekannt. Daß die Natur des Landes auf verantwortungslose Weise geplündert und zerstört wurde, wußte man. Daß der einzige Wirtschaftszweig, der florierte, die Vetternwirtschaft war, wußte man. Daß auf Teufel komm raus überwacht, genötigt und drangsaliert wurde, wußte man. Und daß in der Parteiführung nicht die selbstlosesten und nicht die intelligentesten Personen saßen, wußte man. Jeder konnte sehen und sah ja auch, daß der Kaiser keine Kleider hatte, doch nun, seit der Ruf »Der Kaiser ist ja nackt!« nicht mehr von Sanktionen bedroht ist, wird er wie die größte Erkenntnis gefeiert.

Eines der am leidenschaftlichsten diskutierten Themen in der DDR ist die Frage, wie mit den früheren Mitarbeitern des Staatssicherheitsdienstes verfahren werden soll. Die

Skala der Ansichten reicht von *einsperren* bis *vergessen*. Ich gebe zu, daß ich selbst vollkommen ratlos wäre, hätte ich über das Schicksal dieser furchtbaren und zum Teil auch bemitleidenswerten Leute zu entscheiden. Alle Meinungen, die ich je dazu gehört habe, waren irgendwann auch meine eigenen, zumindest für Sekunden. Doch was ist es für ein lausiger Zustand, von seinen Emotionen geschüttelt zu werden und nicht den festen Boden eines Standpunkts unter die Füße zu kriegen. Einsperren oder vergessen oder was?
Die Wut, die überall in der verendenden DDR der Stasi entgegenschlägt, ist von ihr selbst entfacht worden, natürlich. Jeder einzelne war ihr ausgeliefert, und selbst viele, die von ihr in Ruhe gelassen wurden, mußten ängstlich denken: Wie lange noch? Über alles wurde Buch geführt, über Seufzer, über Unbeherrschtheiten, über mürrische Blicke. Oft traten die Herren unverhüllt auf, ohne die bei solchen Diensten übliche Deckung, so als wäre ihnen das Bewußtsein ihrer Allgegenwart mehr wert gewesen als die Informationen, die es zu sammeln galt. In jeder Behörde saßen die Stasi-Leute, in jedem Verein, in jeder Schule, in jedem Kindergarten, in vielen Familien. Man gewöhnte sich daran, sie als lästigen Teil der Umwelt hinzunehmen, wie Smog. Einer ihrer größten Erfolge bestand darin, daß man sie oft auch dort vermutete, wo sie gar nicht waren. Viele Telefongespräche wurden nur im Hinblick auf den Abhörenden geführt, Briefe enthielten Floskeln, die nicht an den Adressaten gerichtet waren, sondern an den Kontrolleur, und auf Versammlungen (jedes Leben war voll von Versammlungen) klatschte man an Stellen Beifall, daß einem selbst übel davon wurde. Nach Gründen für den Zorn, der sich nun auf die verfluchte Stasi entlädt, braucht man also nicht lange zu suchen.

Und doch kommt es mir vor, als habe dieser Zorn einen unangenehmen Beigeschmack, als sei er nicht immer ehrlich. Der besondere Eifer, mit dem die Stasi-Schikanen nun angeprangert und verfolgt werden, scheint mir für viele wie ein Versuch, die eigene Unterwürfigkeit ungeschehen zu machen. Je schrecklicher die Bedrohung dargestellt wird, der man ausgesetzt war, für um so verständlicher muß das jahrzehntelange Parieren gehalten werden. Wenn man ihnen schon den perfekten Untertan gespielt hat, sollte man da nicht wenigstens glauben dürfen, daß einem nichts anderes übriggeblieben ist?
Das ist aber eine wichtige Frage – ist einem wirklich nichts anderes übriggeblieben? Ich bezweifle das, und ich glaube, daß es keiner übermenschlichen Kräfte bedurft hätte, sich zur Wehr zu setzen. Ich weiß nicht, wohin das geführt hätte, vielleicht zu noch mehr Repression, vielleicht zu verstärkten Auseinandersetzungen (die es in der DDR ja kaum gab) und damit zu Bewegung in den erstarrten Verhältnissen, vielleicht auch zu einer Gesellschaft mit mehr Freiheiten. Das kommt mir wie die wahrscheinlichste Vermutung vor. Auf jeden Fall wären dann vierzig Jahre DDR eine Zeit mit weniger Verdrießlichkeit, Heuchelei und Unrecht gewesen.

Mitte der sechziger Jahre traf ich einen ehemaligen Schulkameraden, von dem ich gehört hatte, daß er für den Staatssicherheitsdienst arbeitete. Wir tranken ein paar Schnäpse, ich hatte Hemmungen, seine Einladung auszuschlagen, war aber auch neugierig. Als er nicht mehr ganz nüchtern war, fragte ich ihn geradeheraus, ob es stimmte, was man sich erzählte, und er bestätigte lächelnd das Gerücht. Er sei zu der Sache absolut nicht gezwungen worden, sagte er dann, eine zweite Frage beantwortend, die ich noch gar nicht gestellt hatte; er verdiene nicht schlecht, der Dienst sei erträglich, manchmal sogar interessant, und man habe ihm eine gute Wohnung zugewiesen, auf die er sonst Jahre hätte warten müssen. Je mehr wir tranken, um so unverblümter redete er, ich habe nicht mehr alles im Gedächtnis, denn ich mußte ja mittrinken. Jedenfalls tat er bald so, als hätte ich ihm Vorwürfe wegen seiner Spitzeltätigkeit gemacht (was ich nie gewagt hätte), und verteidigte sich. Das heißt, er griff mich an. Wie so viele sentimentale Trottel litte ich an Hirnblähungen, nur weil der Staatsicherheitsdienst Leute überwache; dabei seien wir unfähig zu begreifen, daß Leute überwacht werden *müßten*. Wenn er einen Hauch Sympathie für diese Leute empfände, würde er sich auf der Stelle einen anderen Beruf suchen; aber wie lange er auch nachdenke und suche, er finde keinen Grund, sie zu mögen. Er zählte eine Reihe von Eigenschaften auf, die allgemein verbreitet und in der Weltliteratur oft beschrieben worden sind, lauter Eigenschaften, für die Menschen seiner Meinung nach verachtet zu werden verdienten. Irgendwann sagte er: Die könnten uns doch mit einem Fingerschnips fertigmachen. Die brauchten sich doch nur ein Mal kräftig zu schütteln, und sie wären uns los. Aber dazu sind sie zu feige. Wir kontrollieren, und sie *lassen* sich kontrollierten. Zum Bespitzeln gehören immer zwei.

Es ist eine Tatsache, daß die Stasi agieren konnte, wie sie wollte, ohne groß Hindernisse überwinden zu müssen, ihre schwerste Behinderung bestand, wie man inzwischen weiß, im Intelligenzquotienten ihres Chefs. Keiner stellte sich ihr in den Weg, kaum jemand protestierte gegen ihre Unverschämtheiten, man ließ sie gewähren, als wäre sie der verlängerte Arm des Schicksals. Wenn Widerspruchs-

losigkeit lange genug andauert, kann sie irgendwann für Zustimmung gehalten werden; dieser Irrtum war in der DDR leicht möglich, und ein Teil der Parteiführung, wahrscheinlich der größte, ist ihm erlegen.
Wenn die Ergebenheit, mit der die meisten DDR-Bürger ihren Staat ertrugen, sich im nachhinein in *unvermeidliche* Ergebenheit verwandelt oder gar in heimlichen Widerstand, beginnt die neue Zeit mit Lügen. Nein, Mut und Aufrichtigkeit standen in diesen vierzig Jahren nicht in hoher Blüte. Man sollte das den Menschen nicht vorwerfen, denn zu Mut ist niemand verpflichtet, man sollte es aber auch nicht verschweigen. Der Druck, dem jeder ausgesetzt war, hätte nicht zwangsläufig totale Anpassung zur Folge haben müssen. Und Unterordnung darf nicht allein damit rechtfertigt werden, daß es zu Unannehmlichkeiten geführt hätte, sich *nicht* unterzuordnen. Mit der Erinnerung an die eigene Zaghaftigkeit leben zu müssen, das ist der Preis für jahrzehntelange Jasagerei. Den wollen viele nicht zahlen.
Beim Erklären gesellschaftlicher Fehlentwicklungen haben die Deutschen eine besondere Verpflichtung zur Genauigkeit. Oder nein, Unsinn, diese Verpflichtung hat jedes Volk, aber die Deutschen haben sie eben auch. Bis in unsere Tage hinein reichen die Versuche, die Schuld an den Taten Nazi-Deutschlands ins Führerhauptquartier zu karren und dort abzuladen. Es ist eine wunderbare Art von Absolution, Hitler für alles verantwortlich gewesen sein zu lassen, was die Deutschen im Krieg und in den sechs Jahren davor verbrochen haben, für jede Denunziation, für jeden Rechtsbruch, für jeden Genickschuß.
Nun will ich diesen Vergleich nicht auswalzen und unzulässige Parallelen zwischen jenem Reich und der DDR ziehen. Aber ich will die Methode anschwärzen. Das

könnte den Opportunisten so gefallen, daß ihre Fügsamkeit über Nacht vergessen ist, daß sie als Opfer dastehen, denen eine unüberwindliche Macht im Nacken gesessen hat. Im Nacken saß ihnen diese Macht wohl, und stark war sie auch, aber *unüberwindlich*? Wir wollen ja gerade aufhören zu meinen, Menschen seien nichts anderes als das Resultat ihrer Umstände, nichts anderes als vom Schicksal umhergeweheter Staub. Der real existierende Sozialismus war ein Gemeinschaftswerk der Parteiführung, ihrer Handlanger und der vielen Gehorsamen. Daß er nach dem Willen der einen und zum Widerwillen der anderen gedieh, ändert nichts an diesem Sachverhalt; alle Beteiligten haben sein Aussehen geprägt.

Seit langem kennt man die Floskel von der »Bewältigung der Vergangenheit«, diesen sprachlichen Faltenwurf, der die Nähe eines Gedankens verheißt, ohne ihn zu offenbaren. Ich habe jedenfalls nie verstanden, was sich dahinter verbirgt, aber ich habe es intensiv geahnt: das Bedürfnis, mit der Vergangenheit auf eine Weise umzugehen, daß sie uns zu quälen aufhört. Der Wunsch scheint mir verständlich zu sein, und legitim ist er auch. Nach meiner Überzeugung gibt es nur einen Weg dorthin: diese Vergangenheit im Gedächtnis zu behalten und sich nicht über sie zu belügen. Je mehr Zeit erinnerungslos vergeht, um so schwerer wird die Aufgabe; und wenn man nicht aufpaßt, hat eines Tages jeder seine eigene Vergangenheit, hat eines Tages jeder sich so verhalten, wie es vorteilhaft oder ehrenwert ist, sich verhalten zu haben.

Noch eine DDR-Geschichte: Eines Tages zeigte mir ein Autor sein Romanmanuskript und fragte mich nach meiner Meinung, es muß Ende der siebziger Jahre gewesen

sein. Nachdem ich den Text gelesen hatte, fragte ich ihn, ob er den Roman schon einem DDR-Verlag angeboten hätte. Er schüttelte den Kopf. Ich sagte, das könne er sich sparen, kein DDR-Verlag würde es wagen, dieses Manuskript dem Zensor auch nur vorzulegen. Wenn er ernsthaft den Roman veröffentlichen wolle, sollte er gleich zu einem westdeutschen Verlag gehen. Das habe er auch vor, sagte er bekümmert, nur wolle er sich etwas Zeit damit lassen. Was für Zeit, fragte ich, und er antwortete: Seine Tochter stehe vor dem Abitur, und ich könne mir vorstellen, wie es ihr dabei ergehen würde, wenn das Buch jetzt im Westen erschiene. Wie hätte ich kein Verständnis dafür haben sollen.
Einige Monate später, seine Tochter hatte gerade das Abitur bestanden, erkundigte ich mich wieder nach dem Roman. Er sagte, er müsse mit der Veröffentlichung leider noch ein wenig warten: er sei dabei, sich ein Häuschen zu kaufen, das Genehmigungsverfahren laufe gerade, und er sei sehr auf das Wohlwollen der Behörden angewiesen. Als ich ihn das nächstemal fragte, wartete die Tochter auf ihre Zulassung zum Studium, und das Mal darauf hatte er für sich und seine Frau eine Reise nach Ägypten beantragt. Das ging ziemlich lange so weiter. Vor ein paar Monaten nun hielt er die Zeit für gekommen und bot das Manuskript einem Verlag an, aber kein Mensch interessierte sich mehr dafür.

1990

Mit den Ohren sehen

Als Student lernte ich einen jungen Mann an der Universität kennen, der von Geburt an blind war. Da wir uns beide für eine bestimmte Art von Musik begeisterten, trafen wir uns eine Zeitlang, um Schallplatten oder Tonbänder zu hören. Das einemal kam er zu mir, das anderemal ich zu ihm. Bald fand ich heraus, daß ich ihn für behinderter hielt, als er war. Er wehrte sich nicht gegen meine oft überflüssigen Hilfeleistungen, doch ich merkte, daß sie ihn amüsierten. Manchmal lächelte er mich an wie jemanden, der etwas schwer von Begriff ist. Es kostete mich Überwindung, ihm nicht die leergetrunkene Tasse aus der Hand zu nehmen und ihm nicht den Stuhl gegen die Kniekehlen zu schieben und ihm nicht alle Hindernisse aus dem Weg zu räumen. Als ich ihm das erstemal nicht den Mantel abnahm, sondern wartete, bis er ihn selbst an meine Garderobe gehängt hatte, sagte er »bravo!«, und ich wurde bestimmt rot. Ich erinnere mich, wie mir eines Tages der Verdacht kam, es müsse nicht unbedingt ein Nachteil sein, nicht sehen zu können. Seine Umgebung als immerwährendes Hörspiel zu erleben, dachte ich, könne zu einer Art von Genauhörigkeit führen, die zwar eine andere Vorstellung von der Welt liefere als die übliche, vielleicht aber eine präzisere. Verhindern nicht meist die Bilder, die man sieht, daß man sich ein Bild von etwas macht? Jedesmal, wenn ich jemanden beobachte, der die Augen zumacht, um genauer hören zu können, denke ich an den Kommilitonen, der solche Verrenkung nicht nötig hatte.

1990

Vom Handwerkszeug der Schriftsteller

Rede zur Verleihung des Fallada-Preises

Als ich vor über zwanzig Jahren mein erstes Buch schrieb, »Jakob der Lügner«, habe ich mir keine Sekunde lang die Frage gestellt, warum ich das tue. Die Geschichte war, so meinte ich, gut genug für einen ersten Roman, und sie schien mir ganz gut nach Deutschland zu passen, und ich hatte einen Ton im Ohr, in dem ich sie erzählen wollte. Die Leute würden sie schon mögen, zumindest die, die etwas von der Sache verstanden; und wenn sie sich herausgefordert fühlen sollten, weil einer über so schreckliche Dinge wie Ghetto und Judenverfolgung nicht mit der gewohnt tränenerstickten Simme erzählte, sondern gar komisch zu sein versuchte, um so besser. Herausfordernd zu sein, das schien mir damals ungefähr die beste Haltung, die ein Schriftsteller einnehmen kann, zumal ich in einer Umgebung lebte, in der die meisten Autoren das genaue Gegenteil versuchten. Außerdem war ich inzwischen dreißig Jahre alt, es wurde langsam Zeit, mit einem Roman zu beginnen, wenn meine Zukunftspläne nicht im Sande verlaufen sollten. Ich glaube, daß ich nicht wegen meiner Beziehung zur Literatur ein Buch zu schreiben anfing, sondern weil ich gern Schriftsteller sein wollte.

Ich war mir sicher, daß es sich um eine nützliche Arbeit handelte, die ich da in Angriff nahm, ohne daß ich es für nötig gehalten hätte, diese optimistische Vermutung aufzuschlüsseln. Da ich mich für erkenntnisfähig hielt und da

ich entschlossen war, kein Wort gedankenlos hinzuschreiben und keinen Satz zuzulassen, der nach meiner Überzeugung nicht entweder notwendig oder schön war, existierte für mich kein Zweifel, daß, auf welche Weise auch immer, die Leser, womöglich die Leser in aller Welt, von meinem Roman profitieren würden. Stellen Sie sich das vor: Da setzt sich ein relativ junger Mann, der noch niemandem durch seine Literaturproduktion aufgefallen ist – allein schon deshalb nicht, weil er noch nie Literatur produziert *hat* –, zum Bücherschreiben an den Tisch, und zwar in der Überzeugung, daß es ein Verlust für die Menschheit wäre, wenn er es nicht täte.
Schnell ist die Frage beantwortet, ob diese Gewißheit des jungen Mannes berechtigt war – natürlich war sie es nicht, natürlich war er größenwahnsinnig, natürlich war die Wirkung des fertigen Buches fast null, gemessen an seinen Erwartungen. Halten wir es aber für wichtiger herauszufinden, worin seine unmäßige Furchtlosigkeit ihren Grund hatte, ob es da noch etwa anderes gab als ein übersteigertes Selbstbewußtsein, wie es hin und wieder bei jungen Männern anzutreffen ist. Ich glaube, mich zu erinnern, daß da noch etwas war, auch wenn es mir kaum gelingen wird, dieses Etwas genau zu beschreiben.
Zuerst sollte ich wohl sagen, daß ich eine solche, an Hochmut grenzende Art von Selbstüberschätzung für ein unverzichtbares Handwerkszeug der Schriftsteller halte. Verwechseln Sie das aber nicht mit der Ansicht, Schriftsteller hätten jeden Unfug, der ihnen in den Sinn kommt, als wertvoll zu betrachten, jeden erstbesten Einfall wie eine Kostbarkeit. Wir alle wissen, daß erstbeste Einfälle die traurige Tendenz haben, schwachsinnig zu sein, *das* meine ich also gewiß nicht. Ich will darauf hinaus, daß Schriftsteller ihre Hervorbringungen für wichtig halten

und daß sie in dem Bewußtsein schreiben müssen, es hänge viel vom Resultat ihrer Bemühungen ab. Anders, so vermute ich, läßt sich Literatur, die diesen Namen verdient, nicht produzieren. Es ist wohl kaum je ein bedeutsames Buch von einem Autor geschrieben worden, der meinte, eigentlich komme es nicht so genau darauf an, eigentlich mache es keinen großen Unterschied, ob er seinen Roman oder sein Theaterstück oder sein Gedicht schreibe oder nicht.

Natürlich ist handwerkliche Begabung, also Beziehung zur Sprache und die Fähigkeit, eine Vorstellung in Worte zu bringen, nicht zwangsläufig an ein solches Bewußtsein gebunden. Fehlt das aber, dann öffnet sich in den Büchern unmerklich eine Hintertür, durch die Beliebigkeit und Opportunismus und Künstlichkeit Einzug halten, jedenfalls Belanglosigkeit. Denn der Autor schreibt ja nicht auf, wovon er besessen ist. Die Gewißheit, daß am Ende seiner Mühe eine Erkenntnis oder eine Empfindung oder eine Ahnung sich einstellt, die es so noch nicht gegeben hat, ist für den Autor ein ständiger Antrieb, der ihn während seiner langen, auch einsamen Arbeit voranbringt. Und zwar kräftiger, als es jede Aussicht auf ein Honorar könnte. Bedenken Sie, daß die Entscheidung, sich für zwei Jahre in ein Zimmer einzusperren und zu versuchen, eine vorerst dunkle Sache aus dem Kopf hinaus aufs Papier zu bringen, daß diese Entscheidung einen gehörigen Mut verlangt, und daß günstige Umstände nötig sind, das Unternehmen nicht unterwegs verenden zu lassen. Der wichtigste dieser Umstände, wiederhole ich, ist das Bewußtsein von der hohen Bedeutung des zu schreibenden Textes.

Mir ist klar, daß ich von einer Geisteshaltung spreche, die man weniger freundlich auch Verhaltensstörung oder gar einen psychischen Defekt nennen könnte, und daß ich diese Haltung kurzerhand zur Voraussetzung für den Schriftstellerberuf erkläre. Mir ist auch klar, daß andere anders darüber denken, daß sie meinen, Schriftstellerei habe alle möglichen Voraussetzungen, nur diese eine eben *nicht*. Ich finde, daß sie nicht recht haben und das Offensichtliche übersehen.

Dem jungen Mann, der ich einmal war und an den ich mich nun zu erinnern versuche, fehlten vielleicht viele andere Voraussetzungen, diese eine jedenfalls nicht: Verstiegenheit. Er hatte sich nicht etwa nach langem Abwägen dazu entschlossen, verstiegen zu sein, so wie man die eine Methode einer anderen vorzieht, weil sie mehr Aussicht auf Erfolg verspricht. Er hat keinen Gedanken daran gegeben, daß Größenwahn für seine Pläne günstig sein könnte, er hatte ihn einfach, wenn jemand ihn damals fragte, wie um alles in der Welt er dazu komme, sich für einen Romanschriftsteller zu halten, oder wenn ein gutmeinender Freund ihm zu bedenken gab, ob man die viele Zeit nicht lieber in ein chancenreicheres Projekt stecken sollte, lächelte er nur und erklärte nichts. Er kam sich dann vor wie der Frosch, der von dem Kuß schon weiß, der ihn bald in einen Prinzen verwandeln wird. Er war voller Zuversicht.

Zuversicht bedeutete hier zweierlei: zum einen die Gewißheit, daß man imstande war, die Arbeit, die man sich vorgenommen hatte, zu bewältigen; zum anderen, und das ist wichtiger, die Überzeugung, daß die Zukunft eine Zeit war, in die alle Mühe zu investieren sich lohnte. Daß die Zukunft ohne jeden Zweifel der Gegenwart überlegen sein würde, daß es eine unaufhaltsame, eine unumkehrbare Entwicklung zum Besseren gab, daß mögliche Rückschläge auf dem Wege dorthin zwar ärgerlich waren, aber

nichts daran ändern konnten, daß unsere Gesellschaft, ja die Menschheit, sich in einer guten Richtung bewegte. *Das* ist Zuversicht. Letzten Endes handelte es sich um eine Art Urvertrauen, daß die Menschen imstande sein würden, auf der Höhe ihrer Erkenntnisse zu handeln, daß sie die zivilisatorische Wachstumsrate über alle anderen Formen des Wachstums stellen. Wenn der Fortbestand der Menschheit gefährdet ist, zugleich aber alle Gefahren erkannt und die Wege gefunden sind, sie zu umgehen, dann wäre es der reine Irrsinn zu glauben, daß uns der Untergang bevorsteht: So empfand ich damals, und nicht nur ich, es war die Grundüberzeugung jener Zeit. Dieses Vertrauen hat sich inzwischen nicht nur verflüchtigt, sondern ich würde meinen Kopf darauf wetten, daß die Angelegenheit sich umgekehrt verhält.
Der Umstand, daß die Folgen unseres Tuns uns selbst nur zum Teil treffen, mit voller Wucht aber erst die Nachfahren, hat uns Heutigen vollkommen den Verstand geraubt. Immer mehr scheint sich die Annahme durchzusetzen, daß man keine Rücksicht auf künftige Generationen zu nehmen braucht, weil es nicht mehr allzu viele solcher Generationen geben wird. Und je länger wir auf gewohnte Weise in unserem Handeln fortfahren, um so berechtigter wird diese Schlußfolgerung. Bei Individuen nennt man das Unvermögen der Extremitäten, Befehle des Hirns auszuführen, *motorische Störung*, in schweren Fällen *Paralyse*. Mir scheint, daß unsere Gesellschaften, ausnahmslos alle, paralysiert sind. Erkenntnisse zählen nichts, die Fähigkeit, sich nach ihnen zu richten, verkümmert. Das bedeutet nicht, daß nicht immer neue Erkenntnis gesucht und gesammelt würde, im Gegenteil häufen wir wahre Berge von Wissen an; doch diese Tätigkeit gleicht mehr und mehr einem Gesellschaftsspiel, das

draußen, außerhalb des Salons, kein Gewicht hat. Bei Individuen heißt das Schizophrenie. Die Wissensindustrie leidet an Überproduktion, sie muß Kapazitäten abbauen; ein Erkenntnisberg liegt da, macht uns ein schlechtes Gewissen, und wir haben keine Ahnung, wohin damit.
Ich will diesen Anlaß, da Sie mir so freundlich einen Preis verleihen, da man eher wohlgemut reden sollte, nicht mißbrauchen, um düstere Visionen vor Ihnen auszubreiten. Ich bin auf dieses scheußliche Thema nur gekommen, weil ich von mir spreche: Ich mache mir Sorgen. Ich meine – was mit mir vor sich geht, macht mir Sorgen. Die Befürchtung, daß die Zeit der Menschen allmählich zu Ende geht, behindert mich zunehmend beim Schreiben. Vielleicht handelt es sich dabei um einen Rest des zuvor beschriebenen Größenwahns, doch falls es so ist, dann hilft er mir diesmal nicht weiter. Zu der Überzeugung zu finden, daß es ein trauriger Verlust wäre, wenn ich mich nicht an ein neues Buch setzte und versuchte, der und jener Geschichte auf den Grund zu gehen, fällt mir immer schwerer. Ja, ich bringe es kaum mehr fertig, was ich tue, auch nur für wichtig zu halten.
Natürlich ließe sich sagen, ich sei endlich zur Besinnung gekommen und hätte, wenn auch seltsam spät, meine Grenzen erkannt. Daran könnte etwas Richtiges sein, dennoch wäre es höchstens ein Nebengrund. Ich bin verstiegen genug zu behaupten, daß meine Leistungen als Autor, wie enttäuschend sie immer sein mögen, bei weitem nicht so deprimierend sind wie die Leistungen der Menschheit. Von dem einen kann die Literatur sich erholen, vom anderen die Erde nicht. Der Vorrat an Zuversicht, dieser Rückenwind, ist aufgebraucht, dabei war mir die Zuversicht, solange ich sie hatte, nie aufgefallen. Eines Tages, als ich mich in der Fensterscheibe am Schreibtisch

sitzen und an einem Buch arbeiten sah, fing ich an, mir verschroben vorzukommen; ich stellte mir jemanden vor, der während eines Erdbebens, das ringsum wütet, sein kleines Grundstück bisher aber verschont hat, sein Kräuterbeet gießt.
Nie käme ich auf die Idee zu behaupten, fürs Schreiben gäbe es nur altruistische Motive, der Schriftsteller sei eine Art Dienstleistungsunternehmen für die Gesellschaft und habe sich vor allem um die Verbreitung von Erkenntnissen zu kümmern. Er steckt voller eigener, privater, intimer Gründe, und wenn er die nicht hätte, wäre er von vornherein verloren. Doch plötzlich, so scheint mir, gibt es *nur* noch solche Gründe, private, weil alle anderen keinen Sinn mehr haben. Der Autor, der immer noch Teilnehmer an gesellschaftlichen Vorgängen zu sein versucht, wirkt anachronistisch und bemitleidenswert, seine Texte haben den Geruch des Hinterwäldlers; offenbar ist er unfähig zu begreifen, daß sein Einsatz weder aussichtsreich ist noch jemanden ernstlich interessiert. Er kann nur als vereinzelter überleben, den das Schicksal des Großen und Ganzen höchstens am Rande beschäftigt, sozusagen nebenberuflich; es gibt vor der Jeder-ist-sich-selbst-der-Nächste-Gesellschaft kein Entrinnen. In dieser Situation kommt ein Autor zum Beispiel auf den seltsamen Gedanken, Drehbücher für eine Fernsehserie zu schreiben.
Ich mußte nicht etwa irgendwelche Skrupel überwinden, um das zu tun, im Gegenteil, es kam mir wie eine kleine Rettung vor. Ich suchte ja nach einer Beschäftigung, für die ich keine Zuversicht brauchte, und im selben Augenblick, da mir die Sache angetragen wurde, wußte ich: Das ist es. Ich war überzeugt davon, die Arbeit gut erledigen zu könnnen; ich dachte, Dialoge zu schreiben und ein bißchen witzig zu sein und die Figuren einigermaßen le-

bensecht wirken zu lassen, das müßte mir liegen, zumal die Konkurrenz auf diesem Gebiet nicht so beschaffen ist, daß man sich fürchten müßte. Also schrieb ich »Liebling Kreuzberg«, ich brachte zweieinhalb Jahre damit zu. Ich schrieb eine Folge nach der anderen, einfach weil ich es konnte.

Als ich studierte, gab es in meiner Gruppe einen jungen Mann, der allgemein für einen Streber gehalten wurde und es bestimmt auch war. Einmal, während eines Seminars, stellte Professor Georg Klaus irgendeine Frage an uns Studenten, dieser junge Mann meldete sich als einziger, bekam das Wort und gab seine Antwort. Professor Klaus überlegte einen Augenblick und sagte dann zu ihm: »Das haben Sie nur gesagt, weil es stimmt.« Es war eines der niederschmetterndsten Urteile, die ich je gehört habe; ich mußte daran denken, als die Entscheidung zu treffen war, wieviele Drehbücher für »Liebling Kreuzberg« ich noch schreiben wollte.

Ich habe damit aufgehört, als das Geschäft blühte. Ein paar meiner Freunde konnten es zuerst nicht glauben, der Produzent war fassungslos: Welcher Teufel war in mich gefahren, eine Manufaktur aufzugeben, die so reibungslos lief? Endlich hat er etwas gefunden, was ihm gut von der Hand geht, und schon ist er sich dafür zu schade, mögen sie gedacht haben. Aus der Luft gegriffen wäre es nicht gewesen. Es kam mir aber eine lästige Eigenschaft in die Quere, vielleicht meine letzte Schriftstellergewohnheit: Die Verhaltensstörung, von der zuvor die Rede war, siegte über den Erwerbssinn und ließ mich Sehnsucht nach einer Arbeit empfinden, die mich mehr erschöpfte. Sie werden verstehen, daß es größere Genugtuung bereitet, sich in fremden, aufregenden Gegenden herumzutreiben, als immer wieder dieselbe Runde zu drehen. Schreiben wird erst in der Nähe einer Grenze zum Abenteuer – am besten der eigenen. Auch wenn es mir nie gelingen wird, dorthin vorzudringen, so war ich mir auf einmal doch sicher, daß diese Grenze weit außerhalb einer Anwaltspraxis in Kreuzberg liegt.

Also sitze ich wieder da, schreibe an einem Roman und entwerte alles bisher Gesagte. Höchstens liefere ich den Beweis, daß auch ich nicht in der Lage bin, meinen eigenen Erkenntnissen zu folgen, aber wer hätte das anders erwartet. Einmal hatte ich einen Muskelriß im Bein, ich erinnere mich, daß ich nächtelang meine Haltung im Bett veränderte, hoffend, der Schmerz würde auf diese Weise nachlassen. Dabei hätte ich wissen müssen, daß es sinnlos war, ich konnte mich drehen und wenden, wie ich wollte, dem Schmerz im Bein war es egal. Doch während ich mich immer wieder von einer Seite auf die andere wälzte, war ich überzeugt davon, die Rettung liege allein im Finden der richtigen Position.

Ich danke Ihnen sehr für diesen Preis, er ist mir wie ein Rückenwind und spornt mich an, noch einmal über diese Sache mit der Zuversicht nachzudenken.

1990

Die wünschenswerte Schule

Es hat noch nie zu den besonderen Vorzügen deutscher Schulen gehört, selbstbewußte Persönlichkeiten zu erziehen, die zum einen in der Lage wären, eigene Ansichten zu produzieren, zum anderen diese Ansichten auch dann zu vertreten, wenn sie in Widerspruch zu den ringsum vorherrschenden stehen. Wir leben in einem Land, wo Auflehnung als extrem negative Art von Verhalten gilt. Ein Musterbeispiel dafür ist, daß dieselben Aufsässigen, die unter hohem persönlichem Risiko die Parteiherrschaft in der DDR ins Wanken gebracht und schließlich deren Sturz herbeigeführt haben, schon bald nach getaner Arbeit wieder mit Argwohn angesehen und wie eine lästige Randgruppe behandelt werden.
Ich wünschte mir eine Schule, in der Kindern und Jugendlichen Lust auf unabhängiges Denken gemacht wird, anstatt es ihnen auszutreiben, eine Schule, in der Anpassung und Unterordnung nicht der letzte Erziehungszweck sind, in der Opportunismus nicht honoriert wird, und in der Widerspruch keine Nachteile bringt. Allein schon deshalb müßten Lehrer dies sehr wichtig nehmen, weil jedes Kind außerhalb des Unterrichts, auf dem Schulhof, in den Cliquen und Horden, meist auch in der Familie, einem starken Anpassungsdruck ausgesetzt ist. Wenn dann auch der Unterricht in dieselbe Kerbe schlägt, ist es um jedes Kinderrückgrat geschehen. Ich wünschte mir also eine Schule, die wie eine Übungs- und Ermutigungsstätte für eigenes Denken wäre.
Gleichzeitig fürchte ich aber, daß die Entfernung zu ei-

nem solchen Zustand sich in letzter Zeit eher vergrößert als verringert hat. Nicht die deutsche Vereinigung ist dafür verantwortlich, wohl aber die Art und Weise, wie sie zustandegekommen ist: Die eine Seite hat bedingungslos gesiegt, die andere ist elend untergegangen. Eine bestimmte Art von Zweifellosigkeit und Selbstgefälligkeit ist die überall sichtbare Folge, eine bei Siegern natürlicherweise anzutreffende Überzeugung, daß die eigene Art zu leben und zu handeln und sich zu organisieren die richtige ist.

Unsere westlichen Gesellschaften, deren relatives Wohlergehen nicht nur auf der eigenen Tüchtigkeit beruht, sondern ebenso auf der Not eines Großteils der Erdbevölkerung und auf dem Raubbau an der Zukunft, brauchten aber unbedingt neue Wertvorstellungen. Die Ansprüche zu ändern, das heißt, sie zu reduzieren, ist auf die Dauer eine Frage auf Leben und Tod. Die Schule hätte ihre wichtigste Aufgabe darin, Menschen zu erziehen, die das erkennen und nach Abhilfe streben. Es wird ihr größtes Versäumnis sein, genau das nicht zu tun.

1991

Eine alte Geschichte

Zum Titel dieses Buches möchte ich bemerken, daß es sich, was den Rechtsextremismus in Deutschland angeht, keineswegs mehr um einen Anfang handelt. Ich will nicht in die zwanziger oder dreißiger Jahre zurückgehen und nicht die unleugbaren Verbindungen des damaligen deutschen Faschismus mit dem heutigen untersuchen; ich will nur daran erinnern, daß auch in der Bundesrepublik Deutschland die Äußerungen und Taten der Rechtsextremen eine ansehnliche Geschichte haben. Der Umstand, daß diese Geschichte von allen unseren Regierungen gern übersehen, und wenn nicht übersehen, dann doch ständig verharmlost wurde, ändert daran nichts.
Zugegeben, nicht immer gebärdeten sich die Neonazis so blutrünstig wie in den vergangenen Monaten. Das liegt nicht nur daran, daß ihnen heute besonders gewalttätig zumute ist, sondern vor allem daran, daß sie sich einer größeren Zustimmung in der Bevölkerung sicher fühlen als je in den letzten vierzig Jahren. Und damit haben sie nicht unrecht. Doch nun zu der Geschichte, die ich erzählen will.

Als ich dreizehn Jahre alt war, gab es in meiner Klasse einen Jungen, der viel stärker war als ich – er war einen Kopf größer und zudem zweimal sitzengeblieben, also auch zwei Jahre älter. Ich fürchtete mich vor ihm wie die meisten, es empfahl sich nicht, ihn zum Feind zu haben. Am besten konnte man ihn ertragen, wenn man ihm aus dem Weg ging, wenn man sich so verhielt, daß er einen

überhaupt nicht bemerkte. Man nahm es wie einen Schicksalschlag hin, wenn er einem etwas wegnahm, und wenn man auf den Schulhof kam, prüfte man zuerst, wo er sich aufhielt, um dann in die entgegengesetzte Ecke gehen zu können. Wenn er im Unterricht eine besonders dumme Antwort gab, wäre es keinem in den Sinn gekommen zu lachen, obwohl das sonst in unserer Klasse üblich war – es schienen für ihn andere Regeln zu gelten als für die anderen. Auch die Lehrer waren besonders nachsichtig mit ihm; ich hatte den Eindruck, daß sie darauf achteten, ihm keine schweren Fragen zu stellen, wie um ihn nicht in Verlegenheit zu bringen. Selbst sie schienen Angst vor ihm zu haben, und das wieder vermehrte meine Angst.
Er war von einer Rücksichtslosigkeit, wie sie sich nur Starke erlauben können. Bei der Essenausgabe im Speisesaal ging er immer sofort nach vorn, als wäre die Schlange der Anstehenden für ihn unsichtbar; er kürzte gern seine Wege ab und rannte andauernd kleinere Kinder über den Haufen, ohne sich auch nur nach ihnen umzudrehen; er warf alles, was er nicht mehr brauchte, auf den Boden, auch wenn Papierkörbe oder Mülleimer in der Nähe standen, und wenn jemand es an seiner Stelle wegräumte, bemerkte er es nicht. Über die Plage, die er für jeden von uns bedeutete, kam ich am besten hinweg, indem ich mir sagte: Wenn es Zeugnisse gibt, sind wir ihn ohnehin los, dann bleibt er wieder sitzen, und eine andere Klasse hat ihn dann am Hals. Es gehörte nicht viel Phantasie zu einer solchen Prognose, und genau so geschah es auch: Benno, so hieß der Bursche, wurde tatsächlich nicht versetzt. Aber bevor es soweit war, verhalf er mir zu einer Erfahrung, mit der ich bis heute nicht fertiggeworden bin.
Ich wohnte in der Nähe eines riesigen Bunkers, der nach

dem Krieg gesprengt worden, jedoch nicht vollständig eingestürzt war; meterdicke Betonwände standen noch und lockten mit ihrem Geheimnis. Je nachdrücklicher die Erwachsenen uns Kindern verboten, dort zu spielen – wegen der Gefahr einstürzender Decken, wegen der Gefahr herumliegender Munition –, desto selbstverständlicher kam es uns vor, jede freie Minute in den unheimlichen Verliesen zu verbringen. Es gibt nichts Einfallsloseres und nichts Langweiligeres, als sich um jedes Verbot zu kümmern.

Ich erinnere mich, einmal ging ich wieder zum Bunker hin und hörte schon am Eingang etwas Aufregendes: Jemand weinte und jemand schrie. Mein erster Gedanke war, davonzulaufen, aber die Neugier war stärker, ich schlich an die Stimmen heran. Ich brauchte keine Angst zu haben, daß man mich bemerkte, ich hätte mich sehr ungeschickt dafür anstellen müssen, es gab genügend Deckung. Selbst wenn unter meinen Schritten ein Steinchen wegrutschte oder ein Stück Boden wegbrach, hatte das nichts zu bedeuten – andauernd rieselte und bröckelte etwas in dem gewaltigen Bau.

Der Anblick, der sich mir schließlich bot, war schaurig: In einem der abgeteilten Räume, die so waren, wie ich mir Gefängniszellen vorstellte, stand Benno und sah wütend auf einen Jungen herab, der vor ihm auf dem Boden lag. Benno brüllte etwas, ich glaube, seine Worte lauteten »Wirst du das nocheinmal sagen?«, aber ich könnte es nicht beschwören; denn Benno schrie so laut, daß man kaum etwas verstand. Der andere Junge, der weinte, antwortete nichts, darauf trat ihm Benno mit großer Wucht in den Bauch, wahrscheinlich nicht zum erstenmal. Ich dachte, wie dumm es von dem Jungen war, nicht die Antwort zu geben, die Benno offenbar hören wollte, dann

wäre doch alles vorbei gewesen. Aber der Junge schwieg und weinte und mußte immer neue Tritt erdulden. Benno wiederholte seine Frage noch ein paarmal, jedem Schweigen folgte ein neuer Tritt. Bennos Schuhspitze zielte nicht nur auf den Bauch, sie traf dorthin, wohin es sich gerade fügte, auf die Brust, in den Rücken, gegen den Kopf. Bald hörte Benno auch auf, seine Frage zu wiederholen, er trat nur noch, in immer kleiner werdenden Abständen, so als habe er es satt, immer wieder dasselbe zu sagen.
Einmal versuchte der Junge, den ich noch nie gesehen hatte und der etwa so groß war wie ich, sich vom Boden zu erheben, doch es gelang ihm nicht. Benno nahm die Hände aus den Hosentaschen und prügelte auf ihn ein, bis er wieder zusammengekauert am Boden lag. Jetzt blutete er auch noch aus Mund und Nase, das hatte er von seinem Aufstehenwollen, und Bennos Tritte wurden immer kräftiger. Ich sah, daß aus einer Kopfwunde Blut hervorquoll, und plötzlich hielt ich es für möglich, daß Benno den Jungen umbringen würde. Eine solche Tat wollte ich nicht mitansehen, ich schlich davon und sperrte mich in mein Zimmer ein.
Getötet wurde wohl niemand, jedenfalls stand nichts darüber in der Zeitung, und niemand in unserer Gegend erwähnte etwas davon. Am nächsten Tag sah der Bunker aus wie immer, und auch Benno war derselbe geblieben; er änderte sich nicht, bis er eines Tages sitzenblieb und bis ich ihn aus den Augen verlor. Daß ich ihn bei der Quälerei des fremden Jungen beobachtet hatte, hat er nie erfahren. Doch für mich selbst hatte der Nachmittag langanhaltende Folgen: Ich fing an, mich zu hassen. Ich fing an, mich für einen erbärmlichen, verachtenswerten Feigling zu halten, weil ich dem fremden Jungen nicht zu Hilfe gekommen war. Es kann sein, dachte ich, daß wir auch

zusammen dem riesigen Benno nicht gewachsen gewesen wären, aber ich hätte es versuchen müssen. Unbedingt. Es wäre unendlich besser gewesen, wenn ich auch so zusammengeschlagen worden wäre wie der fremde Junge, wenn ich einer hätte sein können, der sich gewehrt hatte und nicht mit eingezogenem Kopf vor der hirnlosen Gewalt davongeschlichen war. Es hat lange gedauert, bis ich aufhören konnte, mich zu verachten, und manchmal fürchte ich, daß ich noch heute damit nicht fertig bin.

Diese alte Geschichte fiel mir ein, als ich im Fernsehen Bilder von den prügelnden, primitiven Skinheads sah und die Bilder von den vielen, die ihnen zusahen. Ich habe mich gefragt, wie viele wohl unter ihnen sein mochten, die sich zu Hause für ihr Zusehen schämten. Es gab sie bestimmt, es gab sie vermutlich zu Tausenden, denn noch nie war Gewalt in unserem Land so nah und so leicht erkennbar. Sicher gab es auch solche, die deshalb nicht eingriffen, weil ihnen das, was sich da abspielte, gefiel. Von denen spreche ich nicht, das sind Mittäter, ich aber habe die anderen im Auge, die meisten, wie ich hoffe. Ich glaube, daß der rechten Gewalt, die sich mitten unter uns formiert hat, ohne staatliche Gewalt nicht beizukommen ist. Argumenten sind diese Leute nicht zugänglich, argumentieren setzt Verstand voraus, den haben sie nicht. Ich glaube aber auch, daß das Problem um so lösbarer wird, je mehr Menschen sich finden, die ihre Furcht überwinden und sich den Brüllern und Schlägern entgegenstellen: die nicht so zögerlich und furchtsam sind, wie ich es damals, in meinem Bunker, gewesen bin.

1992

Eine Art Einheit

Niemand wird ernsthaft behaupten, in der Zeit der Naziherrschaft habe es nennenswerte Unterschiede im Verhalten der Ost- und der Westdeutschen gegenüber dem Staat gegeben: Die begeisterte Zustimmung war im Schwarzwald wohl kaum schwächer als im Thüringer Wald, die Bereitschaft zur Unterordnung in Frankfurt am Main kaum kleiner als in Frankfurt an der Oder, der antifaschistische Widerstand in Sachsen genau so winzig wie der in Niedersachsen. Warum nur sind heute die meisten Westdeutschen überzeugt davon, sie hätten sich in vierzig Jahren DDR nicht so würdelos verhalten wie die meisten Ostdeutschen, mit ihnen hätte dieser Unrechtsstaat nicht so leichtes Spiel gehabt?
Wenn Opportunismus zu einer massenhaften Erscheinung wird (und Opportunismus ist in jeder Gesellschaft das dominierende Muster menschlichen Verhaltens, ausnahmslos in jeder), dann ist die Vermutung absurd, es handle sich dabei um eine Art charakterlichen Defekts. Außer man akzeptiert, daß charakterliche Defekte der Normalfall sind. Zwar ist die Neigung verständlich, alle diejenigen Verhaltensformen, die nach den aktuellen Moralverstellungen als ehrenrührig und peinlich gelten, kurzerhand zu Fehlverhalten zu erklären; Voraussetzung dafür aber ist die totale Trübung des Blickes auf sich selbst.
Ich stelle mir ein anderes, ein durchaus mögliches Ende des 2. Weltkrieges vor: Die Westalliierten haben den nördlichen Teil Deutschlands besetzt, die ruhmreiche Sowjet-

armee den Süden. Glaubt jemand ernsthaft, die Stasi Bayerns hätte dann weniger effektiv gearbeitet als die, deren Akten wir gerade so gründlich durchforsten? Oder daß die Schwaben gegen den Bau der Mauer einen Generalstreik angezettelt hätten? Oder daß die Franken 1968 zu Deserteuren geworden wären, um nicht in Prag einmarschieren zu müssen? Welche Indizien gibt es dafür, außer dem nachvollziehbaren Wunsch, nicht so betreten, nicht mit so hängenden Schultern dastehen zu müssen wie jetzt die Bürger der dahingegangenen Republik?

Die Bekundung von Verständnis für die Anpasser ist nicht zu verwechseln mit einer Liebeserklärung – natürlich haftet dem Prinzip Unterordnung der Geruch von Ängstlichkeit und Spießigkeit und Heuchelei an. Andererseits ist es kein Geheimnis, daß die Ängstlichen und die Spießer und die Heuchler in der Bevölkerung die einzige zuverlässige Mehrheit bilden, das war nicht nur in der DDR so. Und mit welchem Recht will man es Leuten verübeln, wenn sie sich auf eine Weise verhalten, die erwiesenermaßen das Leben erleichtert, Konflikte aus der Welt schafft, ein gewisses Maß an Sicherheit garantiert und dem Feind Obrigkeit so wenig Angriffsflächen wie möglich bietet.

Da Unterordnung dann am leichtesten zu ertragen ist, wenn man davon überzeugt ist, sich einer guten Sache zu unterwerfen, waren im Laufe der Jahre immer mehr DDR-Bürger der Meinung, die Ziele ihres Staates seien unterstützenswert. Aber es war eine dünne Überzeugung, sie saß nur ganz vorn auf der Zunge, bei kleinster Belastung fiel sie in sich zusammen; und schon heute, nach dreieinhalb Jahren, wird sie von so gut wie allen verleugnet. Dennoch gab sich der Staat mit ihr zufrieden, er nahm den Millionen Parteimitgliedern und den Gewerk-

schaftsmitgliedern und den Kampfgruppenleuten und den Kundgebungsteilnehmern zum Tag der Republik und den 99,5% Ja-Sagern bei den Volkskammerwahlen ihre Lippenbekenntnisse ab. Auch an seiner Leichtgläubigkeit ist er zugrundegegangen, oder, sagen wir, an seiner Dummheit.
Gewiß sollte man nicht behaupten, daß Staat gleich Staat ist, Gesellschaft gleich Gesellschaft – zweifellos gibt es gerechtere und weniger gerechte. Dennoch muß es eine vergleichbare Ursache haben, wenn etwa zu Zeiten der Sowjetunion die meisten Sowjetbürger der Ansicht waren, die Sowjetunion sei ein großartiges Land, und daß die meisten weißen Südafrikaner finden, Apartheid sei vernünftig, und daß die meisten Amerikaner den *american way of life* für unübertrefflich halten, und daß die meisten Japaner mit niemandem tauschen möchten, und so weiter, bis in den letzten Winkel der Erde. Würde man diesen Menschen vorhalten, ihr Urteil habe mit Anpassung zu tun, so würden die meisten das entrüstet von sich weisen und behaupten, nie eine freiere Wahl getroffen zu haben. Denn das ist die höchste Stufe des Opportunismus: daß der Angepaßte seine Entscheidung für eine freiwillige hält, daß er irgendwann zum überzeugt scheinenden Verfechter genau der Ordnung wird, die ihm das Rückgrat gebrochen hat.
Eine Gesellschaft, deren Wohlergehen von der Courage ihrer Individuen abhängt, ist arm dran. Die sitzen geduckt im Bunker ihrer Angepaßtheit, und solange die Verhältnisse halbwegs erträglich sind, käme es ihnen wie Wahnsinn vor, ihn zu verlassen. Sie haben Glück, wenn die Spielregeln ihrer Gesellschaft ohne vollkommene Selbstaufgabe befolgt werden können; wenn es möglich ist, bei diesem Befolgen eine Haltung zu wahren, als folgte man

den eigenen Wünschen. In anderen Gesellschaften aber herrschen sehr strenge Regeln, die den einzelnen zu Verbiegungen, zu Verrenkungen, zu jeder Menge an Unglaubwürdigkeiten zwingen. Sie machen den Gehorsamen häßlich – in dieser Beziehung hat die DDR ganze Arbeit geleistet.

Und heute stehen die Westler da, die offenbar weniger Entstellten, die Sieger, zeigen mit Fingern auf die Verbogenen und genießen deren Betretensein. Die Tatsache, daß ihnen ein bestimmtes Unglück erspart geblieben ist, hat, der Himmel weiß warum, zu der Überzeugung geführt, daß es ihnen gar nicht hätte zustoßen können. Im Handumdrehen ist aus ihrem Glück ein Verdienst geworden und aus dem Pech der anderen ein Makel – mit dieser Gewißheit lassen sie sich zur Einheit herab. Ihre Pose scheint auszudrücken, daß es ein hartes Los ist, sich ausgerechnet mit denen da drüben vereinigen zu müssen. Und irgendwie kann man das auch verstehen: Es ist keine angenehme Vorstellung, bis ans Ende der Tage mit seinesgleichen verbunden zu sein.

1993

Für ein Schriftsteller-Treffen in Dublin

Der Direktor dieses Festivals hat mich in einem Brief gebeten, über die Probleme Deutschlands nach der Wiedervereinigung zu sprechen und dabei auch die Probleme der deutschen Schriftsteller darzustellen, die sich aus der neuen Einheit ergeben. Außerdem wäre es wünschenswert, wenn ich als jemand, der die DDR überstanden hat, einiges über die Ansichten der deutschen Autoren zum Thema »Heimat« sagen könnte. Und schließlich fragte er, was junge Deutsche dazu bringt, so türkenfeindlich und so offen rassistisch zu sein; es wäre günstig, schrieb er, wenn ich auch meine Ansichten über *diese* Ereignisse in den 20-minütigen Vortrag einbauen könnte.
Sie hören es – meine Situation ist nicht einfach. Ich will nicht behaupten, meine Kenntnisse seien so umfangreich, daß es unmöglich wäre, sie in so kurzer Zeit vorzutragen. Aber es würde allein Stunden dauern, wenn ich Ihnen das aufzählen wollte, was ich im Zusammenhang mit der deutschen Wiedervereinigung *nicht* verstehe. Ich muß mich also bescheiden.
Das Thema, über das ich zu Ihnen sprechen will, lautet: Die Schriftsteller der DDR in ihrer neuen Heimat Deutschland.
Das erste, was es zu sagen gibt: Es geht ihnen nicht gut. Dann muß aber sofort hinzugefügt werden: Den übrigen Schriftstellern, denen im Westen, geht es auch nicht gut, ihre Situation ist dieselbe. Damit sind die Schriftsteller aus der DDR schon wieder privilegiert, denn den anderen Ostdeutschen geht es deutlich schlechter als ihren Berufs-

kollegen im Westen. Die Arbeitslosigkeit ist erheblich höher, und wer Arbeit hat, der kann sich glücklich schätzen, wenn sein Lohn 70% des Westlohns beträgt; Verkäuferinnen im Osten träumen von einem Westgehalt, Kellner im Osten träumen von westlichen Trinkgeldern. Ein Ost-Schriftsteller dagegen, dem es gelingt, sein Manuskript an einen Verlag loszuwerden, erhält in aller Regel genausowenig Prozent an Honorar wie sein westlicher Kollege. Doch trotz dieser deutlichen Bevorzugung sind viele Autoren aus der früheren DDR unglücklich, und das nicht nur, weil es zum Handwerkszeug der Schriftsteller gehört, unglücklich zu sein.
In der guten alten DDR ging es ihnen besser, keine Frage. Auch wenn es die verschiedensten Methoden gibt, den Beruf auszuüben – jede davon brachte Vorteile mit sich. Da waren zum Beispiel die Autoren, die sich als Soldaten im Kampf der gesellschaftlichen Systeme verstanden, als sozialistische Realisten, als verlängerter Arm der Partei. Die Partei zeigte die Richtung, und sie, diese Autoren, stürmten kühn voran. Sie hatten keinen anderen Ehrgeiz, als der Partei alle Wünsche von den Augen abzulesen. Das war oft schwere Arbeit, denn diese Wünsche änderten sich manchmal von einem Tag zum nächsten, aber irgendwie schafften sie es immer wieder. Die Kunst in ihren Büchern bestand darin, auf möglichst originelle Weise zu einem Resultat zu gelangen, das der Leser schon vorher kannte. Und nichts machte sie froher, als wenn die Partei von Zeit zu Zeit ihre Dankbarkeit zeigt: Der Lohn waren Übersetzungen in osteuropäische Sprachen, hohe Auflagen, Visa für Urlaubsreisen in den Westen und Studienplätze für ihre Kinder. Die einzige überzeugende Definition des Sozialistischen Realismus, die ich kenne, habe ich vor vielen Jahren in der Sowjetunion gehört: Sozialisti-

scher Realismus ist Lob der Regierung, auf eine Weise, die sie auch versteht. Genau daran haben sie sich gehalten, genau das war das Geheimnis ihres Erfolges.
Man muß nicht lange nach Erklärungen suchen, warum die Lage dieser Autoren sich nach der deutschen Vereinigung verschlechtert hat. Plötzlich sind sie in derselben Situation wie alle anderen Schriftsteller auch – ich sage das, obwohl man streiten könnte, ob es sich bei ihnen überhaupt um Schriftsteller handelt. Plötzlich müssen sie von Verlagstür zu Verlagstür laufen, werden ihre Manuskripte nicht los, haben Existenzsorgen, niemand zieht vor ihnen den Hut. Plötzlich kann ihre Partei sie nicht mehr protegieren; aber was noch viel schlimmer ist – es gibt auch keine andere Partei, die an die Stelle der früheren treten könnte. Nicht wenige von ihnen wären wahrscheinlich bereit, einem neuen Herrn zu dienen, doch wie sehr sie auch suchen, sie können ihn nicht finden. Auch wenn man mich für herzlos hält – mein Mitleid mit diesen Autoren hält sich in Grenzen.
Für eine andere Kategorie von DDR-Schriftstellern haben sich die Verhältnisse genauso radikal verändert, aus vollkommen anderen Gründen zwar, doch mit ähnlichem Effekt. Ich meine die Dissidenten, Autoren, die in der DDR verboten waren oder sich zumindest in dauerndem Kampf mit der Zensur befanden. Sie hatten im Verhältnis zu ihren Dissidentenkollegen in den anderen osteuropäischen Ländern einen gewaltigen Vorteil: Während deren Bücher einfach nicht erschienen und somit meist unsichtbar blieben, wurden die verbotenen Texte der DDR-Dissidenten auf dem westdeutschen Buchmarkt mit offenen Armen empfangen. Das hatte sehr wenig mit Liebe zur Literatur zu tun und sehr viel mit dem Kalten Krieg: Die beiden deutschen Staaten haßten einander und mach-

ten sich das Leben schwer, wo sie nur konnten. Daß wußten die DDR-Dissidenten-Autoren natürlich, vor allem wußten sie, daß ihren Büchern auf dem westdeutschen Buchmarkt nichts Besseres passieren konnte, als in Ostdeutschland verboten zu sein. Das nahm ihnen viel von ihrer Angst, das machte sie produktiv; man kann ohne Übertreibung sagen, daß viele Bücher in der DDR nur deshalb geschrieben wurden, um verboten zu werden. Ich möchte diese Behauptung aber nicht als Vorwurf verstanden wissen, denn ich finde ein solches Verhalten absolut korrekt. Es ist in Ordnung, im Kampf mit der Zensur jeden Vorteil zu nutzen; es wäre töricht gewesen, wenn die Dissidenten-Autoren im Kampf mit dem mächtigen Staat auf ihre wirkungsvollste Waffe verzichtet hätten.

Es liegt auf der Hand, wie dramatisch sich die Situation dieser Schriftsteller verändert hat. Nicht allein, daß sie über Nacht ohne den gewohnten und berechenbaren Feind dastehen, es interessiert sich auch kaum noch jemand für ihre Kämpfe von gestern – Deutschland hat andere Sorgen. Das Motiv für die besondere Aufmerksamkeit, die sie früher genossen, hat sich in Luft aufgelöst, und sie leiden unter der Achtlosigkeit, in der sie nun leben müssen. Sie gewöhnen sich nur schwer daran, daß Literatur alles darf, daß es keine Verbote mehr gibt, und daß der Preis dafür das öffentliche Desinteresse ist.

Ich sage leichtsinnig, daß es in unseren westlichen Gesellschaften keine Verbote gibt, daß die Verlage alles drucken dürfen, was sie wollen, aber das ist nicht ganz präzise. Genau genommen gibt es doch ein Verbot, zwar nur ein einziges, dafür aber ein außerordentlich wichtiges. Den Verlegern ist es streng untersagt, gerade das zu drucken, was die meisten von ihnen für ihr Leben gern drucken

würden: Geld. Wie Sie wahrscheinlich wissen, sind die Verleger jedoch nicht bereit, das Verbot kampflos zu akzeptieren. Deshalb suchen sie nach Manuskripten, die dem Geld möglichst ähnlich sind; wenn man sie schon daran hindert, ihr Ziel auf direktem Wege anzusteuern, versuchen sie wenigstens, den Umweg so kurz wie möglich zu halten. Das Resultat solcher Bemühungen können Sie in jedem Buchladen sehen.
Der fundamentalste Unterschied zwischen einem Schriftstellerleben in sozialistischen Zeiten und heute ist folgender: In der DDR verstanden sich so gut wie alle Autoren, die Parteitreuen genauso wie die Dissidenten, als Teilnehmer einer gesellschaftlichen Auseinandersetzung. Sie wollten die eine politische Richtung unterstützen und die andere behindern, das war die dominierende Eigenschaft ihrer Bücher. Und heute, im Westen angekommen, müssen sie erleben, daß das Publikum sich gelangweilt abwendet, ihre Kämpfe sind wie Schnee von gestern. Die Auseinandersetzung wird woanders geführt, nicht in Büchern, oder noch schlimmer: Sie ist schon entschieden.
Ich weiß, das klingt etwas wehleidig. Dann müssen sich deine Schriftsteller eben umstellen, wird man mir antworten, jeder muß sich umstellen, alle Tischler und alle Journalisten und alle Busfahrer, warum sollten die großen Umwälzungen ausgerechnet um die DDR-Schriftsteller einen Bogen machen? Dagegen läßt sich schwer etwas sagen, aber es ist ein Problem. Möglicherweise sind die ostdeutschen Schriftsteller härter betroffen als andere, das muß man sagen dürfen. Wenn es plötzlich, um ein Beispiel zu erfinden, aufhören würde zu regnen, dann hätten alle Leute mit dieser neuen Schwierigkeit zu kämpfen, ausnahmslos alle; aber die Hersteller von Regenschirmen

würden besonders laut stöhnen. Und wer kein Herz aus Stein hat, müßte ein bißchen Verständnis für sie aufbringen.

Mit der Wiedervereinigung ist die DDR-Bevölkerung in einer Heimat angekommen, die ihr fremd ist. Die Tatsache, daß die meisten Leute die Veränderung wollten, ändert nichts an dieser Fremdheit. Nicht nur der Teil des Landes, der früher die andere Seite war, die feindliche, ist ihnen unbekannt und unheimlich – auch die eigene Umgebung ändert sich mit jedem Tag auf verwirrende und oft unbegreifliche Weise. Man macht eine überraschende Erfahrung: Es verschwinden nicht nur die alten Sorgen, die DDR-Sorgen, die jeder loswerden wollte, sondern man ist auf einmal umzingelt von neuen Sorgen, mit denen niemand vorher gerechnet hatte: Es fehlt an Arbeit (früher war so viel Arbeit da, daß du unter zehn Arbeitsplätzen den am wenigsten unangenehmen auswählen konntest); man kann die Miete kaum noch bezahlen (früher war die Miete verschwindend niedrig, eine Liebesgabe des Staates, dem alle Wohnungen gehörten); die Schaufenster sind voll von Dingen, die man sich nicht leisten kann (früher konntest du dir alles leisten, was es gab – es gab nur nichts); niemand sagt einem, was man tun soll, um seine Probleme zu lösen (früher hat dir die Partei alles gesagt, und du bekamst nur dann Probleme, wenn du nicht auf sie gehört hast). Und die größte unter den neuen Sorgen: Man hört auf, an die Zukunft zu glauben.
Die Schriftsteller verstehen die Welt genausowenig wie alle anderen, aber es wäre das Ende der Literatur, wenn in ihren Büchern nichts anderes stehen würde als: Ich weiß nichts, ich verstehe nichts, ich bin ratlos. Die Geschichten von früher will keiner mehr hören, die neuen Geschichten

können sie noch lange nicht schreiben, was sollen sie tun? Was bleibt ihnen anderes übrig, als sich anzupassen oder unterzugehen? Aber ist für den Schriftsteller Anpassung nicht auch eine Form des Untergangs?

Ich selbst habe 1977 die DDR verlassen und lebe seitdem im Westen; man kann mich als gut integriert bezeichnen. Noch heute, nach immerhin sechzehn Jahren, handelt kein einziges meiner Bücher vom Westen, noch heute spielen alle Texte, die ich seitdem veröffentlicht habe, in jenem Land, das es nicht mehr gibt, in der DDR. Das kommt mir selbst merkwürdig vor, wie ein Fall für den Psychiater, und Sie können sicher sein, daß ich mich bemüht habe, etwas dagegen zu tun. Aber alle meine Versuche, die neue, fremde Heimat zum Gegenstand eines Buches zu machen, sind gescheitert.

Glauben Sie nicht, der Grund dafür seien mangelnde Kenntnisse gewesen; ich behaupte, daß meine Kenntnisse vom Westen für mindestens zwei Bücher ausreichen. Es lag an etwas anderem: Jedesmal, wenn ich anfangen wollte, ein Buch zu schreiben, das im Westen spielt, kam ich mir wie ein Heuchler vor. Oder wie jemand, der sich in die Angelegenheiten fremder Leute einmischt, in Angelegenheiten, die ihn nichts angehen. Das ist bis heute nicht anders geworden. Schon oft haben mir Freunde geraten, nicht so elfenhaft empfindlich zu sein, aber ich mußte sie enttäuschen. Denn abgesehen davon, daß es nicht in meiner Macht liegt, den Grad meiner Empfindlichkeit einzustellen, glaube ich nicht, daß es sich um einen sehr guten Rat gehandelt hat.

Die Schriftsteller aus der DDR haben mit einer weiteren Schwierigkeit zu kämpfen – mit einer gewissen Scham. Fast jeder von ihnen hat einmal geglaubt, der Sozialismus sei eine gute und aussichtsreiche Angelegenheit. Nun stehen sie da mit dieser Schande. Wenn ihre Ansichten sich ändern, hält man sie für Opportunisten. Wenn sie ihre Ansichten verbergen, hält man sie für Feiglinge. Wenn sie bei ihren alten Ansichten bleiben, hält man sie für unbelehrbar. Man ist sehr streng mit ihnen. Wenn nach dem Zweiten Weltkrieg die Nationalsozialisten mit derselben Strenge behandelt worden wären, wäre Deutschland heute ein anderes Land. Wer es wagt, darauf hinzuweisen, der erntet zwar meist keinen Widerspruch (denn es wäre lächerlich, eine so klare Tatsache zu leugnen), doch man antwortet ihm: Wir wollen nicht denselben Fehler zum zweitenmal machen.

Nach dem Ende der DDR ist es in Deutschland unmöglich geworden, über Alternativen zu unserem jetzigen gesellschaftlichen Verhalten zu sprechen. Das heißt – *sprechen* kann man darüber, aber alle wenden sich dann von einem ab, als hätten sie noch nie so etwas Langweiliges gehört. Die kapitalistische Ordnung hat gesiegt, was gibt es da noch groß zu reden? Kein Mensch will hören, daß unser Wohlstand vor allem zwei Quellen hat: Die Armut der sogenannten Dritten Welt und die Vernichtung der Zukunft. Solange es in unser aller Zug noch einigermaßen komfortabel ist, will kein Mensch hören, daß dieser Zug immer schneller bergab rollt. Kein Mensch will aus dem Fenster sehen.

Ich will damit nicht behaupten, alle früheren Ansichten der DDR-Autoren seien vernünftig, und man müßte nur auf sie hören, um die Gegenwart besser in den Griff zu kriegen, weiß Gott nicht. Aber stellen Sie sich vor, Sie würden plötzlich konfrontiert werden mit allen Äußerungen, die Sie je gemacht haben und die Ihnen heute peinlich sind. Stellen Sie sich vor, Ihre Leistungen würden niemanden mehr interessieren, sondern nur noch Ihre Fehlleistungen. Vor jedem DDR-Autor aber liegen heute zwei Akten, angefüllt mit Peinlichkeiten: In der einen seine eigenen Scheußlichkeiten aus DDR-Zeit, in der anderen die seiner Kollegen, für die er irgendwie mitverantwortlich gemacht wird. Für Schwachsinn gibt es keine Amnestie. Manche Autoren schreien in ihrer Not: Wie konnte ich damals nur so furchtbares Zeug reden, ich bereue tief, ich habe mich gebessert, ich bin heute ein anderer! Man sieht sie kühl und skeptisch an, man glaubt ihnen nicht, und ich finde, sie haben es nicht besser verdient.

Ich habe Ihnen ein paar Sorgen aufgezählt, die den Schriftstellern aus Ostdeutschland das Leben sauer machen. Aber ich kann nicht aufhören, bevor ich die allergrößte genannt habe, auch wenn diese Sorge nichts mit der Wiedervereinigung zu tun hat: Die Zeit der Bücher geht allmählich zu Ende. Zunehmend haben die Menschen, die potentiellen Leser, das Gefühl, daß das Haus, in dem sie wohnen, bald einstürzen wird, und daß man nichts dagegen machen kann. Lesen? In einem solchen Zustand liest man nicht, die verbleibende Zeit ist viel zu kostbar. Man amüsiert sich schnell noch ein bißchen, man hebt das letzte Geld von der Bank ab und gibt es für Vergnügungen aus, wofür noch sparen? Als ich vor ein paar Jahren meinen Sohn einmal fragte, warum er fernsieht, anstatt ein Buch zu lesen, sagte er, zum Lesen sei die Unordnung in unserer Familie zu groß; er werde erst dann wieder lesen, wenn mehr Ruhe bei uns eingezogen sei. Das beschreibt die Situation.
Es wäre falsch zu glauben, das Lesen sei ein den Menschen angeborenes Bedürfnis. Erst der Zivilisierungsprozeß, eine Entwicklung, die von manchen als Fortschritt bezeichnet wird, von anderen als entsetzliche Deformie-

rung, hat aus Menschen Leser gemacht. Aus *einigen* Menschen, längst nicht aus allen. Und diese wenigen drohen nun, in den früheren Zustand zurückzufallen, oder sagen wir – in den Naturzustand. Der Alphabetisierungsprozeß hat sich unübersehbar in die umgekehrte Richtung gekehrt. Es wäre interessant zu untersuchen, welchen Anteil die real existierenden Bücher an dieser Umkehrung haben; doch selbst die gescheitesten Antworten werden nichts mehr ändern.

Die wichtigste Schlußfolgerung, die wir Autoren daraus ziehen sollten, ist: Die Hoffnungen, die wir in unsere Bücher setzen, dürfen nicht zu groß sein. Ich habe den Eindruck, daß die westlichen Schriftsteller das schon länger wissen als die östlichen. Die sind eben Pechvögel.

1993

Mein Vater, die Deutschen und ich

Daß ich als jemand vor Ihnen stehe, den viele für einen deutschen Schriftsteller halten, ist die Folge einer Reihe von Zufällen. Ich bin in Polen geboren, in der unschönen Stadt Lodz, als Kind von Eltern mit, wie man sagt, jüdischem Hintergrund. Der ist, ob ich will oder nicht, somit auch mein Hintergrund. Und wenn nicht bald nach meiner Geburt die deutsche Wehrmacht gekommen wäre, wenn sie nicht das Land besetzt und meine Eltern und mich in ein Ghetto und später in verschiedene Konzentrationslager gesteckt hätte, wenn die Rote Armee nicht das Lager Sachsenhausen, wo ich zuletzt weilte, befreit hätte, dann möchte ich nicht wissen, als was und vor wem ich heute stehen würde. Doch damit noch lange nicht genug an Merkwürdigkeiten:
Nach dem Krieg blieb mein Vater, neben mir der andere Überlebende meiner Familie, seltsamerweise in Berlin. Hätte er nicht nach Brooklyn auswandern können, wo aus mir vielleicht ein amerikanischer Schriftsteller geworden wäre? Oder nach Buenos Aires oder, was ja nicht ganz an den Haaren herbeigezogen ist, nach Tel Aviv? Aber nein, er entschied sich für die in meinen Augen exotischste aller Möglichkeiten, er blieb hier, bezog eine Wohnung, wenige S-Bahn-Stationen vom Lagereingang entfernt, und richtete es so ein, daß ich Deutscher wurde. Nicht einmal die paar lumpigen Kilometer bis nach Polen wollte er zurückgehen, wo er, wenn schon keine Verwandten mehr, so doch immerhin ein paar Freunde oder Bekannte angetroffen hätte.

Sie können mir glauben, daß ich später, als ich die ganze Tragweite der Sache begriff, meinem Vater mit Fragen das Leben schwer machte. Ich fand, daß ich ein Recht hatte zu erfahren, warum wir in der Lippehner Straße fünf in Ostberlin gelandet waren und nicht sonstwo in der Welt. Aber er schwieg sich aus, er verdrehte die Augen und ließ mich stehen, als könne er nur so meine Fragen abwehren, die in seinen Ohren wahrscheinlich wie Tadel klangen. Dabei wollte ich ihm absolut keine Vorhaltungen machen; ich wollte nur Licht in eine Angelegenheit bringen, die für mein Leben nicht eben bedeutungslos war.
Einmal, ein einziges Mal nur, ließ er sich zu einer Art Antwort herab, wenn auch zu einer ziemlich dürren, es war Mitte der fünfziger Jahre. Er lag wegen eines Magengeschwürs für Monate im Bett, und ich saß täglich stundenlang in seinem Zimmer, bereit für Handreichungen, Botengänge oder Gespräche. In solch einer Situation bleibt es nicht aus, daß man, aus Mangel an Abwechslung oder einfach aus Einfallslosigkeit, von Dingen zu reden anfängt, die zuvor als abgehakt galten. Ich sagte zu meinem Vater, er sei mir noch eine Antwort schuldig, und er sagte: »Geht das schon wieder los?«, und ich sagte, andauernd würde ich in der Schule und im Sportverein und von allen möglichen Leuten gefragt, warum wir nicht nach Polen zurückgegangen seien (das war eine glatte Lüge, bis heute hat sich kein Mensch außer meinem Sohn danach erkundigt). Jedenfalls behauptete ich das und fügte hinzu, ich müsse auf alle solche Fragen schweigen oder mir irgendwelche Lügen ausdenken, und er sagte, es gäbe nichts Schlimmeres bei Magengeschwüren als Aufregung. Aber ich ließ mich nicht so leicht abschütteln, diesmal nicht, es kam mir wie ein letzter Versuch vor. Ich sagte, er könne mich spielend loswerden, er müsse nur

eines dafür tun: Mir endlich verraten, warum er nach dem Krieg nicht mehr in Polen leben wollte.
Er sah mich unglücklich an, wie man Quälgeister ansieht, vor denen es kein Entrinnen gibt. Dann sagte er leise: »Das kannst du dir *wirklich* nicht selbst beantworten?« Ich schüttelte den Kopf. Und er seufzte über so viel Unverstand und sagte: »Haben die polnischen Antisemiten den Krieg verloren oder die deutschen?« Dann drehte er sich auf den Rücken, als wäre alles gesagt, und schloß die Augen, als hätte ihn die Auskunft bis zum Äußersten erschöpft.

Dem Glauben meines Vaters also, daß er hier, in dieser Gegend der Welt, einigermaßen sicher vor Nachstellungen war, habe ich es zu verdanken, daß ich Deutscher wurde. Übrigens hielt ihn dieser Glaube auch davon ab, nach Westdeutschland zu gehen; er regte sich oft über Karrieren auf, die Nazis dort machen konnten, die Namen Oberländer und Globke waren mir als Kind vertraut. An der sowjetischen Besatzungszone und später an der DDR interessierte ihn nur eines: daß die Antifaschisten dort das Kommando hatten. Und wenn jemand es wagte, das Verhalten *seiner* Russen oder die Zustände in ihrem Stück von Deutschland zu kritisieren, dann hielt er ihn entweder für einen Nörgler oder für einen Feind. Differenzierungen waren nicht seine Stärke, ja, er hielt die penible Betrachtung der gesellschaftlichen Einzelheiten für einen Trick, mit dem die Gegner sich Vorteile verschaffen wollten. Er fühlte sich umzingelt von Feinden.
Wir galten von Anfang an nicht als Zuwanderer, sondern als eine Art Heimkehrer; denn mein Vater war in Bayern geboren und als kleiner Junge mit seinen Eltern nach

Osten gezogen. Das vereinfachte die Prozedur des Hierbleibens enorm. Dennoch hatte unser Zuzug natürlich nichts mit Heimkehr zu tun, ich kam mir von der ersten Sekunde an wie ein Außenstehender vor, nicht nur, weil ich die Sprache erst lernen mußte. Nicht nur, weil uns eine bessere Lebensmittelkarte zugeteilt wurde als den anderen. Nicht nur, weil wir in den Genuß einer Freundlichkeit kamen, die selbst ich als verlogen erkannte. Mein Vater legte Wert auf den Status des Fremdlings, irgendwie wollte er zur Besatzungsmacht gehören; sorgsam achtete er darauf, die Unterschiede zwischen uns und den übrigen nie zu verwischen. Er redete andauernd von *den Deutschen* als von den anderen, und es verging kaum ein Tag, an dem er nicht Urteile über sie abgab: Die Deutschen hätten immer zwei Meinungen – eine für vorne und eine für hinten. Ob die Deutschen angenehm oder furchtbar seien, das hänge davon ab, was für Befehle man ihnen gebe. Die Deutschen lernten schnell und vergäßen noch schneller. Die Deutschen liebten die Starken und verachteten die Schwachen. Er fragte: Wie behandeln dich die Deutschen in der Schule? Er lehrte mich, wie ein Zuschauer zu leben, und als er eines Tages zu erkennen glaubte, daß mir diese Haltung nicht mehr gefiel, sagte er: Laß sie ruhig spüren, daß du nicht zu ihnen gehörst – sie werden es sowieso nie vergessen.

Natürlich hat mein Vater alles versucht, seine Sympathieverteilung auch zu der meinen zu machen; er wollte, daß ich Gefahren dort sah, wo er sie sah, daß ich mein Heil von denen erhoffte, von denen er es sich erhoffte, und natürlich war er bei diesen Bemühungen nicht erfolglos. Vermutlich ist bis heute sein Einfluß auf mich nicht erloschen, so daß ich nie wissen werde, wann ich wie er klinge und wann wie ich selbst.

Kürzlich las ich in der Zeitung, daß sich ein Bautzener Richter vor einem bundesdeutschen Gericht zu verantworten hat, ein Jurist aus früher DDR-Zeit, der mit Terrorurteilen nur so um sich geworfen, der nicht nach dem Gesetz, sondern auf Anweisung oder aus Rachebedürfnis gestraft hatte, unfaßbar drakonisch. Doch anstatt mich zu freuen, daß endlich eines dieser Juristenmonster vor Gericht gestellt wird, die sich immer damit herausreden, daß sie zur Unmenschlichkeit gezwungen worden sind, war mein erster Gedanke: Aber von den Nazi-Richtern haben sie keinen zur Rechenschaft gezogen, nicht einen einzigen ... Ich kann mich nicht dagegen wehren, vermutlich steckt mein Vater dahinter.
Gewiß darf man verlangen, daß ein erwachsener Mensch es nicht widerspruchslos in sich herumdenken läßt, aber genau dort liegt das Problem: Mein Vater hat so gründliche Arbeit geleistet, daß mir der erwähnte erste Gedanke selbst heute noch, zweiundzwanzig Jahre nach seinem Tod, vertretbar und angemessen vorkommt: Warum um alles in der Welt sollte ich vergessen, daß in Westdeutschland ausnahmslos alle Nazi-Richter ungestraft davongekommen sind, ja, daß die meisten von ihnen nicht einmal zum Berufswechsel gezwungen wurden? Und wer sich darüber aufregt, wer fragt: Warum seid ihr diesmal so hinterher, wo ihr doch damals unendliche Großmut gezeigt habt? der kriegt zu hören: Du hast ja recht, nur – wir wollen nicht zum zweitenmal den gleichen Fehler begehen, und wieder zwingt mich mein Vater zu denken, daß dieses Argument verlogen und heuchlerisch ist, und daß es in gar nicht so geheimnisvollem Zusammenhang zu dem steht, was sich heute auf Deutschlands Straßen abspielt.
Hin und wieder beschäftigt mich die Frage, ob Max

Becker in unseren Tagen dieselbe Wahl seines Wohnorts getroffen hätte wie nach dem Krieg, ob ich also auch unter heutigen Bedingungen Deutscher geworden wäre. Ich werde nicht müde, mich mir als einen anderen vorzustellen, vielleicht weil es eine Art Berufskrankheit ist, in Geschichten herumzufuhrwerken und sie ständig umzuerfinden. Ich weiß, daß mein Vater bis zum Jahr 72, in dem er starb, seine Entscheidung nicht bereut hat; er lebte in Ostberlin in einer Umgebung, in der er zwar nicht aufblühte, in der es aber allmählich aufhörte, eine Rolle zu spielen, daß er Jude war. Eigentlich war er gar kein Jude, das heißt, ihm lag nicht viel daran, einer zu sein. Aber er versteckte es nie. Ich glaube sogar, daß er sein Judentum oft dicker auftrug, als ihm selbst angenehm war: aus Furcht, für angepaßt gehalten zu werden, also aus Stolz. Einmal sagte er, daß es ihm nie im Leben eingefallen wäre, sich für einen Juden zu halten, wenn es keine Antisemiten gäbe. Nichts auf der Welt fördere den Zusammenhalt der Juden und ihr Bewußtsein von ihren Eigenarten so sehr wie Judenhaß. Und über die DDR hat er gesagt: Die Antisemiten würden dort so großartig gezwungen, sich zu verleugnen, daß es sich ganz gut mit ihnen aushalten lasse.

Er starb früh genug, um sich nicht revidieren zu müssen. Die Folgen der Einheit hätten ihn hart getroffen, davon bin ich überzeugt, er wäre mit seiner Geduld schnell am Ende gewesen; er hätte wahrscheinlich, wenn noch genug Kraft dagewesen wäre, irgendwann einen Globus genommen und nach einem ihm genehmeren Platz auf der Erde gesucht. Er hätte gesagt: Ich hatte von Anfang an kein gutes Gefühl – das hat er jedesmal gesagt, wenn etwas Unvorhergesehenes und zugleich Unangenehmes passiert war.

Daß die deutsche Einheit etwas Unvorhergesehenes gewesen ist, darf man wohl behaupten. Hoffentlich halten Sie es nicht für ein peinliches Eingeständnis, wenn ich sage, daß ich sie nie ersehnt habe. Mir ist kein Wunsch in Erfüllung gegangen, schon gar kein lang gehegter, wie hätte er von mir Besitz ergreifen sollen? Die zwei getrennten Staaten waren für mich eine Art Naturzustand, der allen meinen Erfahrungen ebenso entsprach wie dem Sicherheitsbedürfnis meines Vaters. Mit Verwunderung habe ich, als das Brandenburger Tor geöffnet wurde, die vielen Tränen der Ergriffenheit gesehen, selbst in den Augen von Leuten, die ich bis dahin für meinesgleichen gehalten hatte. Sie, die Einheit, ist niemandes Verdienst, sie ist nicht etwa das Resultat einer klugen, weitsichtigen Politik, die mancher im nachhinein als die seine ausgibt. Vielmehr ist sie die Folge von Katastrophen, von Mißwirtschaft, von Zusammenbrüchen. Zuerst ist die Sowjetunion eingestürzt, dann Osteuropa, beinah zum Schluß die DDR meines Vaters. Und das war der Augenblick, da den gerade regierenden Politikern nichts anderes übrigblieb als der Versuch, zusammenzufügen, was bis heute nicht zusammenpassen will. Was hätten sie sonst tun sollen? Sich um diese Angelegenheit nicht kümmern?
Die Deutschen gelten seit alters her nicht als Frohnaturen; wer sie ernst und sorgenvoll die Straßen entlanggehen sieht, kann sich darauf verlassen, daß nichts Besonderes geschehen ist. Seit ihrer Vereinigung aber scheint das Land von einer Gereiztheit ergriffen, die das gewohnte Maß weit übersteigt, von einer solchen Übellaunigkeit, wie man sie nach wichtigen Fußballspielen beobachten kann, bei denen die falsche Mannschaft gewonnen hat. So soll Leuten zumute sein, die endlich ihren Willen gekriegt haben? So unglücklich soll es in einer Familie zugehen,

deren Zeit der Trennung endlich vorbei ist? So soll ein Volk aussehen, dem sich ein Traum erfüllt hat?
Ich stelle mir vor, wie mein Vater gesagt hätte: Was kümmert es dich – laß sie so grimmig sein, wie sie wollen, die Deutschen haben *ihre* Sorgen, du hast deine. Aber plötzlich spüre ich, wie sein Einfluß schwindet. Im Unterschied zu ihm habe ich viele Jahre getan, als gehörte ich dazu, so lange, daß mir keine andere Rolle mehr möglich ist. Er lebte mit der Fiktion, ihm stünde die Wahl zwischen diesem hier und allen anderen Ländern frei, ihm gehöre die Welt – eine Illusion, die mir nicht vergönnt ist. Ich habe definitiv kein besseres Land, ich möchte herausfinden, was mit meinem einzigen los ist. Dummerweise weiß ich jetzt schon, daß alle Mühe vergeblich sein wird: Entweder ich werde nichts herausfinden, das ist der wahrscheinlichste Fall; oder aber – selbst wenn es mir gelingen sollte, irgendwelchen Erklärungen auf die Spur zu kommen, wird kein Mensch einen Nutzen davon haben. Wir leben, so scheint mir, seit langem in einer Zeit, da Erklärungen zu nichts führen. Analysen sind nur von Belang, wenn sie technologische Prozesse betreffen, wenn unmittelbar ökonomische Interessen im Spiel sind. Erklärungsversuche aber, die Zustände in der Gesellschaft betreffen, sind mehr und mehr eine Sache von Hobbyforschern. Die Tendenz ist überdeutlich: Unserer Gesellschaft geht ihr Wohlergehen über alles, und dennoch will sie nicht wissen, woran sie ist. Den Diagnostikern wird zwar nicht der Mund verboten, doch wendet man sich tödlich gelangweilt von ihnen ab. Es grassiert die Krankheit, nicht verstehen zu wollen.
Vor kurzem sagte mir ein amerikanischer Bekannter, die Ost- und die Westdeutschen könnten einander nicht ausstehen, und er habe viel Verständnis für beide. Das durfte

ich natürlich nicht auf uns sitzen lassen; ich habe etwas Ähnliches geantwortet wie – das müsse gerade er sagen, die Amerikaner hätten schon immer zu vorschnellen, oberflächlichen Urteilen geneigt. Es sei um so leichter, dumme Witze zu machen, je weniger man auf die Tatsachen achte. Mir seien viele West- und Ostdeutsche bekannt, habe ich behauptet, die sehr wohl Gefallen aneinander gefunden hätten, ich selbst sei das beste Beispiel: ich hätte als Ostdeutscher eine Westdeutsche geheiratet. Ich muß zugeben, daß ich nicht sehr überzeugend klang. Ich bin gegen ein Urteil angerannt, das sich mit meinen eigenen Beobachtungen deckt: Die Ost- und die Westdeutschen mögen einander nicht. Warum?
Der erste mögliche Grund, der mir einfällt: Vielleicht handelt es sich bei den Ressentiments, die Ost- wie Westdeutsche im jeweils anderen Landesteil zu spüren bekommen, um nichts anderes als um Ausländerhaß, um eine Art von Fremdenfeindlichkeit, die deshalb unerkannt bleibt, weil sie scheinbar die eigenen Landsleute trifft. Denn daß da Leute zu einem Staatsvolk wurden, die einander nicht fremder sein könnten, darauf können Sie wetten. Man sollte skeptisch gegenüber dem Märchen von gemeinsamem Hintergrund, gemeinsamer Geschichte, gemeinsamer Kultur sein. Ist nicht den meisten Bürgern, und zwar da wie dort, ihr Hintergrund gleichgültig, ihre Kultur lästig, ihre Geschichte unbekannt? Es läßt sich leicht behaupten, Hölderlin oder der Sängerkrieg auf der Wartburg oder das Hambacher Fest verbänden die Menschen von Böblingen und Cottbus; nur hätte eine solche Feststellung praktisch keine Entsprechung in der Wirklichkeit. Vielleicht sind Ost- und Westdeutsche für eine Generation oder zwei unheilbar Fremde; bedenken Sie, daß die Trennungslinie, die so lapidar innerdeutsche

Grenze genannt wurde, im Grunde dieselbe Grenze war, die, sagen wir, Belgien und die Mongolei voneinander trennte. Die Grenze schlechthin.

Bei den Gründen für das gegenseitige Sich-nicht-Mögen, die so offen zutage liegen, daß jeder sie sehen kann, will ich mich nicht lange aufhalten. Der unterschiedliche ökonomische Status ist überdeutlich, und naturgemäß drückt das auf die Stimmung aller Beteiligten: derer, die mehr von ihrem Wohlstand abzugeben gezwungen werden, als sie für gerechtfertigt halten, ebenso wie derer, die meinen, Anspruch auf schnellere Angleichung zu haben. Nicht wenig fühlen sich übers Ohr gehauen, im Westen nicht anders als im Osten. Nicht wenige fühlen sich bevormundet und kolonisiert, das allerdings nur im Osten. Nicht wenige fühlen sich in eine Angelegenheit hineingezogen, die am Anfang wie ein Volksfest aussah und die sich inzwischen als mühsam und langwierig und gefährlich ungewiß herausgestellt hat. Nicht wenige fangen angesichts der wie Löwenzahn wachsenden Schwierigkeiten an, sich nach einer Vergangenheit zu sehnen, die es nie gegeben hat. Jedenfalls wäre es Wunderglaube zu erwarten, daß die Ansichten der Menschen sich annähern werden, solange ihre Lebensumstände so verschieden sind. Daß das Sein das Bewußtsein bestimmt, zumindest maßgeblich, diese eine Marxsche These sollte doch weitergelten dürfen. Erst ein vergleichbarer Wohlstand wird die Ostansichten den Westansichten annähern (oder eine vergleichbare Notlage) und das Land gewissermaßen homogenisieren.

Kolonisierung mag ein zu krasses und Emotionen weckendes Wort sein, aber ich will nicht verhehlen, daß ich den Zorn vieler Ostdeutscher über Bevormundung, Mißachtung, Gängelung, Taktlosigkeit für nicht aus der Luft gegriffen halte. Ein unausgesprochener westlicher

Grundsatz der Vereinigung war: Eure Regelungen taugen nichts, ab jetzt gelten unsere. So gut wie alle ostdeutschen Normen wurden abgeschafft, nicht weil sie sich im Einzelfall als die schlechteren erwiesen, sondern weil sie auf der falschen Seite gegolten hatten. Warum muß Alkohol vor dem Autofahren getrunken werden dürfen? Warum sind kommunistische Antifaschisten für Straßennamen weniger geeignet als preußische Prinzessinnen? Warum ist Tempo 100 abgeschafft worden, außer im Interesse der Umweltzerstörung und der Autoindustrie? Warum ist die DDR-Schwangerschaftsregelung abgeschafft worden, außer um den Machtbereich der katholischen Kirche auszuweiten? Warum ist die Grundsatzentscheidung *Rückgabe vor Entschädigung* gefällt worden, außer im Interesse einer verheerenden Restauration? (Wie man von den Entscheidern hört, handelte es sich dabei um ein Gebot der Gerechtigkeit, aber was ist das für ein Gewinn, wenn im Interesse der Gerechtigkeit Hunderttausende von Ungerechtigkeiten begangen werden? In der Folge dieses Grundsatzes sind schon so horrende Forderungen erhoben und zum Teil erfüllt worden, daß kaum jemand erstaunt wäre, wenn die Nachfolgeunternehmen der IG Farben ihre Ansprüche auf Auschwitz anmelden würden.)

Wie zutreffend oder nicht die genannten Gründe für deutsche Gereiztheit sein mögen – einen weiteren halte ich für schwerwiegender. In einem Teil der Welt, der sich mit unfreiwilliger Offenheit das Sozialistische Lager nannte, ist eine stolze Idee so diskreditiert und zugrundegerichtet worden, daß niemand von uns den Versuch erleben wird, sie auferstehen zu lassen. Sozialismus, das ist auf lange Sicht vorbei, nicht in Büchern und Diskussionen, doch im sogenannten wirklichen Leben. Das, was unter dem Namen Sozialismus veranstaltet wurde, ist zu Recht untergegangen; und wie sehr ich mir einen ehrlicheren, gelungeneren Versuch wünschen würde, sehe ich weit und breit keine Gesellschaft, die bereit wäre, sich für diesen nächsten Menschenversuch herzugeben. Es fehlt das entsprechende Personal dafür, es fehlen sowohl die Partei mit dem Programm, das die Massen begeistert, als auch die Massen selbst. Nur ändert das nichts daran, daß die Probleme, die zu lösen die Sozialisten sich einmal vorgenommen haben, nicht aufhören wollen zu existieren.

Das kapitalistische System ist der Sieger. Die westliche Weise zu leben hat sich als die effektivere und stabilere und in den Augen der weitaus meisten Menschen als die begehrenswertere erwiesen. Die westlichen Bundesländer sind Stammland, die östlichen Beitrittsgebiet. Die Bürger des Beitrittsgebiets fühlten sich von den Zuständen im Stammland unwiderstehlich angezogen; sie alle, beinah alle, wollten endlich auch so leben, wie es die anderen schon lange durften, durch die Gnade der richtigen Besatzungsmacht begünstigt. Vergessen das Gerede von sozialistischen Produktionsverhältnissen, von *jeder nach seinen Fähigkeiten, jedem nach seinen Leistungen*, das ja ohnehin nur Heuchelei war. Viel zu verlieren gab es weiß Gott nicht, und ohne langes Zögern hat man sich den neuen Prinzipien unterworfen. Die Schwierigkeiten dabei hielt man am Anfang für Anfangsschwierigkeiten. Ich vermute, daß ein Gedanke, ein böser Verdacht, millionenfach unterdrückt wurde: Daß die neuen, die westlichen Ideale falsch sind. Daß sie eher für ein Ende taugen als für einen Neubeginn. Viele Menschen wissen das, viele spüren es, daher ihr Mißmut.

Es macht sich etwas vor, wer behauptet, die Lebensfähig-

keit der DDR für immerhin vierzig Jahre sei nur mit ihrem Unterdrückungsapparat zu erklären. Es gab sehr wohl eine gewisse Akzeptanz der Parteiansichten bei der Bevölkerung; weniger wenn es um die Bewertung der staatlichen Errungenschaften und Leistungen ging, mehr bei der Einschätzung des Westens. Der erzwungene Konsumverzicht zum Beispiel förderte Einsichten in die Fragwürdigkeit hemmungslosen Konsumierens. Die Erkenntnis war alles andere als freiwillig, wie wir inzwischen gesehen haben – der Fuchs hatte erkannt, daß die unerreichbaren Trauben zu sauer sind. Aber wo steht geschrieben, daß nur solche Einsichten richtig sind, die ohne Zwang zustandekommen? Und auch wenn es sich um sehr dünne Einsichten handelte, auch wenn sie der ersten wirklichen Belastungsprobe nicht standhielten, hat es sie immerhin gegeben. Und die Erinnerung an sie ist nicht vollständig gelöscht.
Der relative Wohlstand des Westens hat zwei Voraussetzungen: erstens den rücksichtslosen, andauernd steigenden Verbrauch der Ressource Zukunft, zweitens die Armut eines großen Teils der Erdbevölkerung – eine Armut, die mit unserem Reichtum nach Art kommunizierender Röhren zusammenhängt. Selbst wenn man den moralischen Aspekt solchen Handelns unbeachtet läßt, selbst wenn man sich um die Frage nicht kümmert, wie lange die Hungernden noch stillhalten und die um ihre Zukunft Geprellten noch mitmachen werden, ergibt sich rein rechnerisch, daß unser Verbraucherglück ein endliches ist. Die Sache kann nicht mehr lange gutgehen, Arbeitsplätze werden knapp, Sicherheit wird knapp, Wasser wird knapp, Luft wird knapp, ein großes schwarzes Elend kommt näher und näher, und niemand stellt sich ihm in den Weg. Wir wollen nichts davon wissen, denn

der Gefahr zu begegnen hieße, mit gewaltigen Einschränkungen weiterzuleben, dazu sind wir nicht bereit. Wir kommen von unserem gespenstischen *business as usual* nicht los, wir diffamieren die wenigen Warner als weltfremde Schwarzseher, wir denken – es wird schon gutgehen. Aber irgendwie, gegen unseren Willen, weiß es in uns, daß die Sache einfach nicht gutgehen *kann*. Je öfter es zu Störungen unseres Betriebsfriedens kommt – und diese Störungen werden nie mehr aufhören –, um so öfter belästigen uns solche Gedanken. Auch daher die Übellaunigkeit.

Unterschätzen Sie nicht, daß die bloße Existenz der sozialistischen Länder in den Augen vieler Menschen eine Hoffnung darstellte. Übrigens auch bei solchen, die sich über diese Hoffnung nicht im klaren waren, selbst bei vielen, die im Westen lebten und die andere Seite für die gegnerische hielten. Ich bin nicht einmal sicher, ob ihre Zahl abnahm, je realsozialistischer es im Osten zuging, je deutlicher es wurde, daß da absolut nichts stattfand, woran man Hoffnungen hätte knüpfen sollen. Allein das Vorhandensein zweier gegensätzlicher politischer Systeme simulierte einen Wettbewerb um die vernünftigere Form menschlichen Zusammenlebens, der wie eine Versicherung für die Zukunft zu sein schien. Um den Zweikampf zu überstehen, würde einem auf Dauer ja gar nichts anderes übrigbleiben, als die eigenen Formen des Wirtschaftens und des Regulierens zu optimieren – das meinte man, hoffen zu dürfen. Daß es sich in Wahrheit um einen Wettbewerb der Unvernunft handelte, vor einer solchen Deutung verschloß man die Augen.

Nun wird vielen bewußt, daß der Wettbewerb zuende ist, daß man durch niemanden mehr zu irgend etwas gezwungen wird außer durch die eigene Vernunft, und daß auf die kein Verlaß ist. Es wächst das Bewußtsein vom Angewiesensein auf sich selbst, und nach allen Erfahrungen, die man mit sich hat, läßt das Schlimmes befürchten. Im Westen erscheinen die Ostler folglich nicht nur als solche, denen man, obwohl die eigenen Sorgen groß genug sind, unter die Arme greifen muß, weil sie es in vierzig Jahren zu nichts gebracht haben – sie haben einen zudem um wichtige Hoffnungen ärmer gemacht. Man weiß nicht wie, man weiß nicht wodurch, man spürt nur – sie haben. Und das sollte keinen Mißmut erzeugen?

Für *ein* Resultat der allgemeinen Bitterkeit halte ich den Zuwachs an Rechtsextremismus. Einige Gesellschaftsanalytiker, auch Kollegen vor mir, meinen, die Bereitschaft junger Leute, Ausländerhäuser oder Ausländer anzuzünden, mit einem gewissen Theoriedefizit erklären zu können. Man habe diesen jungen Leuten zu lange Begriffe wie Vaterland, Heimatliebe oder Nationalstolz vorenthalten, man habe sie mit ihrem Bedürfnis nach Deutschtum alleingelassen, man habe ihnen durch unnütze Tabuisierung ein unverzichtbares Betätigungsfeld versperrt. Man habe sie derart in eine emotionale Falle getrieben, so daß ihre Gewaltausbrüche wie die logische Folge dieser Austrocknung seien. Einer sagte sogar – wie Hilfeschreie. Mir kommt eine solche Erklärung extrem eigenartig vor, denn sie setzt voraus, daß es einen natürlichen, gleichsam angeborenen Hang zur großen Gemeinschaft gibt; daß also Patriotismus zur Grundausstattung des Menschen gehört.
Ich dagegen vermute, daß wir es mit einer Verhaltensweise zu tun haben, die sich aus dem zuvor beschriebenen Gesellschaftszustand ergibt, aus Perspektivlosigkeit und Endzeitstimmung. Natürlich leiten nicht alle jungen

Leute daraus den Entschluß ab, sich den prügelnden Horden anzuschließen, doch die Primitivsten und Intolerantesten und Gewaltversessensten tun es eben. Denen ein Bedauern über verweigerte Theorien zu unterstellen, über welche auch immer, halte ich für einigermaßen merkwürdig. Und sollte es dort tatsächlich ein Bedürfnis nach einem anderen Geschichtsbild geben, dann wäre das eines nach einem verzerrten Geschichtsbild, nach einem verlogenen. Gibt es eine Pflicht, dem nachzukommen?
Man sollte zwei Probleme nicht miteinander verwechseln: Das eine ist, wie man die Verwandlung junger Leute in junge Nazis verhindern kann, das andere, wie man mit solchen umgeht, bei denen die Umwandlung schon stattgefunden hat. Wie wichtig präventive Maßnahmen auch sind – ich fürchte, daß die Opfer der Gewalttaten nicht Zeit genug haben, auf deren Wirken zu warten. Es lassen sich leicht Forderungen nach besserer Erziehung, besseren Wohnungen, mehr Arbeitsplätzen erheben, nur gibt es davon noch lange keine bessere Erziehung, bessere Wohnungen, mehr Arbeitsplätze.
Ich höre von Analytikern, besonders von einem, daß es ein Trugschluß ist, die gewaltverliebten Gruppen, denen bei Dunkelheit viele Straßen gehören, rechtsextrem zu nennen – in Wahrheit wollten sie nur ein Tabu brechen. Abgesehen davon, daß dabei auch Knochen gebrochen werden – ich finde, es ist durchaus kein Trugschluß. Nicht etwa nur, weil sie keine Gelegenheit auslassen, um auf ihre Nähe zu NSDAP, SS und dergleichen hinzuweisen – mit Devotionalien, mit Fußtritten oder mit kompakten Sprüchen, die ihr Auffassungsvermögen nicht übersteigen; sondern vor allem deshalb, weil Intoleranz, Primitivität und Gewalttätigkeit zu faschistischer Wesensart gehören.

Wie soll man ihnen begegnen? Mit Geduld? Mit einer Gleichmut wie gegenüber Kindern, deren Verhalten einem zwar auf die Nerven geht, die man aber gewähren läßt, weil man gelernt hat, daß sie bestimmte Urbedürfnisse ausleben müssen? Nein, ich glaube, das geht nicht. Ich glaube, es gibt nicht genug Geduld, daß sie bis ans Ende dieser Gewalt reicht. Außerdem handelt es sich nicht nur um einen pädagogischen Vorgang, die Sache fordert immerhin Menschenleben. Und außerdem, Geduld wird ja schon lange geübt: von Staatsanwälten und Richtern, die die Delinquenten meist auf eine Weise behandeln, daß man auf die seltsamsten Gedanken kommt.

Mit mehr Aufklärung? Ja, Aufklärung kann es nicht genug geben, das Ende der Aufklärung wäre wie das Ende der Vernunft. Aber Aufklärung hat Grenzen, die zu verschieben nicht in ihrer eigenen Macht liegt. Alle Delinquenten begegnen an jeder Straßenecke den aufklärerischsten Argumenten, ohne sich beirren zu lassen. Aufklärung unbedingt, aber was, wenn Aufklärungsbemühungen für unsere prügelnden jungen Landsleute nichts als ein Witz sind? Es wäre ja großartig, wenn alles nur von den richtigen Argumenten abhinge, dann finge die große Zeit der Weisen an.

Geduld führt also nicht weiter, Aufklärung nicht, was dann? Mehr Zivilcourage vielleicht? Bitte glauben Sie mir, daß niemand von mehr Zivilcourage entzückter wäre als ich, aber *das* sollte die Lösung sein? Eine Art individueller Aufrüstung gegen saufende, gröhlende, denkunwillige oder denkunfähige Gewaltverbrecher? Stellen Sie sich vor, an jeder Ecke fände ein kleiner Bürgerkrieg statt, bei dem das eine Mal die Guten gewinnen würden, meistens aber doch die Falschen, denn die sind geübter in derlei Angelegenheiten. Stellen Sie sich vor, man finge an, sich nach geeigneter Bewaffnung umzusehen; denn wer findet sich schon damit ab, andauernd verprügelt zu werden, zumal nicht nur Ehrgeiz im Spiel wäre, sondern auch Angst. Nach meiner Überzeugung würden solche Zustände sogar Anziehungskraft auf Personen ausüben, die heute noch gar nicht mit von der Partie sind: die aus Mangel an Gelegenheit ihre Aggressionen noch in Kneipen, auf Sporttribünen oder in der Familie kompensieren müssen. Plötzlich gäbe es, in jeder Nachbarschaft, ein wunderbares Betätigungsfeld.

Oder hofft jemand, Zivilcourage könnte im *Vorfeld* der Gewalt zum gewünschten Erfolg führen? Wenn etwa Skinheads mit Baseballschlägern auf Vietnamesenköpfe eindreschen – hofft jemand, sie würden sich nach dem couragiert gesprochenen Satz »Was ihr da tut, ist menschenverachtend!« eines Besseren besinnen?

Das Gewaltmonopol des Staates ist eine unverzichtbare zivilisatorische Errungenschaft, wahrscheinlich die wichtigste in der Geschichte der Menschheit. Sie gibt uns die Möglichkeit, ohne Angst von den Bäumen herabzusteigen, aus den Höhlen herauszukommen und, endlich von der Keule in unserer Hand befreit, unseren Geschäften nachzugehen. Sie gibt uns die Möglichkeit, unsere Meinungsverschiedenheiten selbst dann auszutragen, wenn der Kontrahent einen Kopf größer ist oder wenn die Gruppe der Kontrahenten stärker ist als die eigene. Die Konsequenz, mit der das Gewaltmonopol durchgesetzt wird, steht in direktem Verhältnis zu der Angst, mit der wir oder ohne die wir leben. Je mehr Verlaß darauf ist, daß der Staat uns vor Gewalt schützt (möglichst auch vor seiner eigenen), um so mehr respektieren wir ihn. Ja, es ist geradezu der tiefste Sinn seiner Existenz, uns die physische Selbstverteidigung zu ersparen. Nicht nur, weil wir

dafür nicht geeignet sind, weil wir immer den auf Gewaltanwendung spezialisierten Gruppen unterlegen wären, sondern auch weil es düster für einen Staat aussähe, dessen Wohlergehen von der Zivilcourage seiner Bürger abhinge.
Die Forderung an Behörden, an Polizei und Gerichte, gefälligst ihre Arbeit zu tun, sollte nicht mit dem sogenannten Ruf nach einem starken Staat verwechselt werden. Viel wichtiger als Rigorosität wäre mir die Gewißheit, daß ich es mit einem Staat zu tun habe, der wenigstens in dieser Angelegenheit auf meiner Seite steht. Daß es den Staatsanwälten, Einsatzleitern, Regierungsbeamten ein Herzensbedürfnis ist, das Problem des gewalttätigen Rechtsextremismus in den Griff zu kriegen. Von einer solchen Gewißheit bin ich weit entfernt. Ich sehe im Fernsehen Polizeieinsätze, bei denen wohl auf jugendliche, trillerpfeifende Demonstranten gegen den Weltwirtschaftsgipfel eingeschlagen wird, nie aber auf demonstrierende Neonazis, die »Heil Hitler« rufen, Flaggen herumschwenken und eine Spur der Verwüstung zurücklassen. Nebenbei gesagt, hat sich inzwischen folgender Brauch etabliert: Rechtsextreme Partei oder Gruppe beantragt Demonstration, daraufhin beantragt linke Gruppe Gegendemonstration, daraufhin werden beide Demonstrationen verboten, daraufhin klagen die Rechten gegen das Verbot, daraufhin wird kurzfristig der Klage stattgegeben, Gegendemonstration bleibt aber verboten, daraufhin demonstriert linke Gruppe trotzdem, daraufhin richtet sich Polizeieinsatz ausschließlich gegen linke Gruppe, streng nach Gesetz.
Ich sehe Regierungspolitiker sich vor der Kamera winden, wenn es darum geht, Stellung zu den Haßausbrüchen zu beziehen. Kaum brennt ein Ausländerhaus, schon läßt der

Bundeskanzler seinen Sprecher verkünden, es müsse dem Terror von links und rechts Einhalt geboten werden, fast immer in dieser Reihenfolge, und immer, ohne der einen Hälfte dieser Ankündigung irgendeine Tat folgen zu lassen. Man muß Verständnis dafür haben, daß eine Partei einen wachsenden Teil ihrer Wählerschaft nicht vor den Kopf stoßen möchte; wenn sie aber um jeden Preis für Rechtsextreme wählbar bleiben will, dann ist wohl der Schluß nicht übertrieben, daß sie dem Rechtsextremismus Vorschub leistet.

Vermutlich kennen Sie die Ergebnisse von Umfragen, wonach 20% der Deutschen sich offen als antisemitisch bekennen und knapp 30% sozusagen Gelegenheitsantisemiten sind. Ich selbst erhalte Briefe, die ich nicht vor Ihnen ausbreiten will, die aber nicht eben freundschaftlich sind. Von einem Fernsehredakteur weiß ich, daß nach Sendungen, die von Judenverfolgung handeln, Zuschauerbriefe geschrieben werden, in denen sich die wildesten antisemitischen Spruchweisheiten finden, Briefe, die sowohl aus Ost- wie aus Westdeutschland kommen und die keineswegs anonym sind – eine Entwicklung, wie sie noch vor wenigen Jahren kaum denkbar war. Nachdem kürzlich die Synagoge von Lübeck angezündet worden war, sagte Außenminister Kinkel in einem Interview: »Brandanschläge wie der von Lübeck erwecken im Ausland den Eindruck, als gäbe es in Deutschland eine breite antisemitische Strömung.«

Das klingt nicht nur merkwürdig ahnungslos und unsensibel, die Aussage ist auch verräterisch. Die Sorge des Außenministers gilt nicht den deutschen Zuständen, sie gilt dem Bild, das Deutschland bietet. Was wird man von uns denken, wie stehen wir da. Aber, genau genommen, ist es auch nicht Sorge um den guten Ruf, was unseren

Außenminister umtreibt, vielmehr ist es Furcht, die Geschäfte könnten schlechter gehen. Ganz unberechtigt wäre eine solche Furcht nicht: In aller Welt werden Überlegungen angestellt, ob man denn unbedingt Waren aus einem Land kaufen muß, in dem beinah täglich Häuser von Ausländern brennen; in dem die Fernsehsprecher sagen, der Hintergrund der Tat sei noch unklar; in dem Asylbewerber so oft bespuckt werden, daß es schon keine Nachricht mehr wert ist; in dem Volksverhetzer diejenigen, die vor ihnen warnen, Volksverhetzer nennen dürfen, ohne daß ein Gericht gegen sie vorzugehen bereit wäre. In dem ein Neonazi auf Versammlungen herumerzählt, die Juden hätten das Märchen von der Judenermordung selbst in die Welt gesetzt, um Deutschland zu diffamieren, in dem der Bundesgerichtshof als höchste Instanz sich schützend vor diesen Mann stellt und seine Bestrafung durch ein untergeordnetes Gericht wieder aufhebt. Unsere Handelsbilanz kriegt schon die Auswirkungen zu spüren, und wenn Sie mich fragen – ich setze gewisse Hoffnungen darein. Der Druck, der auf diese Weise erzeugt wird, könnte Einsichten ersetzen und zu einem Hauch von Entschiedenheit führen.

Wenn ich mir die Frage stelle, woher die vorurteilsbeladene Denkunlust, woher der Stumpfsinn, woher die Gewaltgier bei so vielen Leuten kommen, zumal bei so vielen jungen Leuten, bin ich etwas ratlos. Ich mißtraue der Erklärung, soziale Komplikationen seien hauptverantwortlich. Natürlich gibt es in einer Gesellschaft um so mehr Gangster, je größer die Diskrepanz zwischen materiellen Wünschen und der Möglichkeit ist, sie zu befriedigen. Selbstverständlich wirken sich Arbeitslosigkeit, Lieblosigkeit, Hoffnungslosigkeit, Wohnungslosigkeit aus.

Dennoch glaube ich nicht, daß solche Nachteile, nennen wir sie summarisch Armut, einen jungen Mann dafür prädestinieren, Ausländerknochen zu zerschlagen. Wir haben es hier nicht einfach mit Gangstertum zu tun, die Nazi-Bestandteile darin sind es, die so erschrecken. Warum richtet sich ein Großteil der Gewalt gegen Angolaner und Synagogen und Grabsteine und Türken, gegen Opfer also, bei denen *nichts* zu holen ist? Es ist offenkundig, daß ein ordentliches Stück Faschismus in Deutschland überlebt hat. Wie war das möglich?

Was Westdeutschland angeht, bin ich geneigt, der schlichten Theorie meines Vaters zu folgen: Das Überleben fand auf die natürlichste Weise statt, in Form von Personen. In Form von Geschäftsleuten, Offizieren, Juristen, Witwen, Lehrern, Bankiers, Staatssekretären, Journalisten, Kirchenleuten – die Aufzählung ist alles andere als vollständig. Die meisten von ihnen sind längst tot, aber ihre Spuren sind unübersehbar. Sie sind keineswegs von der ersten Nachkriegsminute an als unbelehrbare Nazis aufgetreten – das wäre erstens wenig schicklich gewesen, zweitens hatten es die Alliierten verboten. Ich will nicht einmal ausschließen, daß manche von ihnen eine Zeitlang durch schlechtes Gewissen oder durch eine Spur von Reue behindert wurden. Doch wie immer es um ihre Gemütslage stand, sie haben wesentlich die Atmosphäre in der Bundesrepublik bestimmt, bis heute. Sie haben dafür gesorgt, daß der Rückblick auf die Nazivergangenheit möglichst milde ausfiel, nicht schonungslos, und wo es ging, haben sie ihn zu verhindern gesucht. Sie wurden nicht müde, vor Selbstdemütigung zu warnen, vor Nestbeschmutzung, vor Selbstzerfleischung. Sie haben besänftigt, geglättet, verklärt, auf das Unrecht der anderen hingewiesen. Sie haben verhindert, daß gestraft wurde, sie

haben erreicht, daß Strafen aufgehoben wurden. Sie haben sich gegenseitig unterstützt und einander Einfluß verschafft. Sie haben das Fortkommen derer behindert, von denen sie durchschaut worden waren. Sie haben gesagt, damals sei doch nicht *alles* schlecht gewesen, man dürfe nicht das Kind mit dem Bade ausschütten. Irgendwann sind sie auf den Einfall gekommen zu behaupten, der Faschismus sei nur die Antwort auf das *eigentliche* Verbrechen unserer Epoche gewesen, auf den Bolschewismus. Sie haben gesagt – irgendwann muß endlich Schluß sein.
In der DDR war die Situation eine andere. Dort hat die in jüngster Zeit sichtbar gewordene Nazigesinnung nicht in Gestalt von Leuten überlebt, die nach und nach Posten besetzt hätten – die waren ja kaum da. Das muß erläutert werden: Nach dem Krieg hat innerhalb Deutschlands eine kleine Völkerwanderung stattgefunden. Je mehr Nazi einer war, je exponierter er war, je kompromittierter, mit um so größerer Wahrscheinlichkeit hat er sich von Ost nach West bewegt. Ihm war klar, daß er von den Russen mehr zu befürchten hatte als etwa von den Amerikanern: nicht weil sie die brutaleren Kerle waren, sondern weil er ihnen mehr angetan hatte. Die Amerikaner, die Hauptwestalliierten, strahlten die Lockerheit der Sieger aus, die Russen waren außer sich. Indirekt ist die Sowjetunion also dafür mitverantwortlich, daß nach dem Krieg die westdeutsche Nazidichte erheblich größer war als die ostdeutsche. Doch zumindest in dieser Beziehung haben sich die Verhältnisse im ganzen Land einander angeglichen. Wir haben es mit einem gleichsam experimentellen Beweis dafür zu tun, daß Nazigesinnung nicht unbedingt von Mund zu Mund übertragen werden muß, sondern neu entstehen kann, wenn auch nicht aus dem Nichts.

Die DDR hat von ihrer ersten Stunde an mit einer Lüge gelebt. Sie erfand sich eine Geschichte, die nie stattgefunden hatte – ihre Ahnherren seien die deutschen Antifaschisten. Darüberhinaus existierte kein Früher. Natürlich wurde über die Verbrechen der Nazis geredet, außerordentlich viel sogar, aber das waren die Verbrechen der anderen. Faschismus hatte nichts mit uns, den DDR-Menschen, zu tun, auf wunderbare Weise hatten wir uns der Tatsachen entledigt. Filme über die Nazizeit waren immer Filme über den antifaschistischen Widerstand; der Schulunterricht über die Nazizeit war kein Unterricht über unsere jüngste Geschichte, er handelte stets von den Untaten dieser schrecklichen *Aliens*, die wir, die Antifaschisten, mit etwas Unterstützung durch die Rote Armee, besiegt hatten. Von den zehntausend Antifaschisten, die es in Nazideutschland gegeben haben mag, lebten allein acht Millionen in der DDR.

Da wir, die DDR-Menschen, uns nie *selbst*kritisch mit unserer Vergangenheit beschäftigt haben, ging uns der Blick für das Faschistoide an unseren eigenen Verhältnissen und in unserem eigenen Verhalten verloren. Wir taten es als feindliche Verleumdung ab, wenn unsere Gesellschaft intolerant oder gewalttätig genannt wurde, im Inland wurden solche Aussagen strafrechtlich verfolgt. Wir konnten oder wollten nicht sehen, wie randvoll von Verlogenheit und Schamlosigkeit und Fremdenfeindlichkeit und Untertanengeist und Denunziantentum und Unrecht – alltäglichem schwerem Unrecht – unser Staat war. Äußerungen, die faschismusfreundlich klangen, waren streng verboten, Verhaltensweisen, die faschismusähnlich aussahen, waren alltäglich: Daß eine Partei ausnahmslos alles zu bestimmen hatte; daß man ihr zujubeln mußte, wann immer ihr danach war; daß vom Geschmack ihrer beschränkten Führer abhing, welche Filme gezeigt und welche Bücher gedruckt und welche Häuser gebaut werden durften; daß kleine Kinder rote Tücher um den Hals zu tragen und auf Knopfdruck »immer bereit« zu rufen hatten; daß überall Spitzel saßen, die allein schon deshalb jedes verdächtige Wort weitermeldeten, weil sie fürchten mußten, selbst bespitzelt zu werden; daß jeder, der versuchte, diesen Umständen zu entfliehen, sein Leben riskierte, und daß man ihn, wenn er nicht erschossen, sondern nur vor Gericht gestellt wurde, einen Feind *der Sache des Volkes* nannte. All das soll nicht faschismusähnlich sein?

Es wäre also unehrlich zu behaupten, durch den Wegfall der Mauer erst habe der Bazillus sich ins Beitrittsgebiet ausbreiten können. Die Westnazis waren wohl besser organisiert, und sie verstanden mehr von Öffentlichkeitsarbeit, darin erschöpfte sich aber auch schon ihr Vorteil. Die deutsche Vereinigung war jedenfalls auch die Vereinigung der potentiellen mit den bereits praktizierenden Rechtsradikalen.

Die neu entstandene Formation ist unübersehbar; viele erschreckt sie, manchen ist sie nichts als peinlich, die meisten kümmert sie kaum. Mir scheint es, als würde im Ausland die Sache mit mehr Aufmerksamkeit verfolgt, als wäre die Besorgnis dort größer. Mein schon erwähnter amerikanischer Bekannter sagte, die inländischen Reaktionen kämen ihm seltsam apathisch vor, apathisch und halbherzig. Ich mochte ihm nicht widersprechen. Er sagte aber auch tröstend, in aller Welt wirkten die Leute bei der Lösung ihrer Probleme immer zögerlicher – sie seien von so vielen Gefahren umzingelt, daß sie gar nicht wüßten, bei welcher sie anfangen sollten. Womöglich träfe das auch auf Deutschland zu.

Ich weiß, daß es üblich ist, Reden mit dem Hinweis auf bessere Aussichten zu beenden, zumindest mit der Andeutung von Hoffnungen. Es tut mir leid, daß ich unfähig bin, diesem Brauch zu folgen. Das Optimistischste, das mir zu sagen einfällt, ist: Vielleicht wird es uns Deutschen gelingen, nicht eher am Abgrund anzukommen als die meisten anderen. Diese Aufgabe ist alles andere als ein Kinderspiel, doch für unlösbar halte ich sie nicht.

1994

Das Verschwinden der Wörter

Vor etwa zehn Jahren fing ich an, Drehbücher für die Fernsehserie »Liebling Kreuzberg« zu schreiben. In der ersten oder zweiten Folge sollte es die folgende Situation geben:
Rechtsanwalt Liebling stellte einen zweiten Anwalt aus der Provinz ein, der alle unangenehme Arbeit für ihn erledigen sollte, einen jungen Mann mit Namen Arnold. Der brauchte für seinen ersten Auftritt vor Gericht eine Robe, also ging Liebling mit ihm in einen Laden für Anwaltbedarf (solch ein Geschäft gibt es in Berlin tatsächlich), um das für die Rechtspflege unverzichtbare Kleidungsstück zu kaufen. Plötzlich blieb er stehen und fragte Arnold, ob man sich die Ausgabe nicht sparen könne: Arnolds Vater sei doch auch Jurist gewesen, der müsse doch auch eine Robe besessen haben, ob man die nicht wiederverwenden könne. Arnold antwortete verlegen, Liebling habe mit seiner Vermutung zwar recht, diese Robe existiere, nur leider sehe man darauf noch die Nadelstiche vom abgetrennten Hakenkreuz.
Ich will nicht so weit gehen zu behaupten, ich hätte diese Passage umwerfend gefunden, aber ich hielt mir doch genug darauf zugute, um zu bemerken, daß sie bei der Sendung fehlte. Wohin war sie verschwunden?
Bald saß ich dem für Verknappungen zuständigen Redakteur gegenüber, einem Herrn namens Finnern, und verlangte zu erfahren, was er an meinem hübschen Text auszusetzen gehabt habe. Er fragte freundlich zurück, ob ich mir das nicht selbst denken könne, und als ich den

Kopf schüttelte, sagte er, ich hätte in der Eile sicher nicht daran gedacht, daß es sich bei unserer gemeinsamen Arbeit um eine Serie handle, deren tiefster Sinn es sei, das Publikum zu unterhalten. Ich sagte, das hätte ich keineswegs vergessen, und ich fände gerade den beanstandeten Satz ziemlich unterhaltsam. Nun war es mit seiner Geduld vorbei. Er sah mich streng an und sagte, das könne er sich kaum vorstellen, an dieser Hakenkreuz-Anspielung sei weiß Gott nichts Vergnügliches; und sollte dies wirklich meine Meinung sein, dann unterläge ich einer monströsen Fehleinschätzung. Man dürfe etwas so Leichtes und Zerbrechliches wie eine Unterhaltungsserie nicht mit so schrecklichen Anspielungen belasten. Es sei mein gutes Recht, alle möglichen Probleme, unter denen ich offenbar litte, in die Welt hinauszuschreien, aber ich sollte damit lieber zum »SPIEGEL« oder zu »Panorama« gehen und nicht in seine Redaktion.

In der DDR hätte mein Urteil sofort festgestanden: Zensur, arrogante politische Zensur! Hier lagen die Dinge anders, auch das war mir von der ersten Sekunde an klar; denn welche politische Gruppierung hätte sich schon daran stoßen können, wenn in meiner Fernsehgeschichte erzählt worden wäre, der Vater eines heutigen Rechtsanwalts sei in der Nazizeit ebenfalls Anwalt gewesen? Ich hatte es vielmehr mit einem Mann zu tun, der der Überzeugung war, daß es zwei getrennte Welten gibt: Eine der Unterhaltung und eine der traurigen Wirklichkeiten. Und daß man darauf bedacht sein mußte, es nicht zu Vermischungen kommen zu lassen, sonst würde die Realwelt die Unterhaltungswelt verderben. Er, mein Redakteur, verstand sich als Wachhund an der Pforte zwischen beiden Sphären, er vertrieb die Grenzverletzer mit Gebell oder zur Not, wie in meinem Fall, auch mit Bissen.

Der Grund, warum ich gerade jetzt auf diese beinah verjährte Angelegenheit zu sprechen komme, ist schnell genannt: Ich kam damals bald zu dem Schluß, daß mein Gegenüber mir Worte wegnehmen wollte, daß er versuchte, mich sprachlos zu machen. Daß ich genötigt werden sollte, Drehbücher zu schreiben, deren dominierende Eigenschaft es war, bedeutungslos zu sein. Wörter, die nichts zu transportieren haben – das ist das Thema, über das ich zu Ihnen sprechen möchte, und vorweg habe ich sozusagen ein warnendes Beispiel gegeben.

Seit meiner Kindheit war mir Radio ein wichtiges Ding. Ich hatte niemanden, der mir Geschichten erzählte, sämtliche Großmütter und Onkel und Tanten waren mir abhanden gekommen, also habe ich mich hingesetzt, das Radio angemacht und solche Sender gesucht, auf denen geredet wurde. Ich kannte die meisten Frequenzen auswendig. Ich war nicht sehr wählerisch, ich habe genommen, was kam. Ich war mit Amundsen im ewigen Eis und mit der Stadtreporterin bei Taubenzüchtervereinen; ich war dabei, als Hein ten Hoff in der Berliner Waldbühne gegen Max Schmeling boxte, zusammen mit einem Reporter, dessen Stimme ich heute noch, nach fünfundvierzig Jahren, unter Hunderten erkennen würde. Ich erinnere mich an Radiogeschichten von Jules Verne, an die »Rose von Stambul«, an den unglaublichen Tonfall von Pelz von Felinau, den ich monatelang zu imitieren versuchte. Eine Zeitlang war ich süchtig nach Hörspielen. Ich habe mir die Anfangszeiten in Schulhefte geschrieben und bin selbst vom Fußballplatz nach Hause gelaufen, um bloß keinen Anfang zu verpassen.
Als ich elf war, sah es einmal ganz danach aus, als würde ich in der Schule sitzenbleiben. Mein Vater versprach mir

ein Geschenk freier Wahl für den unwahrscheinlichen Fall, daß ich doch versetzt würde, ich *wurde* versetzt, und was wünschte ich mir? Das erste eigene Radio meines Lebens. Ich glaube, das Radiohören hat in meinem Kopf Platz für einen Speicher voller Bilder geschaffen und gleichzeitig das Bewußtsein dafür, daß die Bilder ständig bearbeitet, aufgefrischt oder neu erfunden werden müssen.

Kürzlich sagte meine Frau, sie habe den Eindruck, die Radiosender würden mehr und mehr von Fastfood-Ketten bewirtschaftet: Überall ähnlich dürftige Zutaten, überall dieselbe Hast, um nur ja nicht die Geduld des letzten Trottels überzustrapazieren, überall dieselbe Anspruchslosigkeit. Ich hatte mich noch nie damit beschäftigt, aber im selben Moment, da sie das sagte, wußte ich: Es stimmt, die Institution Radio verwahrlost.
Zum einen scheint in den Funkhäusern der Grundsatz zu gelten, daß Sprechen dem Sender schadet und Musik seine Position stärkt. Dabei lasse ich außer acht, daß bei dieser Vorgehensweise Musik häufig mit Musikmüll verwechselt wird: daß sie oft nicht einfältig genug sein kann und so zu klingen hat, daß jeder mitsummen kann, auch wenn er sie nie vorher gehört hat.
Wenn man einen Rundfunkmenschen fragt, woher eine solche Überzeugung bloß komme, lächelt er überlegen. Und wenn er gut aufgelegt ist, fügt er hinzu: Erfahrung. Es sei Erfahrung, sagt er dann, daß die herkömmliche Art, den Sendebetrieb zu führen, Zuhörer koste und die moderne Art Zuhörer bringe. Und manchmal gibt er noch zu verstehen, daß ein so ausgerichtetes Programm nicht unbedingt seinem eigenen Geschmack entspreche, nur sei der Sender eben eine demokratische Einrichtung und

keine Spielwiese für den Privatgeschmack der Mitarbeiter.

Zum anderen, und das ist eine nicht weniger bedeutsame Entwicklung, verändert sich zunehmend der Charakter dessen, was weiterhin gesprochen werden darf. Es muß kurz sein, es muß unkompliziert sein, es darf keine Kenntnisse voraussetzen, es darf keine Anstrengung verursachen. Es muß so beschaffen sein, daß es gut in die kleine Lücke zwischen Howard Carpendale und dem Naabtal-Duo paßt. Die Redaktionen sind besessen von der Furcht, ihr Publikum zu überfordern.

Für eine besonders elegante Lösung des Problems werden, vor allem bei ostdeutschen Sendern, Grußsendungen gehalten. Sie bieten Gelegenheit zu demonstrieren, wie harmonisch die Menschen miteinander umgehen, wie liebevoll sie aneinander denken, wie aufmerksam sie einander umsorgen. Mit anderen Worten – es handelt sich um ein getreues Abbild des Zusammenlebens in unserer Gesellschaft. Helmut, Renate und die Kinder aus Pritzwalk grüßen Oma Ilse in Lankwitz und wünschen, daß an ihrem Lebensabend noch lange die Sonne scheinen möge. Mir kommt es vor, als wende sich diese Art des Sendezeitvergeudens an die niederen Instinkte der Hörer.

Mein Gott, was inzwischen für schwer verständlich gehalten wird! Die Sender gebärden sich, als hätten sie es mit einer Nation von Hilfsschülern zu tun, mit einer Horde von Begriffsstutzigen, für die Nachdenken Folter bedeutet. Ein Programm, das ihnen auch nur eine Spur von Konzentration abverlangt, scheint verloren. Weltnachrichten in drei Minuten, das ist mehr als genug. Die Wetterberichte dürfen um so länger sein, die interessieren die Leute, die nehmen sie als Musikersatz hin, ohne zu murren. Dazu Verkehrsmeldungen, Stauwarnungen, Pollenflugreports, das ist Lebenshilfe, das erhöht unauffällig den Wortanteil und verdirbt nichts.

Oft höre ich, wie jemand interviewt wird und wie der Interviewer dem Jemand immer dann das Wort abschneidet, wenn der sich in eine Sache vertiefen will; wie immer dann die Zeit drängt, wenn es aufregend werden könnte; wie der Interviewer eine Frage stellt und dringlich anfügt, er bitte um eine knappe Antwort. Und wissen Sie, warum? Nicht, weil noch andere Erörterungen angestellt werden sollen, weil der Interviewer etwa einen neuen Aspekt ins Gespräch bringen möchte, um den sein Partner sich drückt, sondern weil die Zuhörer nach Musik lechzen. Weil James Last auf der Lauer liegt, den darf man nicht warten lassen. Wer zu lange spricht, den bestraft das Leben – indem kaum mehr gesprochen wird, gewinnt das Programm an Verständlichkeit. In den »Minima Moralia« von Adorno steht der Satz: »Nur, was sie nicht erst zu verstehen brauchen, gilt ihnen für verständlich.«

Damit es kein Mißverständnis gibt: Ich spreche von den öffentlich-rechtlichen Rundfunkanstalten, nicht von den privaten. Ich meine nicht jene Stationen, deren Betreiber schrecklich und hemmungslos darunter leiden, daß sie kein Geld drucken dürfen, deren einziges Programm also Geldverdienen ist und die nicht eine Sekunde zögern würden, den Sendebetrieb einzustellen und ihr Kapital in Südfrüchte oder Müllbeseitigung oder Wohnungsbau zu stecken, wenn sich dort eine höhere Rendite erwirtschaften ließe. Nein, die Rede ist von solchen Sendern, die sich gewissermaßen freiwillig verstümmeln. Von Sendern, die auf einmal ohne Not Intelligenz für einen zu tilgenden Makel halten und Geistlosigkeit für volkstümlich, von Sendern, die mit ihrer alles in allem glorreichen Vergan-

genheit gebrochen haben, da sie noch eine Hauptrolle im Prozeß der Alphabetisierung spielten, und die diese Entwicklung allem Anschein nach nun umkehren wollen.
Zweifellos lassen sich Programmpartikel auffinden, die solchem Eindruck widersprechen, es ließen sich Moderatoren und Redakteure nennen (nicht allzu viele), die zu widerstehen versuchen. Sie verdienen Bewunderung. Aber es ist hier von einer Tendenz die Rede, die unübersehbar ist und der Einzelkämpfer unmöglich gewachsen sein können.
Ohne Frage ist es ein Wettbewerbsnachteil, nicht Tag und Nacht Werbespots senden zu dürfen, aber es ist nicht einzusehen, daß der ökonomische Schaden sich notwendig in einen intellektuellen verwandeln muß. Die an der Werbung gehinderten Sender sind bemüht, den Vorteil, den das Fehlen der nervtötenden Werbesprüche bedeuten könnte, durch adäquate Stumpfsinnigkeiten aus der Welt zu schaffen.
Warum müssen die Öffentlich-Rechtlichen werden wie diese Delta-Radios und Hundertkommasechsen? Warum verramschen sie ihr Potential? Welch eine Strategie – sofern Überlegungen überhaupt eine Rolle spielen – steckt dahinter? Glauben sie, daß die Ununterscheidbarkeit von den Groschensendern – die nicht mehr fern ist – für sie ein Gewinn wäre? Glauben sie, daß sie, wenn sie in der Reihe der Primitivradios nicht mehr auffallen, noch gebraucht werden? Ist es nicht ein verheerender Irrtum, anzunehmen, daß ihre Daseinsberechtigung sich vor allem aus Einschaltquoten herleitet? Warum um alles in der Welt sollen Leute Rundfunkgebühren bezahlen, wenn sie dasselbe auch umsonst haben können, auf der nächsten Frequenz und auf der übernächsten und auf allen folgenden? Noch alimentiert die Allgemeinheit, in beinah anachroni-

stisch anmutender Attitüde, ein nicht gerade spottbilliges Rundfunksystem. Wie eine Familie, die Mühe hat, das Geld für den täglichen Lebensunterhalt aufzutreiben und die sich dennoch weigert, den Klavierunterricht der Kinder zu streichen (eine sehr sympathische Haltung übrigens), so hält die Gesellschaft an ihrem vor langer Zeit und unter anderen Umständen gefaßten Entschluß fest. Und die Sender, die davon den Nutzen haben, wissen nichts Besseres zu tun, als das Fundament solcher Noblesse ins Wanken zu bringen.

Die Wörter sind also auf dem Rückzug. Es geschieht, so hört man, aus Rücksicht auf eine Mehrheit der Zuhörer, Schuld sei eine Geißel mit Namen Publikumsgeschmack. Das ist wahr und gelogen zugleich. Denn das, was Publikumsgeschmack heißt, ist keine Naturkonstante, keine Größe, die durch nichts zu erschüttern wäre. Die Vorliebe für die eine Art von Sendungen und die Abneigung gegen eine andere kommt nicht aus den Chromosomen, sie ist anerzogen, und zwar zu einhundert Prozent: Im Kindergarten, in der Schule, von Eltern, von Kollegen, von den Sendern. Und das ist der Punkt, der uns hier zu interessieren hat. Nichts fördert die allgemeine geistige Bedürfnislosigkeit so gründlich wie ein Programm, dessen oberster Grundsatz es ist, sich nach den durchschnittlichen geistigen Bedürfnissen zu richten. Indem die Rundfunkanstalten sich damit begnügen, den Publikumsgeschmack zu erkunden und ihm hinterherzulaufen, produzieren sie ihn zugleich. Oder anders gesagt – sie sind in hohem Maße selbst für die Geist- und Geschmacklosigkeiten verantwortlich, die zu senden die Publikumsnähe ihnen angeblich gebietet. Sie handeln, wie sie handeln, nicht auf Grund des Bewußtseinszustands der vielen anderen, sondern ihres eigenen.

Hinter diesen Worten steht nicht der Wunsch nach einer bestimmten politischen Ausrichtung der Sender, ebensowenig eine Sehnsucht, aus den Sendeanstalten Erziehungsanstalten zu machen. Nur habe ich Sorge, daß die öffentlich-rechtlichen Funkanstalten, mit denen ich seit meiner Kindheit befreundet bin und zu denen ich daher ein sentimentales Verhältnis habe, Selbstmord begehen könnten. Sie haben Gift geschluckt, eine bedenkliche Dosis, man müßte ihnen den Magen auspumpen, aber sie sträuben sich. Wie nur kann man sie am Leben erhalten?

Aus Furcht vor möglichen Einwänden habe ich eben gesagt, die Sender sollten keine Erziehungsanstalten sein – davon möchte ich doch ein wenig zurücknehmen. So schrecklich wäre es ja nicht, wenn die untersten Ansprüche nicht als die verbindlichen anerkannt und somit propagiert würden; so schrecklich wäre es nicht, wenn man sich der allgemeinen Neigung zu Oberflächlichkeit und Denkunlust entgegenstellte. Ich habe mich nie mit der Geschichte des öffentlich-rechtlichen Rundfunks befaßt, aber ich glaube, daß zu Beginn der ganzen Sache so etwas wie ein Sendeauftrag gestanden haben muß. Und dabei dürfte es eine Rolle gespielt haben, der Bevölkerung eine gewisse Dienstleistung anzubieten: Sie über wesentliche Vorgänge, zu Hause und in der Welt, auf dem laufenden zu halten, sie auf eine Weise zu unterhalten, die nicht unbedingt die billigste sein muß, und womöglich ihren Sinn für Demokratie und Gerechtigkeit zu stärken oder zu wecken. Falls ich mich mit dieser Vermutung nicht täusche, läßt sich sagen, daß die Sender sich der ihnen zugewiesenen Arbeit zunehmend verweigern, ob nun aus Unfähigkeit oder aus Faulheit.

Der Rausschmiß der Wörter aus den Rundfunkprogrammen, man könnte auch sagen – der Rausschmiß der Gedanken, rührt also nicht nur daher, daß die Wünsche des statistischen Durchschnittshörers befolgt werden. Er hat seine Ursache vor allem in zunehmender Gedankenlosigkeit der Programm-Macher. Auch wenn sie gern so tun, als blickten sie auf ihr eigenes Programm herab, auch wenn sie in Privatgesprächen gern zu verstehen geben, ihre Sendungen sähen anders aus, wenn es nach ihnen ginge, so folgen sie im wesentlichen doch den eigenen Intentionen. Der Druck, dem ausgesetzt zu sein sie vorgeben, existiert in Wirklichkeit nicht, und wenn doch, dann ist er nicht annähernd so groß, daß man ihm nicht widerstehen könnte. Nein, die Ansprüche, nach denen die Sender sich richten, sind nichts anderes als die Ansprüche der Leute vom Sender. Ich bezweifle aber, daß es ein demokratisch zu nennender Vorgang ist, wenn der erwähnte statistische Durchschnittshörer mehr und mehr zum Redakteur wird.

Das Hören von Worten, zumal von halbwegs gescheiten, ist eine unverzichtbare Schule der Imagination (die Taubstummen mögen mir verzeihen, doch sie haben ihre eigenen Methoden). Dem Hörer bleibt meist nichts anderes übrig, als sich etwas vorzustellen, etwas richtig oder falsch zu finden, fragwürdig oder bedenkenswert, sich also Ansichten zu bilden. Er ist gezwungen, seinen Kopfinhalt einer Bewegung aussetzen. Den ganzen Tag Musik zu hören, Pop-Musik, wie es so viele junge Leute tun, oder Operette, wie eine meiner Nachbarinnen es tut, ist wie ein Sich-Sperren gegen Phantasie. Wahrscheinlich aber ist Phantasie eine wesentliche Voraussetzung, um mit seinem Leben fertig zu werden.
Der pausenlose Ausstoß von Musik hätte somit auch et-

was Verantwortungsloses: Als wollte man die Hörer ruhigstellen wie die Insassen einer geschlossenen Anstalt für Verwirrte. Als sei es erstrebenswert, sie im Zustande der Denkstille zu halten, in einer Atmosphäre der Dumpfheit. Und die Begründung, daß man auf diese Weise senden müsse, weil die Leute sonst zur Konkurrenz wechselten, ist geradezu schändlich. Es gibt Geschäfte, die nur ohne Rücksicht auf Verluste gemacht werden können – an denen muß ein vom einzelnen zwangsweise bezahlter Rundfunk sich nicht beteiligen. Man nimmt, indem man das Programm den Debilensendern angleicht, den Hörern jede Alternative. Oder man macht die Suche nach einer Alternative so mühselig, daß viele sie aufgeben. Man schafft den einzig überzeugenden Grund aus der Welt, sich ein öffentlich-rechtliches Rundfunksystem zu leisten.

Viele Fehlentwicklungen in unserem Land sehe ich mit dem Zustand des Rundfunks in Zusammenhang. Woran liegt es wohl, daß Nachdenken in den Ruf gekommen ist, lästig zu sein? Daß die Qualität einer Mitteilung an ihrem Unterhaltungswert gemessen wird? Daß die Bereitschaft, sich auf Erörterungen einzulassen, die länger als fünf Sekunden dauern und ein wenig Anstrengung erfordern, so rasant im Schwinden begriffen ist? Es wird ringsum immer weniger verstanden und immer mehr empfunden – das ist die Methode der Sprachlosen, um den Bedrohungen des sogenannten Alltags zu begegnen. Man wird kaum ergründen können, welchen Anteil der real existierende Rundfunk daran hat; daß es diesen Anteil aber gibt und daß er nicht unerheblich ist, das halte ich für sicher.

Damit wird nichts anderes behauptet, als daß das allmähliche Verschwinden der Wörter von den Sendern mitverantwortlich für Rechtsradikalismus und Gewalthinwendung in unserer Gesellschaft ist. Und es stellt kein Gegengewicht dazu dar, wenn von Zeit zu Zeit der Moderator eines Jugendmagazins ins Mikrophon hinein sagt, Ausländerfeindlichkeit sei mega-out. Nicht so sehr das Ausbleiben von Orientierungshilfen ist das Problem, viel schwerer wiegt, daß die Fähigkeit verkümmert, sich selbst um Orientierung zu bemühen.

Das beinah undurchdringliche Schweigen macht die Sender ansichtslos. Der Zusammenstoß verschiedener Standpunkte, diese potentiell größte Attraktivität, die ein Programm nur haben kann, findet so gut wie nicht statt. An seine Stelle sind Unverbindlichkeit und Nettigkeit und Seichtheit getreten: Woran arbeiten Sie zur Zeit, welches sind Ihre Hobbys, haben Sie einen Musikwunsch? Es gibt Rundfunkräte, deren Aufgabe es wäre, über den Zustand der Sender zu wachen. Sie sind nur bemüht zu verhindern, daß die Ansichten der anderen Rundfunkräte im Programm auftauchen, anstatt darum zu kämpfen, daß ihre eigenen artikuliert werden. So wie dieser Rundfunk unnütz zu werden droht, so ist es die Mehrzahl seiner Räte schon längst.

Wer lange genug nichts sagt, hat irgendwann nichts mehr zu sagen, in beiden Bedeutungen dieser Floskel. Die Hersteller von Rundfunkprogrammen sollten bedenken, daß sie, indem sie ihren Sendungen die Wörter austreiben, sich selbst zur Bedeutungslosigkeit verdammen. Sie werden unerheblich. Sie machen aus einer Einrichtung, die im Zentrum öffentlicher Aufmerksamkeit stehen könnte, eine Bagatelle. Indem sie aufhören, Gedanken zu verbreiten, verlieren sie die Fähigkeit, solche zu produzieren. Niemand kümmert sich um ihre Erzeugnisse, es wäre vertane Zeit. Sie werden mehr und mehr zum Teil eines anspruchslosen Publikums, in dessen Interesse das ganze Elend angeblich angerichtet wird.

1994

Der Tausendfüßler

Mit diesem Vortrag beteilige ich mich an einem Gesellschaftsspiel, dessen Unterhaltungswert sich erst noch erweisen muß und das mir zudem nicht ganz angenehm ist. Bevor ich ihn zu schreiben anfing, mußte ich mich für eine von zwei Möglichkeiten entscheiden: Entweder vor Ihnen darzulegen, warum ich dennoch mitmache, oder aber die Gründe für mein Unbehagen zu nennen. Ich habe mich für die zweite Variante entschieden, sie scheint mir die ein wenig aufschlußreichere zu sein. Aber es ist schon etwas Seltsames an einem Vortrag, der im wesentlichen aus der Aufzählung der Gründe besteht, warum er besser nicht hätte gehalten werden sollen.
Mein erstes Bedenken ist: Es widerstrebt mir, über mich selbst zu sprechen. Verwechseln Sie das nicht mit Bescheidenheit, eher handelt es sich um eine wohlbegründete Furcht.
Es steht niemandem gut zu Gesicht, einem Publikum vorzuführen, wie dürftig und oberflächlich seine Kenntnisse über sich selbst sind. Sooft ich mich bisher daranmachte, die Einflüsse früher Erlebnisse oder Erfahrungen auf mein gegenwärtiges Handeln zu untersuchen, habe ich Schiffbruch erlitten. Entweder ich fühlte mich merkwürdig schnell gelangweilt, dann stocherte ich lustlos in einem Knäuel von Vermutungen herum und hörte mit meiner Selbstanalyse auf, bevor irgend etwas erkannt war. Oder ich bekam es mit der Angst zu tun: Ich sagte mir, bisher sei es doch einigermaßen gutgegangen mit mir, also müsse mein Informationsstand ausreichend sein; wenn

ich weitermachte, störte ich am Ende nur eine Ruhe, über die ich froh sein sollte.

Oder aber ich dachte, es gäbe überhaupt nichts herauszufinden, ich brauchte nicht nach Geheimnissen zu suchen, wo keine seien. Ich bin Kind jüdischer Eltern, meine Muttersprache ist Polnisch. Ich habe ein Ghetto und zwei Konzentrationslager überlebt, fragen Sie mich nicht, wie; erst nach dem Krieg bin ich nach Deutschland gekommen, habe Deutsch gelernt und bin Deutscher geworden, das ist alles ziemlich eindeutig. Nach beinah fünfzig Jahren bin ich immer noch nicht ein Gefühl des Fremdseins in der neuen Umgebung losgeworden. Zuerst wollte ich es so schnell wie möglich überwinden, inzwischen habe ich mich daran gewöhnt und wäre vermutlich zu Tode erschrocken, wenn ich eines Morgens aufwachte, und dieses Gefühl wäre nicht mehr da. In meinen Arbeiten beschäftige ich mich da und dort mit jüdischen Angelegenheiten, früher mehr als heute. Mit polnischen Angelegenheiten beschäftige ich mich nie, die kenne ich nicht – ich habe nur als Kleinkind in polnischer Umgebung gelebt. Ich habe all das Polnische, mit dem ich je zu tun hatte, gründlich vergessen, und mein Vater, der das als einziger hätte verhindern können, hat sich nie als Pole gefühlt und war obendrein nicht gut auf Polen zu sprechen. Was gibt es da groß zu analysieren.

Der zweite Grund für meine Bedenken hat mit der Unlust zu tun, Zeit in Projekte zu stecken, die mit großer Wahrscheinlichkeit zu nichts führen. Es ist eine Frage von Fingerfertigkeiten, sich bei dieser Sache jedes beliebige Resultat zurechtzudenken und auf einigermaßen elegantem Wege genau dorthin zu gelangen. Ich fürchte, ich verfüge über diese Fingerfertigkeiten. Ich wäre imstande, mich als einen zu schildern, in dessen Texten die und die Einflüsse wirksam sind, dessen Biographie die und die Folgen für sein Schreiben hat, dessen verworrene kulturelle Identität sich auf die und die Weise in seinen Büchern wiederfindet. Doch das wäre reine Scharlatanerie, denn die Wahrheit ist, daß ich so gut wie nichts über all das weiß.

Während der fünfundzwanzig Jahre, die ich nun Schriftsteller bin, habe ich manchmal gelesen, wie Kritiker oder Germanisten genau das mit Texten von mir angestellt haben, was zu tun ich mich jetzt weigere (manche von Ihnen werden sagen – ziere), und es ist mir durchaus nicht immer sinnlos vorgekommen. Aber es ist ja ein Unterschied, ob eine Untersuchung aus angemessenem Abstand zum Untersuchungsobjekt vorgenommen wird, mit Werkzeugen, die eigens dafür konstruiert und die erprobt sind, oder ob der Untersuchende der zu Untersuchende selbst ist – mit seinen Scheuklappen, mit seiner Eitelkeit, mit seiner Vorliebe für ein bestimmtes Ergebnis. Außerdem – mit der Diagnose eines Außenstehenden kann er leichter umgehen, er kann sie akzeptieren oder als unsinnig abtun. Die eigene Diagnose für unsinnig zu halten ist aber unmöglich, mit der muß er leben.

Es wäre öde, wollte ich Ihnen, als Ersatz für eine eigene Arbeit, nun aufzählen, was andere an sogenannten multikulturellen Aspekten in meinen Büchern gefunden haben oder gefunden haben wollen. Das meiste davon kann auf den ersten Blick erkannt werden, und es ist wenig erhellend, über das Offensichtliche zu reden. Glauben Sie mir, daß ich Literaturwissenschaftler oder Kritiker für kompetenter halte, sich über das Werk eines Autors zu äußern, als den betreffenden Autor selbst. Zumindest ist das der Normalfall, denn es steht ja außer Frage, daß etwa Ornithologen mehr über das Wesen der Vögel wissen als die Vögel. Dennoch gestehe ich – hoffentlich ist das kein Zeichen von Borniertheit –, daß mich eine solche Untersuchung noch nie in Aufregung versetzt hat. Damit meine ich nicht die Aufregung, zu der gelungene Sätze dem Leser verhelfen können oder verblüffende Schlußfolgerungen; vielmehr war ich auf den Schauer aus, wie er einem den Rücken entlangläuft, wenn ein Geheimnis offenbart wird, in das man selbst verstrickt ist. Nein, ein solches Glück hatte ich nie. Da stand immer nur das schon Bekannte oder Geahnte, manchmal präziser hingeschrieben, als ich es je vermocht hätte, manchmal in verlegenmachender Deutlichkeit, aber nie kam es zu Offenbarungen. Verstehen Sie das nicht als Nörgelei oder Vorwurf, vielleicht hatte ich einfach die falschen Erwartungen. Jedenfalls bin ich in meinem Glauben bestärkt worden, daß es sich bei Kritik und Literaturwissenschaft um eine Genre der Literatur handelt, daß Kritiker und Literaturwissenschaftler nichts anderes tun als Geschichten zu erzählen, natürlich eine bestimmte Art von Geschichten, wie es dem Genre gemäß ist. Geschichten, die genau so oft mißlingen oder genau so selten gelingen wie Gedichte und Romane.

Drittens, muß ich zugeben, behindert mich ein gewisses Schamgefühl. Ich stelle mir vor, daß ich, indem ich Ihnen Eigenheiten meiner eigenen Texte erläutere, in Gefahr bin, wie auf einem Laufsteg zu agieren: den Bauch eingezogen, die Brust herausgestreckt, ein alles andere als anziehendes Lächeln im Gesicht. Sehen Sie sich nur diese Muskelpartie an, ist die nicht eindrucksvoll? Auf dieses Fettpolster wollen Sie dagegen nicht achten, ich esse leidenschaftlich gern, das kommt daher, daß ich als Ghettokind... Und wenn Sie freundlich den Blick auf diese Narbe richten – sie stammt von einem Unfall, mit dem es folgende Bewandtnis hat...

Es wäre, so stelle ich mir vor, eine peinliche Vorstellung für alle Beteiligten, bei der nicht einmal die Voyeure auf ihre Kosten kämen. Und auch das Gegenteil wäre unschön – wenn ich, um der Sünde der Eitelkeit zu entrinnen, im anderen Extrem landete: Statt des eingezogenen Bauches der absichtlich vorgestreckte, anstelle des aufgesetzten Lächelns gekünstelter Ernst. Die Bemühung um Natürlichkeit wäre vergeblich, da bin ich sicher, die könnte nur Erfolg haben, wenn ich mich um Äußerlichkeiten nicht kümmern und ohne Schnörkel meinen Text vortragen würde. Aber genau den kenne ich ja nicht, folglich wären die Schnörkel meine einzige Rettung.

Ich will nicht behaupten, es sei ein erstrebenswerter Zustand, nichts über sich zu wissen. Aber der Vorzug von Erkenntnis besteht nicht in Erkenntnis, Zuwachs an Wissen sollte in einem Zuwachs an Fähigkeit münden. Diese Hoffnung habe ich nicht, zumindest nicht bei der Angelegenheit, über die wir heute sprechen. Eher fürchte ich Behinderung.

Meine Arbeit besteht in der Hauptsache darin zu entscheiden, was ich für erzählenswert halte, und dann, nachdem diese Entscheidung getroffen ist, die Worte dafür zu finden. Das geht nicht immer so geordnet vor sich, wie es sich anhört: Es kommt vor, daß zuerst ein Wort da ist, oder ein paar Wörter, und daß ich zunächst keine Ahnung habe, wozu die gut sind; sie gefallen mir nur, wie sie so hübsch dastehen, und ich will sie nicht wegwerfen, aus Geiz oder Ängstlichkeit oder Einfallslosigkeit, und muß irgendwie den Anschein erwecken, als gehörten sie dazu. Ja, das kommt leider vor, eigentlich ist es der Normalfall.

So will mir das, was ich zu Beginn für das Erzählenswerte gehalten habe, in alle Richtungen auseinanderlaufen, andauernd verändert es sich und will neue Forderungen stellen, und ich muß es zusammenhalten (was meist nicht gelingt), damit am Ende die Sache noch einen Hauch von Ähnlichkeit mit dem ursprünglichen Plan hat. Ich will mich nicht beklagen, aber es ist keine ganz leichte Arbeit.

Ich habe dargelegt, daß am Anfang eines Buches (oder einer Erzählung, oder eines Essays) die Entscheidung steht: Das und das halte ich, der Autor, für geeignet, erzählt zu werden. Nun mag es verständlich sein, daß der Autor gefragt wird, warum er gerade das und das für erzählenswert hält, auch wenn es zumindest ebenso verständlich ist, daß der Autor darüber nicht sprechen möchte (weil er es so genau nicht weiß, oder weil er unsicher ist, oder weil er seine Erzählung zwar mag, die Theorie dieser Erzählung aber dürftig findet, oder weil es ihm peinlich ist, sich zu erklären, oder weil er findet, daß das niemanden etwas angeht). Nehmen wir aber an, der Dialog kommt zustande, nehmen wir an, der Autor sagt: »Ich habe den »Boxer« geschrieben, weil ich demonstrieren wollte, daß ein Jude, der aus dem Lager befreit wird, noch lange nicht frei ist. Daß er Deformationen erlitten hat, die nicht von heute auf morgen verschwinden, ja, die womöglich nie mehr zu beseitigen sind. Ich wollte zeigen, daß er als Vater untauglich geworden ist, als Ehemann, als Berufsausübender, in gewissem Sinne als Staatsbürger, und das bei aller Sympathie für ihn. Ich wollte die Ansicht vertreten, daß ein solcher Mensch Mitgefühl verdient, aber daß er keinen Anspruch auf Kritiklosigkeit hat. Ich dachte, wenn einer in Deutschland darüber schreiben soll, dann lieber ich als ein normaler Deutscher.« (Nebenbei gesagt, wäre das eine Auskunft, bei der es mir den Magen umdrehen würde, aber zum Glück ist sie ja nur hypothetisch.)

Nehmen wir also an, der Autor ist von freundlicher Natur, mitteilsam und geständnisfreudig. Doch es nützt ihm nicht viel, denn nachdem er sich auf die geschilderte Weise um Kopf und Kragen geredet hat, nachdem er sich überwunden und versucht hat, die armseligen Gründe für seine Entscheidung preiszugeben, stellt man ihm die nächste Frage: Glaubst du, daß bestimmte Umstände in deiner Biographie verantwortlich dafür sind, daß deine Entscheidung so und nicht anders ausgefallen ist?

Spätestens an dieser Stelle – und ungefähr an dieser Stelle befinde ich mich ja hier – taucht mir der beängstigende Gedanke auf: Du mußt dich wehren, sie wollen deinen Kopf! Das ist gewiß ein wenig übertrieben, wahrscheinlich sind bestimmte Umstände in meiner Biographie schuld daran, daß es zu solchen Panikanfällen kommt, aber das will ich jetzt nicht untersuchen. Ich denke: Warum wollen die das wissen? Vor allem denke ich: Wozu muß *ich* das wissen? Mir fällt eine Fabel ein, die ich als Kind gelesen habe, von dem russischen Dichter Krylow, wenn ich nicht irre:

Ein Tausendfüßler spaziert durch den Wald, und als er an einer Schnecke vorbeikommt, bildet die sich ein, noch nie ein so anmutiges und schönes Geschöpf erblickt zu haben. Sie ist sofort verliebt, sie himmelt den Tausendfüßler an und sagt: Mein Gott, wie graziös du dich bewegen kannst! Du hast so unendlich viele Beine, daß man meinen müßte, dein Gang wäre ein einziges Gestolper. Und doch kommst du nie durcheinander, all deine Bewegungen sind vollendet aufeinander abgestimmt. Verrate mir doch dein Geheimnis – wie bringst du dieses Kunststück nur fertig? Der Tausendfüßler ist hoch geschmeichelt – welcher Tausendfüßler ist so viel Lob schon gewohnt –, er lächelt verlegen die Schnecke an und sagt: Wie es mich freut, daß mein Gang dir so gefällt! Weißt du, es ist nicht leicht, auf deine Frage zu antworten, denn, um die Wahrheit zu sagen, ich habe noch nie darüber nachgedacht, warte einen Augenblick. Und er holt das Versäumte nach, er fängt an zu grübeln, worin das Geheimnis seines Bewegungsablaufs besteht. Und er denkt nach und denkt nach und denkt nach. Die Fabel hört, wie Sie bestimmt schon vermuten, mit dem Satz auf: Und von diesem Augenblick an konnte er nicht mehr laufen.

Einmal hörte ich einen Schriftsteller über sich selbst erzählen, nach einer Lesung, als Zuhörer ihm Fragen stellten. Ihm waren elfenhafte Skrupel wie die meinen fremd, er gab bereitwillig jede Auskunft und schien sich noch wohl dabei zu fühlen. Nach seinem Frauenbild gefragt, sagte er, seine Mutter sei früh gestorben, die zweite Frau seines Vaters habe ihn gleichgültig und kühl behandelt, er habe nie begreifen können, was sein Vater an ihr finden konnte; liebevolle Frauen habe er als Kind nie kennengelernt, und es würde an ein Wunder grenzen, wenn dieser Umstand für seine Bücher keine Folgen gehabt hätte. Auf die Frage nach den Gründen, warum seine Bücher so oft in fremden Ländern spielten, sagte er, seit seiner Kindheit habe er unter Fernweh gelitten. Andauernd sei er in den Zirkus gegangen, wo ihn weniger die Kunststücke der Artisten interessiert hätten als vielmehr die Zirkuswagen, in denen die verschiedensten Sprachen gesprochen wurden und aus denen fremdländische Gerüche drangen. Sein Lieblingsfach in der Schule sei Geographie gewesen. Auf die Frage nach seinen literarischen Vorbildern nannte er, wie aus der Pistole geschossen, vier Namen: Hermann

Hesse, Karl May und dazu zwei Autoren, von denen ich noch nie gehört hatte, und die ich deshalb wieder vergessen habe, jedenfalls waren es zwei mir exotisch scheinende Ausländer.

Ich war erstaunt über meinen auskunftsfreudigen Kollegen, wie er so virtuos über sich Bescheid wußte und auch nicht zögerte, jeden, der wollte, an seinen Intimkenntnissen teilhaben zu lassen. Aber ich kann nicht sagen, daß er mir an diesem Abend nähergekommen wäre, obwohl ich doch Informationen über ihn erhalten hatte, von denen ich bis dahin nichts ahnte.

Bisher habe ich mich nur geweigert, über Bestandteile meiner Texte zu sprechen, die man jüdisch determiniert nennen könnte, und dazu über solche, die zwar nicht direkt mit meiner polnischen Herkunft zu tun haben, aber vielleicht mit einer daraus resultierenden Hingewandtheit zu osteuropäischer Kultur. Nun taucht in jüngerer Zeit unter meinen verschiedenen Vergangenheiten und Identitäten plötzlich eine neue auf – die ostdeutsche. Ja, das nenne ich einen kulturrelevanten Einfluß: Als deutscher Schriftsteller ein dreiviertel ostdeutsches Leben hinter sich zu haben. Über die Folgen dieser biographischen Episode zu sprechen, fiele mir noch am leichtesten, da spüre ich die zuvor erwähnten Hemmungen nicht so heftig, eher sogar einen Anflug von Mitteilungsbedürfnis. Vielleicht ist das so, weil diese Zeit mir nah ist, ohne mich zu verfolgen, oder weil ihre Einflüsse mir so bewußt sind, daß man sie ein Thema nennen könnte, oder weil die Erinnerung daran zwar Hunderte von Unannehmlichkeiten umfaßt, aber kein Trauma ist.

Natürlich werde ich jetzt nicht zu untersuchen anfangen, wie und wo die DDR sich in meinen Büchern breitgemacht hat. Es hieße meine übrigen Herkünfte herabsetzen, wollte ich ausgerechnet diese eine, die letzte und offenkundigste von allen, in den Vordergrund rücken. Ehrlich gesagt, ist mir dieser Teil meiner Programmierung auch der am wenigsten angenehme – allein das schon ein Grund, nicht viel Aufhebens davon zu machen. Meist, wenn ich Eigenschaften an mir wahrnehme, die als ostdeutsch identifizierbar sind, gefällt mir das nicht, und ich denke: Darauf solltest du beim nächstenmal achten. Wenn ich mich dagegen auf eine Weise verhalte, die von anderen jüdisch genannt wird, ist mir das recht oder – im ungünstigsten Fall – gleichgültig. Auf verbale Diskriminierungen von Juden etwa reagiere ich unendlich heftiger und aggressiver als auf solche von Ostdeutschen, und das nicht etwa, weil ich sie für gefährlicher halte (was sie zweifellos sind), sondern weil sie mir skandalöser vorkommen.

Auch wenn ich inzwischen ein paar Artikel geschrieben und ein paar Reden darüber gehalten habe, mit wievielen Ungerechtigkeiten sich die Ostdeutschen bei der deutschen Vereinigung herumschlagen müssen, unterdrücke ich oft den Gedanken: Irgendwie haben sie es aber auch verdient. Oder noch schlimmer: Irgendwie haben wir das verdient.

Dadurch, daß ich vor etwa achtzehn Jahren aus der DDR in den Westen gezogen bin, ist es mir gelungen zu übertünchen, daß ich bei der Vereinigung im Grunde auf die Verliererseite gehöre. Wenn ein Mitspieler den Ort der Handlung verläßt und das Stück ohne ihn weitergeht – entkommt er damit jeder Verantwortung für die Qualität des Ganzen? Ich aber treibe mich unter den Siegern herum, trinke mit ihnen, erzähle mir mit ihnen Witze und genieße ihre Annehmlichkeiten. Hin und wieder kommen

Bekannte aus alter Zeit zu mir, Ostdeutsche, und bitten um Ratschläge: Erzähl, wie hast du es geschafft, einer von denen zu werden? Verrat uns ein paar Tricks. Dann zucke ich mit den Schultern, oder ich sage ein paar Sprüche, mit denen kein Mensch etwas anfangen kann, die Frager ganz bestimmt nicht; und sie gehen wieder, um eine Hoffnung ärmer, und sagen hinter meinem Rücken, daß ich mich früher solidarischer verhalten hätte, daß ich inzwischen wohl zu lange auf der anderen Seite bin.
Ob sie recht haben, weiß ich nicht, vielleicht ein bißchen; ich versuche, mich nicht lange bei dieser Frage aufzuhalten. Ich sage mir: Es ist nicht von großer Bedeutung. Wie sie weggehen, bringe ich so wenig Mitgefühl zustande, daß es mich wundert, dabei halte ich mich nicht für herzlos. Von denen bin ich mal einer gewesen, denke ich und bin froh, daß ich es hinter mir habe. Aber wenn ich später am Schreibtisch sitze, habe ich es noch lange nicht hinter mir. Es ist ein unangenehmes Gefühl, daß man zu denen gehören kann, mit denen man am liebsten fertig wäre.

Der letzte Grund endlich, warum ich es vorziehe, über die multikulturell bedingten Partikel meiner Texte zu schweigen, liegt jenseits aller Schamhaftigkeit oder Ziererei: Nach meiner Vermutung ist es für Bücher ein kaum gutzumachender Schaden, multikulturell inspiriert zu sein. Oder anders – monokulturelle Bücher sind mir die lieberen, je monokultureller, um so besser. Je begrenzter das Stück vom Horizont ist, dem sie mich näherzubringen versuchen, um so bereitwilliger folge ich ihnen dorthin. Ich weiß, das sollte erläutert werden. Aber wenn Sie sich einen Augenblick gedulden und mir glauben, daß dies tatsächlich meine Ansicht ist, wie verschroben sie Ihnen immer vorkommen mag, dann müßte Ihnen die Ursache meiner Weigerung begreiflich sein: Indem ich über multikulturelle Aspekte meiner eigenen Geschichten redete, würde ich einen Vortrag über ihre Schwächen halten. Zweifellos gibt es die in Hülle und Fülle, aber warum um Himmels willen sollte gerade ich das tun?

Hoffentlich halten Sie meine Aussage nicht für ein Lob von Engstirnigkeit und Voreingenommenheit. Denn das, was ich mir von einzelnen Büchern wünsche, wäre, als Forderung an die gesamte Literatur eines Landes erhoben, vollkommen unsinnig. Die sollte weltoffen sein, die sollte Platz haben für die eigenartigsten Formen und Urteile und Vorurteile, die sollte aus dem Wissen der ganzen Menschheit ihren Nutzen ziehen. Das Betreten und Erlernen einer fremden Kultur, oder sagen wir, einer anderen als der eigenen, ist wie das Erlernen der Fähigkeit, die Welt mit anderen Augen zu sehen. Das gilt für alle, somit natürlich auch für Leute, die schreiben.

Wenn Autoren multikulturell beeinflußt sind und diese Multikulturalität in ihren Büchern eine Rolle spielt, sozusagen über ihren Kopf hinweg, ohne daß sie sich dagegen wehren können und ohne daß sie sich darum bemühen müssen – dagegen ist nichts einzuwenden. Wenn es sich beim jeweiligen Buch aber um das Resultat einer multikulturell-kompositorischen Anstrengung handelt, wenn der Schriftsteller also ein Vorsatztäter ist, der in seinem Buch die Farben der Welt zum Leuchten bringen will, dann ist die Methode wohl fragwürdig.

Ich stelle mir den Autor vor, der von seinem Text nach Malerart zurücktritt, ihn prüfend betrachtet und zu dem Schluß kommt: Das Südeuropäische ist mir ganz gut gelungen, aber vielleicht täten noch ein paar Spritzer iberoamerikanischer Mystik der Sache gut. Das mag übertrieben kabarettistisch klingen, ich will mit alldem nur sagen: Der Autor, der sich zum Herrn über seine sämtlichen Geheimnisse aufzuschwingen versucht, wird eine Niederlage erleiden.

Ich bin mit einem Kollegen bekannt, der seit Jahren mit ganzer Kraft, auch mit all seiner schriftstellerischen, ein Hauptanliegen verfolgt: die Situation der Asylbewerber in Deutschland zu verbessern. Unermüdlich trifft er sich mit vielen dieser bemitleidenswerten Menschen, beschäftigt sich mit ihren Problemen, befragt sie nach ihren Sorgen, bereist ihre Herkunftsländer, liest ihre Literatur und gibt sich Mühe, ihre Sitten zu verstehen. Die Erzählungen, die er schreibt, handeln von kaum etwas anderem, aber kein noch so gutmeinender und risikofreudiger Verleger mag sie drucken. Denn ihre Schwächen sind beinah auf den ersten Blick zu erkennen: die Erzählungen sind wie Reiseberichte in die Kulturen fremder Leute. Sie sind wie Sammelbüchsen, die dem Leser hingehalten werden, damit er sein Mitgefühl spenden kann; aber es ist nichts Lockendes an ihnen, nichts Verführerisches.

Es mag Autoren gegeben haben, die, höheren Wesen gleich, an keine Erdenschwere gebunden waren, die über dem Alltäglichen schwebten und schreiben konnten, als wäre die ganze Welt ihr Revier. Goethe vielleicht, Voltaire vielleicht, vielleicht Joyce, dessen Handlungsort zwar Dublin hieß, dessen Terrain aber das Universum war. Ihre Bezugssysteme waren so unüberschaubar vielfältig und so einzigartig in ihrer Gesamtheit, daß es unsinnig wäre, sie als Zeugen dafür zu benennen, wie Schriftsteller die verschiedensten Einflüsse unter einen Hut zu bringen vermögen.

Kaum jemand wird behaupten, eine hervorstechende Eigenart von Autoren wie Dostojewski oder Hamsun oder Faulkner wäre ihre multikulturelle Inspiriertheit gewesen. Und doch, so scheint mir, repräsentieren sie weit eher als die zuvor Genannten das Verhältnis eines literarischen Werks zu seinen Wurzeln, so wie es tausendfach anzutreffen, wie es – verzeihen Sie in diesem Zusammenhang das Wort – normal ist. Obwohl man sie nicht gerade zum Fußvolk der Literatur zählen kann, gleichen sie, zumindest in diesem einen Punkt, uns, den gewöhnlichen Schriftstellern. Sie schrieben, worüber sie schreiben mußten, die Einflüsse ihrer eigenen Umgebung waren für sie von überragender Wichtigkeit, das Geschehen in der weiten Welt kam in ihren Büchern nur vor, sofern es von Bedeutung fürs Geschehen in ihrer eigenen Straße war.

Ich liebe die Dorfschriftsteller: Die von nichts so gepeinigt werden wie von den Vorgängen im Dorf und in den wenigen Höfen ringsum. Die so von diesen Ereignissen in Anspruch genommen werden, daß sie kaum bis zur Kreisstadt kommen, obwohl sie es sich andauernd vornehmen. Die jeden Stein in der Gegend kennen und jede Abkürzung und jedes Versteck. Die beim Schreiben die eine Sprache haben und beim Reden mit dem Nachbarn die andere, ohne sich je verstellen zu müssen. Deren Vater und Großvater schon aus dem Dorf kommen und deren Mutter höchstens aus dem Nachbardorf, so daß die Geschichte der Gegend und die Geschichte ihrer Familie kaum voneinander zu trennen sind. Die die Obsessionen der Dorfbewohner genau kennen und beschreiben, aber auch selbst unter Obsessionen leiden, ohne viel darüber zu wissen. Die, wenn das Schicksal sie in die Fremde verschlägt, immer wieder an ihr Dorf denken und immer wieder von ihrem Dorf reden müssen, daß die anderen sie schon für verschroben halten. Die sich nie zu Beobachtern und Berichterstattern des Erdenrunds aufschwingen wollen und es vielleicht gerade deshalb sind.

1995

Ist es Resignation, wenn man aufhört, größenwahnsinnig zu sein?

Ein Interview

Herr Becker, stört es Sie eigentlich, daß der berühmteste Becker in Deutschland nicht Jurek heißt?
Oh nein. Wenn am Telefon oder an einer Hotel-Rezeption jemand meinen Namen nicht richtig versteht, dann ist es eine große Hilfe, sagen zu können: Becker, wie Boris Becker.
Boris Beckers Berufskollegin Stefanie Graf kämpft derzeit um ihren Ruf – wohlwollend unterstützt von der Mehrheit der Bevölkerung. Hängen die Deutschen an den falschen Idolen?
Zeigen Sie mir ein Land, wo die Idole feinsinnige, gute Menschen sind. Ich finde, Boris Becker oder Steffi Graf nehmen sich neben Jack the Ripper oder Al Capone sehr gut aus. Es ist nicht in Ordnung zu sagen, die dominierende Qualität von Frau Graf sei Steuerhinterziehung. Sie spielt wahnsinnig gut Tennis, auch wenn sie die Rückhand zu selten durchzieht. Sie können nicht erwarten, daß ein Großteil der Gesellschaft seine Idole in intellektueller Umgebung sucht. Wenn man die Leute zwingen würde, das zu tun, dann gäbe es keine Idole.
Aber waren nicht in der DDR einige Schriftsteller so etwas wie Idole?
Doch. Aber wissen Sie, warum? Aus demselben Grund, aus dem Al Capone ein Idol in Amerika war: wegen der Prohibition.

Na gut, Intellektuelle müssen nicht unbedingt Idole werden. Aber wäre es nicht an der Zeit, daß sich die Intellektuellen zusammentun und wieder gesellschaftsrelevante Diskussionen bestimmen?
Daß die Intellektuellen das nicht tun, kann zwei Erklärungen haben. Erstens: Sie wissen auch keinen Rat. Zweitens: Sie halten es für sinnlos.
Die dritte Erklärung wäre, daß es eine Art von Ent-Intellektualisierung der Gesellschaft gibt?
In Deutschland standen Intellektuelle noch nie in sehr hohem Ansehen. Daß es mal eine Zeit gab, in der sie mehr Lust hatten, sich bemerkbar zu machen als heute, ist sicher richtig. Aber was kann sie denn dazu reizen, sich in Aktivitäten zu stürzen, die sie für wenig sinnvoll, für wenig aussichtsreich halten?
Da gibt es aber eine Differenz zwischen sinnvoll und aussichtsreich. Es kann etwas sinnvoll sein und völlig aussichtslos, und viele Aktivitäten der Intellektuellen auch in der Geschichte der Bundesrepublik waren aussichtslos, und dennoch wurden sie gemacht.
Sie haben recht, da ist ein Unterschied. Vielleicht neige ich dazu, beides für eins zu nehmen, vielleicht bin ich mit zunehmendem Alter mehr und mehr an solchen Aktivitäten interessiert, deren Erfolgsaussichten nicht gleich null sind. Vielleicht habe ich die schönen aussichtslosen Tätigkeiten einmal für anziehender gehalten als ich es heute tue.
Das klingt wie Resignation, es klingt wie Aufgabe, wie Rückzug. Das beobachten wir nicht nur bei Ihnen, und deswegen kann es ein nicht nur für Sie bedeutendes Problem sein, sondern eines, das darüber hinausgeht.
Ach was, ich bin nicht resigniert. Ich schätze nur meine Möglichkeiten, Einfluß zu nehmen, realistischer ein als

früher. Ist es Resignation, wenn man aufhört, größenwahnsinnig zu sein? Ich bin in großen Abständen Vater geworden – als ganz junger Mann und jetzt, da ich ein älterer Herr bin. Damals, Anfang der sechziger Jahre, habe ich mich beschämend wenig um meine Kinder gekümmert, weil meine Aktivitäten mehr auf das Wohl der ganzen Menschheit gerichtet waren, jedenfalls auf große Dinge. Jetzt ist es umgekehrt, jetzt ist dieser kleine Junge das große Ding. Ich habe mein Interesse sozusagen vom Allgemeinen aufs Besondere gerichtet. Ich weiß nicht, ob man das Resignation nennen sollte.

Wir bieten Ihnen als Erklärung an, daß dies ein später Sieg des Kanzlers Kohl und dessen geistig-moralischer Wende von 1982 ist.

Ich glaube nicht, daß ich zu denen gehöre, die die Flinte ins Korn geworfen haben. Aber in vielem ernüchtert bin ich, das schon. Als ich ein junger Mann war, kam es mir selbstverständlich vor, daß die Zukunft ein erfreulicher Zustand sein würde. Von dieser Zuversicht ist tatsächlich nichts übriggeblieben. Heute sehe ich, daß man verantwortungsvoll und zukunftsgerichtet nur leben kann, indem man seine Gewohnheiten verändert und erhebliche Einschränkungen akzeptiert. Dazu ist niemand bereit, höchstens einige Einzelne, aber keine Gesellschaft. Und die Politiker wissen, daß sie nicht zu laut über diese unangenehme Sache reden dürfen: denn dann fangen sie an, Einschränkungen zu fordern, sind sie bei Wahlen weg vom Fenster. Die meisten Menschen wollen nichts davon hören. Sie profitieren von dem unverdienten Glück, daß nicht sie es sind, die die Folgen ihrer Ignoranz ausbaden müssen, sondern erst folgende Generationen.

Ist es nicht gerade Ihre Aufgabe qua Funktion und Bekanntheitsgrad, auf diese Punkte hinzuweisen?

Aber das mache ich doch gerade. Glauben Sie, wenn ich es zusammen mit 200 anderen machen würde, würde es überzeugender klingen?
Wo sind denn die Intellektuellen in den spannenden Diskussionen der Jetztzeit, Bosnien beispielsweise?
Ich habe schon alle Analysen und Aufrufe und Pamphlete zu Bosnien gelesen, die ich mir vorstellen kann. Was gäbe es da für mich zu tun, außer zu wiederholen? Wenn Sie meinen, es wäre sinnvoll, einfach Flagge zu zeigen, dann muß ich Ihnen sagen, daß ich selbst meine Flagge in diesem fürchterlichen Konflikt gar nicht so genau kenne. Ich bin gegen die, die Greuel anrichten und vertreiben und sich wie Kannibalen aufführen, und das sind jeden Tag andere. Soll ich laut schreien: Nieder mit Serben, Kroaten und Bosniern? Vielleicht glauben Sie auch, man müßte sich dafür stark machen, daß bei uns, in Deutschland, mehr getan werden sollte, um die Folgen dieser Katastrophe zu lindern. Aber Worte können da längst nicht mehr helfen. Es kann sein, daß ich nun wie ein Sprachrohr der Bundesregierung klinge – doch wenn es stimmt, daß Deutschland mehr Flüchtlinge aus dem unglücklichen Jugoslawien aufgenommen hat als der Rest Europas, dann ist das mehr als ein symbolischer Akt und mehr als ein Lippenbekenntnis. Wie leid es mir tut, ich weiß keinen Rat. Ich finde es falsch, Soldaten hinzuschicken, und ich finde es falsch, keine Soldaten hinzuschicken. Wozu soll ich aufrufen?
Sie lassen Jakob, den Lügner aus dem jüdischen Getto in Polen, suggerieren, daß die Russen auf das Lager vorrücken, um es von den Nazis zu befreien. Gesetzt den Fall, im umkämpften Bihac oder Sarajevo fände sich jemand mit Jakobs Erzählqualitäten – und der ließe eine multinationale Eingreiftruppe mit deutscher Beteiligung auf die

Schutzzonen zulaufen, würde Ihnen eine solche Geschichte gefallen?
So gut wie alle Leute, denen mein Jakob hoffnungsvolle Geschichten erzählt hat, sind vergast worden. So angenehm wäre die Aussicht also nicht. Wie ich es Ihnen schon sagte – über die Entsendung deutscher Soldaten denke ich alle halbe Stunde anders. Ich bin mir noch nie so zerrissen vorgekommen, wie bei der Beurteilung jener Vorgänge. Natürlich dürfte die deutsche Armee nicht als deutsche Armee nach Jugoslawien gehen. Wenn die anderen es aber tun, sollten die Deutschen wohl mitmachen. Ich glaube, daß es ein Aspekt von Integration ist, an den Fehlern der anderen beteiligt zu sein.
Die Frage beinhaltet noch mehr. Können Sie sich auf die Analogie Getto und UN-Schutzzone einlassen?
Nein. Das Getto war ein Territorium, das keine internationale Organisation im Auge hatte, und von dem keine internationale Organisation behauptet hat, es im Auge zu haben. Es befand sich in unkontrollierter Verfügungsgewalt Nazi-Deutschlands, und dessen erklärtes Ziel war die Ausrottung der Juden. Ich habe keine Ahnung, wieviel Rassismus in den Köpfen serbischer und kroatischer und bosnischer Politiker ist. Eines aber ist klar: Falls sie an Ausrottung interessiert sind, dann sind sie heute zur Heuchelei gezwungen. Schön, das mag ein schwacher Trost sein, aber das, was einmal auf der Fahne stand, die Vernichtung »unwerten Lebens«...
... heißt heute »ethnische Säuberung«. Das ist keine Heuchelei, das ist eine Verbrämung.
Ich bin nicht der Ansicht, daß das, was heute »ethnische Säuberung« genannt wird, der industriellen Tötung einer bestimmten Gruppe von Menschen gleicht, wie sie von den Nazis betrieben wurde. Bewerten Sie das

aber bitte nicht als Verharmlosung »ethnischer Säuberungen«.
Die Nazi-KZs, vor allem aber Auschwitz, gelten auch als Schande der internationalen Staatengemeinschaft. Gibt es einen Maßstab für die internationale Staatengemeinschaft, sich zu engagieren, möglicherweise eben auch militärisch? Das ist die Analogie, die wir bilden wollten.
Warum ist Ihnen denn der Analogie-Schluß so wichtig? Den bestätige ich Ihnen nicht. Das Nichtstun im Angesicht der Juden-Ausrottung war eine Schande, das Nichtstun der UN in Jugoslawien ist eine Schande. Lassen Sie es doch zwei Schanden sein. Warum bestehen Sie so auf Vergleichbarkeit?
Weil wir versuchen, Maßstäbe zu definieren, wo man eingreifen muß.
Der Zeitpunkt, da man in Bosnien hätte eingreifen müssen, ist längst vorbei. Vielleicht hätte man die bosnischen Ereignisse sogar vorhersehen können, als noch Krieg in Kroatien war.
Wir haben den Eindruck, daß immer weniger Menschen den Mut aufbringen, noch etwas dazu zu sagen. Fühlen Sie nicht die Verpflichtung zur Stellungnahme? Auch wenn er nur Stammtischgefasel von sich gibt, es ist immerhin der Becker.
Ich kann nicht mehr sagen, als ich zu sagen habe. Aus meiner Meinung zu den jugoslawischen Vorgängen mache ich zwar kein Hehl; aber Sie können nicht erwarten, daß ich Aufrufe verfasse, die folgenlos und daher im Grunde sinnlos sind, nur um zu zeigen, daß ich nicht schweige. Ich fürchte, das habe ich oft genug getan.
Noch einmal nachgefragt: Fühlen Sie keine Verantwortung, als Literat, als Intellektueller?
Nein. Ich bin niemandes Sprachrohr, manchmal nicht

einmal mein eigenes. Manchmal formuliere ich Ansichten, die mir selbst eine Stunde später peinlich sind. Manchmal fällt mir etwas Vernünftiges ein, dann sage ich es auch. Aber das geschieht nicht so oft, wie ich es wünschte, außerdem erkenne ich es nicht jedesmal.
Benutzen Sie denn für sich als Hilfsargument, was im Fall Bosnien gerne gemacht wird, daß es noch andere Inseln des Elends auf der Welt gibt, daß man sich nicht um alle kümmern muß?
Ich nehme alle Hilfsargumente, die ich kriegen kann, aber es nützt kaum. Das Wissen, wie Sekunde für Sekunde dort gebrandschatzt und vertrieben und gequält wird, läßt sich nur selten verdrängen, und es deprimiert.
Dann geben wir Ihnen jetzt mal eine Möglichkeit, ein gutes Werk zu tun. Sie können für vier Wochen eine bosnische Flüchtlingsfamilie aufnehmen, Sie können eine Postkarte an Frankreichs Staatspräsidenten Chirac schicken und schreiben, das mit dem Mururoa-Atoll ist nicht in Ordnung, oder Sie tanken einmal bei Shell voll, um so zu dokumentieren, daß Sie es vernünftig finden, daß die Ölbohrinsel »Brent Spar« nicht versenkt wird. Für was entscheiden Sie sich?
Ist das eine Entweder-oder-Sache?
Ja.
Ich nehme die bosnische Familie.
Da sind Sie aber in einer Minderheit.
Ich habe eine ziemlich große Wohnung...
...da sind Sie aber auch in einer Minderheit.
Das sind schon zwei Minderheiten.
Worauf wir aber hinauswollen: die Deutschen betäuben sich mit solchen Aktionen. Sie engagieren sich mit solchen Aktionen. Sie engagieren sich überall dort, wo es nichts kostet. Eine Postkarte zu schicken oder Shell-Tankstellen

großzügig zu umfahren, das ist ja eigentlich keine Politik. Kritisieren Sie das, oder ist der einzelne einfach nicht in der Lage, mehr zu tun?
Wäre es Ihnen lieber, die Leute würden eine Freiwilligen-Armee aufstellen? Das Ziel solcher Aktivitäten ist, daß sich eine Art unüberhörbarer Chor findet. Dieser Chor soll Kanzler Kohl drängen, Präsident Chirac zu sagen, daß er auf die Atom-Versuche verzichten soll. Oder dem UN-Sicherheitsrat zu sagen, daß er wegen unterlassener Hilfeleistung vors Gericht gehört. Aber irgendwie ahnt man, daß Chirac nichts auf Kohls Einwände geben würde, und der Sicherheitsrat auch nicht. Also ist selbst die Vorstellung, mit seinen Aktivitäten erfolgreich zu sein, unbefriedigend.
Das ist aber doch das Prinzip der öffentlichen Gesellschaft, sonst wäre ja jegliche Demonstration nutzlos, wenn man von vornherein resignativ sagt, daß 80 000 Leute im Bonner Hofgarten gegen die Nachrüstung sowieso sinnlos sind, weil diejenigen, an die es adressiert ist, das nicht hören.
Die Abgelegenheiten, über die wir gerade sprechen, liegen nicht in der Entscheidungsgewalt der deutschen Regierung. Auch deswegen raffen sich viele nicht zu Aktivitäten auf, wegen des Bewußtseins der Sinnlosigkeit.
Das muß doch zugenommen haben, wenn wir mal an die Debatten erinnern, die während des Golfkrieges in Deutschland geführt worden sind.
Ja, das hat auch zugenommen.
Warum?
Ein wichtiger Grund ist wahrscheinlich der Untergang des sogenannten sozialistischen Lagers. Man mochte dazu stehen wie man wollte, man mochte Kritik an der Menschenrechtspolitik üben, am Grenzgebaren, an der Wirt-

schaftspolitik – allein seine Existenz war ein Beweis, daß der Wettbewerb um bessere Formen menschlichen Zusammenlebens noch im Gange war. Auf einmal scheint der Wettbewerb entschieden, auf einmal wird vielen klar, daß sie Hoffnungen in eine Sache gesetzt haben, die zu nichts führen konnte. Und es wird ihnen auch bewußt, daß sie einen zweiten Versuch, einen womöglich besseren, nicht erleben werden.

Haben die Intellektuellen genau in dieser Situation keine politische Funktion?
Über die Rolle der Intellektuellen weiß ich kaum etwas, über meine eigene etwas mehr. Meine Möglichkeiten, mich politisch zu betätigen, sind ja nicht unbegrenzt. Ich kann zu Versammlungen gehen und Reden halten, ich kann Artikel schreiben, ich kann Interviews geben. All das tue ich von Zeit zu Zeit, nebenher schreibe ich noch Romane oder Filmdrehbücher. Nun habe ich eine Furcht: Ich werde den Verdacht nicht los, daß ich mit all den Interviews und Reden und Auftritten, wo ich meine politischen Ansichten ja sozusagen eins zu eins formuliere, meinen Texten eine wichtige Dimension raube. Aus dem Gefühl heraus, eine Aggression, einen Zorn, ein Unbehagen, eine Sympathie schon anderweitig bekanntgemacht zu haben, spielt all das beim Buchschreiben vielleicht eine kleinere Rolle als es sollte.
Entschuldigen Sie die langatmige Selbstanalyse, ich versuche nur, mein Unbehagen zu erklären, wenn ich so tun und reden soll, als wäre ich Politiker.
Fühlen Sie sich denn dann korrekt eingebettet oder eher überbewertet, wenn wir die Serie »Das Gespräch« mit Bundespräsident Herzog anfangen lassen und nach Ihnen mit Hilmar Kopper, dem Chef der Deutschen Bank, sprechen werden?

Ich bin bei beiden Herren Kunde, und ich werde mich hüten, ungehörige Bemerkungen zu machen. Außerdem war das Ihre Entscheidung, nicht meine, Sie werden sich schon etwas dabei gedacht haben.
Es wird jetzt in Jugoslawien die Idee der multikulturellen Gesellschaft buchstäblich mit Waffengewalt zerstört. Was uns verwundert ist, daß alle die, die mit dieser Idee sympathisieren, so seltsam still sind und nur pragmatisch argumentieren. Verschwindet da schon wieder eine Idee?
Schon wieder: Ich weiß es nicht. Vielleicht ist Multikulturalität, wie alle sogenannten Aufgeklärten sie immer wieder wünschen, nicht rund um die Erde praktikabel. Offenbar gibt es Gegenden, wo so etwas zu funktionieren scheint, aber dann gibt es auch Gegenden, wo jeder Versuch aussichtslos ist. Ruanda zum Beispiel, kommen Sie mal den Hutu und Tutsi mit Ihrer Vorstellung von Multikulturalität. Ich kann nicht beurteilen, ob Bosnien zur einen Kategorie zählt oder zur anderen. Es scheint aber, daß dort Feindschaften ausgebrochen sind, die nicht etwa ausgestanden sind, sondern fünfzig Jahre unter enormem Druck kleingehalten wurden.
In Jugoslawien klappt das nicht, in Deutschland aber auch nicht.
Vor zehn Jahren hat mir ein guter Bekannter aus Israel mit einer kleinen Rede einen Schock versetzt. »Gleich wirst du mich einen Nazi nennen«, hat er gesagt, »aber ich sage es dir trotzdem: In Israel ist kein Zusammenleben zwischen Israelis und Palästinensern möglich. Du kannst dir wünschen, was immer du willst – nur die Trennung wird zu erträglichen Zuständen führen. Und die Vermischung, die Nähe, hat nichts als Mord und Totschlag zur Folge«. Natürlich hatte er recht, ich habe ihn beschimpft, und wir haben uns schrecklich gestritten. Aber heute würde ich

ihn wohl nicht mehr beschimpfen. Heute frage ich mich, wieviel Aufwand und wie viele Opfer eine Bemühung rechtfertigen, deren positives Ende in den Sternen steht. Deren Ende vielleicht noch schrecklicher ist, als der Jetzt-Zustand. Wenn die Angehörigen der verschiedenen Kulturen in ihrer Mehrheit kein wichtigeres Ziel kennen, als sich gegenseitig umzubringen und die Häuser anzuzünden, dann wird irgendwann die Bemühung sinnlos, die Leute zu ihrem Glück zwingen zu wollen. Und sie wird auch fragwürdig. Ich glaube nicht, daß Multikulturalität verordnet werden kann. Multikulturalität setzt die Bereitschaft der Beteiligten zu Multikulturalität voraus. Wenn diese Bereitschaft nicht da ist, dann gibt es keine Multikulturalität. Und für meine Begriffe findet sich im heutigen Bosnien, in Kroatien, vor allem in Serbien kaum eine Spur davon.
Setzen Sie in dieser Hinsicht Erwartungen in die sogenannte »Berliner Republik«? Wird der Wechsel des Regierungsorts das Denken der Regierenden befruchten?
Ich weiß es nicht.
Sind Sie für den Wechsel von Bonn nach Berlin?
Das weiß ich nicht.
Haben Sie denn überhaupt Erwartungen an die »Berliner Republik«, können Sie mit dem Begriff etwas anfangen?
Ja. Die Umstände, die dem Vorhandensein verschiedener kultureller Einflüsse entspringen, sind mehr als eine Summe. Es entsteht bei den einen, nennen wir sie freundlich die Engstirnigen, eine Widerstandsmentalität, das Bedürfnis, sich vor dem Fremden zu schützen. Bei den Aufgeschlosseneren wächst so etwas wie Neugier. Diese Neugier kann befruchtend und anregend sein. Ich glaube, daß in Berlin unmerklich und unforciert etwas

entsteht, was das Gegenteil von provinziell und kleingeistig ist.

Hat Deutschland die Chance, östlicher zu werden?

Ich glaube ja, und ich halte das für eine Chance im guten Sinne.

Was aber ist östlich? Das ist ja nicht geographisch gemeint.

Nach dem Krieg ist Deutschland aus verständlichen Gründen vom Osten weg und nach Amerika hin gerückt. Es hat sich verwestlicht und entöstlicht. Aber die Art und Weise, wie es sich amerikanisiert hat und amerikanisiert wurde, scheint mir aus heutiger Sicht übertrieben. Wenn sich daran in Zukunft etwas ändern wird, dann ist das kein rückwärtsgewandtes Besinnen, sondern Normalisierung. Deutschland wird sich nicht nach Osten hin orientieren, sondern es wird aufhören, sich vor ihm zu verschließen.

Verliert der Osten seine Bedrohlichkeit?

In den Augen des sogenannten Mannes auf der Straße haben Osteuropäer zwei besondere Merkmale: sie sind Habenichtse, und sie sind Schlampen. Das ist nicht nur eine, vorurteilsbeladene, Meinung über andere, es verrät auch, in welch hohem Ansehen hierzulande Besitz und Ordnung stehen. Die kulturellen Einflüsse, die ich mir von Osteuropa auf uns wünsche, haben mit den Formen des Zusammenlebens zu tun. Wenn ich zum Beispiel in Polen bin und sehe, wie interessiert Leute aneinander sind, erschrecke ich. Nicht deswegen, weil es dort so ist, sondern weil mir plötzlich bewußt wird, wie anders es bei uns ist. In Osteuropa kann man besser lernen als in Deutschland oder Belgien, daß ein Auto nichts als ein Auto ist und ein Kühlschrank nichts als ein Kühlschrank und daß Ansehen mit anderen Qualitäten zu tun hat als mit Besitz. Die Beziehungen der Leute dort sind bei weitem nicht so materiell dominiert wie hier, und zwar nicht deshalb, weil es mit dem Materiellen nicht so weit her ist, sondern aus kultureller Tradition.

Ist Ihre Zugehörigkeit zum neuen Deutschland gewachsen?

Als ich aus der DDR in den Westen kam, gab es, zumindest theoretisch, die Möglichkeit, daß ich zurückgehen konnte. Das geht heute nicht mehr, ich kann nicht einmal mehr damit kokettieren. Ich könnte zwar an einen Ort gehen, der früher in der DDR gelegen hat, aber der wäre genauso in Westdeutschland, wie ganz Deutschland Westdeutschland geworden ist. Vielleicht weiß ich gar nicht, wie es ist, sich zugehörig zu fühlen. Es gibt einen guten Indikator fürs Weinen, da laufen einem Tränen aus den Augen. Aber was ist der Indikator für Zugehörigkeit? Vielleicht fühle ich mich zugehörig und weiß es nur nicht ...

Drucknachweise

Mein Judentum. Vortrag für eine Sendereihe des Süddeutschen Rundfunks (Sommer 1977). Erstmals publiziert in: Mein Judentum, herausgegeben von Hans Jürgen Schultz, Stuttgart 1978.

Das ist ja der Poeten Amt. Rezension von Hans Joachim Schädlichs Erzählungen »Versuchte Nähe«. Erstmals publiziert in: Der Spiegel, 17. 10. 1977.

Ansprache vor dem Kongreß der Unbedingt Zukunftsfrohen. Erstmals publiziert in: Jurek Becker, Nach der ersten Zukunft. Erzählungen, Frankfurt am Main 1980.

In Kafkas Verliesen. Statement zu Franz Kafka für ein Deutschlehrbuch über Kafka. Erstmals publiziert in: Diskussion Deutsch, Heft 72, Frankfurt am Main 1983.

Über den Kulturverfall in unserer Zeit. Rede bei den Römerberggesprächen, Frankfurt am Main im Mai 1983. Erstmals publiziert in: Die Zeit, 13. 5. 1983.

Bücherverbrennung. Rede auf einer DGB-Kundgebung zum 50. Jahrestag der Bücherverbrennung am 10. Mai 1983 in Frankfurt am Main. Erstveröffentlichung.

Vorstellung. Rede in der Akademie für Sprache und Dichtung im Oktober 1983 in Darmstadt. Erstmals publiziert in: Deutsche Akademie für Sprache und Dichtung, Jahrbuch 1983, II. Lieferung, Heidelberg 1984.

Die Ernüchterung. Kolumne. Erstmals publiziert in: taz, 19. 2. 1987.

Auf- und Abrüstung. Kolumne. Erstmals publiziert in: taz, 24. 4. 1987.

Ein Bild von Picasso und mir. Erstmals publiziert in: Zeit-Magazin, 6. 11. 1987.

Verhaltensstörung. Artikel. Erstmals publiziert in: Der Spiegel, 8. 2. 1988.

Das olympische Elend. Erstveröffentlichung. Im September 1988 fuhr Jurek Becker im Auftrag des »Spiegel« nach Seoul, um

von dort über die Olympischen Spiele zu berichten. Es entstand der Beitrag »Das olympische Elend«, den »Der Spiegel« nicht druckte.
Gedächtnis verloren – Verstand verloren. Artikel. Erstmals publiziert in: Die Zeit, 18.11.1988.
Hier handelt es sich um eine Reaktion auf eine kurz zuvor in der »Zeit« abgedruckte Rede von Martin Walser.
Das Bleiberecht der Bücher. Eine Vorlesung. Erstmals publiziert in: Jurek Becker, Warnung vor dem Schriftsteller. Frankfurt am Main 1990.
Im Sommersemester 1989 hielt Jurek Becker an der Frankfurter Universität die Poetik-Vorlesung. Beim vorliegenden Text handelt es sich um die dritte und letzte dieser Vorlesungen.
Antwort auf eine Umfrage: Ist der Sozialismus am Ende? Erstmals publiziert in: Die Zeit, 6.10.1989.
Lebenslänglich Manfred Krug. Vorwort zu Berndt Schultz, Manfred Krug. Porträt des Sängers und Schauspielers. Bergisch Gladbach 1989.
Die unsichtbare Stadt. Beitrag für den Katalog einer Ausstellung im Jüdischen Museum, Frankfurt am Main. Erstmals publiziert in: »Unser einziger Weg ist Arbeit«. Das Getto in Lodz 1940-1944. Wien 1990.
Die Wiedervereinigung der deutschen Literatur. Vortrag, gehalten auf einem Symposium der Washington-University, St. Louis/USA (März 1990). Erstmals publiziert in: The German Quarterly, vol. 63, Cherry Hill, New Jersey 1990.
Zum Bespitzeln gehören zwei. Über den Umgang mit der DDR-Vergangenheit. Erstmals publiziert in: Die Zeit, 3.8.1990.
Mit den Ohren sehen. Beitrag für die Anthologie »Das Buch vom Hören«, herausgegeben von Robert Kuhn und Bernd Kreutz, Freiburg im Breisgau 1991.
Vom Handwerkszeug des Schriftstellers. Rede in Neumünster zur Verleihung des Fallada-Preises (Dezember 1990). Erstveröffentlichung.
Die wünschenswerte Schule. Antwort auf eine Umfrage der Gewerkschaft Erziehung und Wissenschaft (Februar 1991). Erstveröffentlichung.
Eine alte Geschichte. Beitrag für »Wehret den Anfängen. Promi-

nente gegen Rechtsextremismus und Fremdenhaß«, herausgegeben von Reinhard Appel, Bergisch Gladbach 1993.

Eine Art Einheit. Artikel für den »Freibeuter«, Nr. 57, Berlin 1993.

Für ein Schriftsteller-Treffen in Dublin. Rede auf dem »Dublin International Writers Festival« im September 1993. Erstveröffentlichung.

Mein Vater, die Deutschen und ich. Rede auf einer Veranstaltung des deutschen Nationaltheaters Weimar und der Bertelsmann Buch AG am 15. 5. 1994. Erstmals publiziert in: Die Zeit, 20. 5. 1994.

Das Verschwinden der Wörter. Vortrag über den Zustand des Rundfunks, gehalten am 21. 10. 1994 auf den »Deutschen Medientagen« in München. Erstmals publiziert in: Der Spiegel, 9. 1. 1995.

Der Tausendfüßler. Vortrag, gehalten am 24. 3. 1995 auf einem Symposium der Washington-University, St. Louis/USA. Erstmals publiziert unter dem Titel »The Centipede« (übersetzt von Robert Rockwell und Jane Sokolosky) in: World Literature Today, vol. 69, Norman, Oklahoma 1995.

Ist es Resignation, wenn man aufhört, größenwahnsinnig zu sein? Ein Gespräch mit Wolfram Schütte und Axel Vornbäumen. Erstmals publiziert in: Frankfurter Rundschau, 28. 8. 1995.

*Jurek Beckers Bücher
im Suhrkamp Verlag*

Jakob der Lügner.
Roman. 1969
Bibliothek Suhrkamp 510
suhrkamp taschenbuch 774

Irreführung der Behörden.
Roman. 1973
suhrkamp taschenbuch 271

Der Boxer.
Roman. 1976
Bibliothek Suhrkamp 1045
suhrkamp taschenbuch 526

Schlaflose Tage.
Roman. 1978
suhrkamp taschenbuch 626

Nach der ersten Zukunft.
Erzählungen. 1980
suhrkamp taschenbuch 941

Aller Welt Freund.
Roman. 1982
suhrkamp taschenbuch 1151

Bronsteins Kinder.
Roman. 1986
suhrkamp taschenbuch 1517

Warnung vor dem Schriftsteller.
Drei Vorlesungen. 1990
edition suhrkamp 1601

Amanda herzlos.
Roman. 1992
suhrkamp taschenbuch 2295

Wir sind auch nur ein Volk.
Die Serie zur Einheit.
Drehbücher. 1994
suhrkamp taschenbuch 2354, 2355, 2356

Ende des Größenwahns.
Aufsätze, Vorträge. 1996